AF482716

Ida Pfeiffer

Reise nach Madagaskar

e-artnow 2018

Leseempfehlungen (als Print & e-Book von e-artnow erhältlich)

Robert Louis Stevenson
In der Südsee

Ida Pfeiffer
Gesammelte Werke: Eine Frauenfahrt um die Welt + Meine Zweite Weltreise + Reise nach Madagaskar + Reise einer Wienerin in das Heilige … Ida Pfeiffer unter den Kannibalen und mehr

Ida Pfeiffer
Eine Frauenfahrt um die Welt (Band 1 bis 3): Reise von Wien nach Brasilien, Chili, Otahaiti, China, Ost-Indien, Persien und Kleinasien

Hermann von Pückler-Muskau
Aus Mehemed Alis Reich: Ägypten und der Sudan um 1840

Ida Pfeiffer
Meine Zweite Weltreise (Teil 1 bis 4): Von Wien nach London, Singapore, Borneo, Java, Sumatra, Celebes, Die Molukken, Kalifornien, Peru, Ecuador und Vereinigte Staaten von Nordamerika

Ida Pfeiffer
Reise nach dem skandinavischen Norden und der Insel Island im Jahre 1845.

Emil Holub
Sieben Jahre in Süd-Afrika (Band 1&2): Erlebnisse, Forschungen und Jagden auf den Reisen von den Diamantenfeldern zum Zambesi

Ida Pfeiffer
Reise einer Wienerin in das Heilige Land - Konstantinopel, Palästina, Ägypten

Francisco de Xerez
Geschichte der Entdeckung und Eroberung Perus: Die Wahrheit über die Inkas und Konquistadoren von einem Teilnehmer

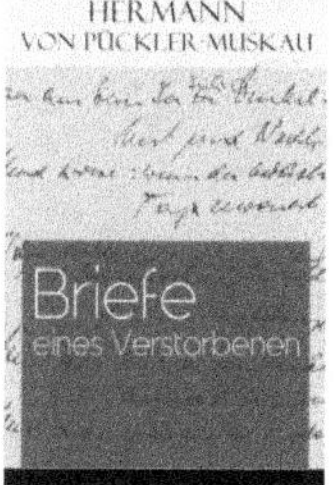

Hermann von Pückler-Muskau
Briefe eines Verstorbenen

Ida Pfeiffer

Reise nach Madagaskar

Nebst einer Biographie der Verfasserin, nach ihren eigenen Aufzeichnungen (Ihre letzte Reise)

e-artnow, 2018
Kontakt: info@e-artnow.org

ISBN 978-80-273-1069-2

Inhaltsverzeichnis

Reise nach Madagaskar

Vorrede.

Ich befand mich in Buenos-Ayres, als ich die traurige Nachricht von dem Ableben meiner geliebten Mutter erhielt. Kurz vor ihrem Tode hatte sie den Wunsch geäußert, daß ich ihre Papiere, die letzte Reise nach Madagaskar betreffend, ordnen und zur Veröffentlichung vorbereiten sollte. Die schwere Krankheit, welche sie gleich nach ihrer Rückkunft von Madagaskar in Mauritius befiel, und die trotz der besten ärztlichen Hilfe, trotz der aufmerksamsten Pflege und Sorgfalt von Seite ihrer Freunde und Verwandten, ihren Tod herbeiführte, hatte ihr nicht erlaubt, dieß selbst zu thun.

Als ich nach einigen Monaten von Buenos-Ayres nach Rio de Janeiro zurückkehrte, fand ich daselbst sämmtliche Schriften meiner Mutter bereits vor; aber der Verlust war zu neu, mein Schmerz noch zu heftig, als daß es mir möglich gewesen wäre, dieselben zu lesen, oder sie gar mit jener Muße und Aufmerksamkeit zu sichten, die zu ihrer Veröffentlichung erforderlich waren.

Endlich entschloß ich mich dazu — ich mußte es thun — es war ja der letzte Wunsch meiner Mutter. Die Pietät gebot mir, die Niederschreibungen der Verblichenen mit möglichst wenig Veränderungen wiederzugeben. Indem ich daher dieß letzte Werk meiner Mutter in die Oeffentlichkeit einführe, hege ich die Ueberzeugung, daß die freundlichen Leser es mit jenem Wohlwollen aufnehmen werden, das den früheren Werken der Weltreisenden von so vielen Seiten zu Theil wurde.

Rio de Janeiro, am 8. Juli 1860.

Oscar Pfeiffer.

1. Kapitel.

Abreise von Wien. — Linz, Salzburg, München. — Das Künstlerfest. — Der König von Baiern. — Berlin. — Alexander von Humboldt. — Hamburg.

Am 21. Mai 1856 verließ ich Wien, um abermals eine große Reise zu unternehmen. Ich schiffte mich in Nußdorf (nächst Wien) auf dem schönen Dampfer „Austria" ein, welcher die Donau aufwärts nach Linz ging. Die Dampfschiffahrts-Gesellschaft war nicht nur so gefällig, mir eine Freikarte zu geben, sie stellte sogar eine Kabine zu meiner alleinigen Verfügung und sorgte für Kost und alle Bequemlichkeiten.

Die kurze Fahrt von Wien nach Linz (30 deutsche Meilen, welche man in 21 Stunden zurücklegt) ist höchst reizend. Wenig andere Stromufer bieten gleich jenen der Donau so mannigfaltige Ansichten, so malerische Landschaften dar. Berge und Thäler, Städte und Ortschaften, prachtvolle Klöster und geschmackvolle Landsitze ziehen in nie endender Reihenfolge an dem Auge vorüber, und auch an halbverfallenen Ritterburgen mit romantischen Märchen und Sagen fehlt es nicht. Von dem freundlichsten Wetter begünstigt, von einer angenehmen Gesellschaft umgeben, hegte ich den Wunsch, auf meiner neuen Reise noch öfter mich in so angenehmen Verhältnissen zu bewegen.

Auf dem Schiffe machte ich außer anderen Bekanntschaften auch jene der Gattin des geschätzten Arztes Herrn Pleninger in Linz. Diese liebenswürdige Frau bestand darauf, daß ich in ihrem Hause absteigen müsse. Leider war meines Bleibens in Linz nicht lange, denn ich wollte am Tage meiner Ankunft noch nach Lambach fahren. Dr. Pleninger veranstaltete nichts destoweniger des Vormittags eine kleine Lustpartie nach dem nahen Freudenberge, auf welchem ein großes Jesuiten-Kloster liegt, das außer den geistlichen Herren über 150 Zöglinge beherbergt, welch' letztere für die geringe Summe von 12 fl. C.M. monatlich Wohnung, Kost und überdieß noch Unterricht empfangen. Das Institut scheint mit Sorgfalt und besonderer Ordnung verwaltet zu werden; es besitzt bereits eine kleine Sammlung ethnographischer Gegenstände und einen botanischen Garten, der unter der Leitung des hochwürdigen Herrn Hintereker, eines sehr geschätzten Botanikers, steht. Die Aussicht von dem Freudenberge gehört zu den hübschesten, und ich empfehle Jedermann diesen Spaziergang, selbst wenn er das Kloster nicht sollte besichtigen können.

Ich blieb bei Dr. Pleninger über Mittag und nach Tische fuhr ich mit der Eisenbahn nach Lambach, 8 deutsche Meilen, zu welchen man 3 volle Stunden benöthigt.

In Lambach nahm ich den Salzburger Omnibus. Leider war es kein englischer Omnibus, sondern ein deutscher, ein echter, unverfälschter deutscher Omnibus, dessen deutsche Pferde mit ruhiger Gemächlichkeit dahintrabten, jede Meile eine Stunde — 12 Meilen beträgt die Entfernung, nach 12 Stunden kamen wir an — die Rechnung war vollkommen richtig.

In Salzburg regnete es, wie gewöhnlich. Nicht mit Unrecht nennen meine Landsleute diese Stadt ein „wahres Regenwinkel."

Man erzählt, daß einst ein Engländer, der mitten im Sommer nach Salzburg kam, Stadt, Thal und Berge in Nebel und Regen gehüllt fand. Er hatte so viel von der reizenden Lage Salzburgs gelesen, daß er, einige Tage verweilte; da sich aber der Himmel nicht im geringsten aufheiterte, verlor der Sohn Albions am Ende die Geduld und reiste ab. Nach zwei Jahren, auf der Rückreise von Italien, nahm er den Weg wieder über diese Stadt, in der Erwartung glücklicher zu sein — vergebene Hoffnung, es regnete gerade so wie vor zwei Jahren! Da rief der Mann ganz erstaunt aus: „Wie, hat dieser Regen noch nicht aufgehört?"

Ich hätte dasselbe sagen können, denn obwohl ich auf meinen verschiedenen Reisen schon einige Male über Salzburg gekommen war, bin ich doch nur einmal so glücklich gewesen, diese schöne Gegend im Sonnenscheine zu sehen. Und schön ist sie, wunderbar schön; nicht leicht wird man ein freundlicheres Städtchen finden, in einem so frischen, üppigen Thale gelegen und von so großartigen Gebirgsmassen umgeben (der Watzmann mit beinahe 9000 Fuß Höhe).

Ich blieb dießmal nur einen halben Tag in Salzburg und besuchte lediglich das Standbild Mozart's, welches seit meinem letzten Hiersein aufgestellt worden war. Mozart ist, wie bekannt, in dieser Stadt im Jahre 1756 geboren.

Von Salzburg fuhr ich mit dem Stellwagen nach München. Diese Art zu reisen gehört wohl von jeher nicht zu den angenehmsten, ist aber nun seit Erfindung der Eisenbahnen wirklich unerträglich geworden. Zusammengepreßt gleich Negern in einem Sklavenschiffe trieben wir uns auf dieser kleinen Strecke (19 deutsche Meilen) zwei ganze Tage umher. Glücklicherweise hörte wenige Stunden hinter Salzburg der Regen auf, auch ist die Gegend bis ungefähr 4 Meilen vor München fortwährend schön. Die baierische Grenze betritt man schon nach der ersten Meile; das Besehen des Passes und des Gepäckes ging zu meiner größten Verwunderung sehr rasch von statten.

Gegen Abend kamen wir an den Chiem-See, auch das baierische Meer genannt. Dieser herrliche See hat 2 Meilen in der Länge, 1½ in der Breite, ist auf drei Seiten von bedeutenden Gebirgen umschlossen und mündet auf der vierten in eine unübersehbare Ebene.

Unweit Traunsteins schlugen wir einen Seitenweg nach Sekon ein, einer freundlichen Besitzung der verwitweten Kaiserin von Brasilien (geborne Leuchtenberg). Sekon liegt an einem winzigen See, dessen Wasser mineralische Bestandteile enthalten soll. Die Kaiserin hat ein am Ufer stehendes großes Gebäude, ein einstmaliges Kloster, in ein Badehaus mit 50 Zimmern umwandeln und sehr geschmackvoll einrichten lassen. Ein niedlicher Garten umgibt das Gebäude; für Küche, Fahrgelegenheiten und andere Bequemlichkeiten ist auch auf das Beste gesorgt, und zwar zu erstaunlich billigen Preisen. Ein sehr schönes Zimmer z. B. kostet pr. Woche 3 fl. C.M., *Table d'hôte* 24 Kreuzer, ein einspänniger Wagen pr. Tag 2 fl. u.s.w. Gewiß wird daher dieser liebliche Badeort, wenn er einmal mehr bekannt ist, Gäste in Menge herbeilocken; freilich werden dann auch die Preise steigen.

Von Sekon ging es nach Wasserburg. Dieses Städtchen hat eine merkwürdige Lage; es liegt in einem förmlichen Kessel, welcher beinahe auf allen Seiten von schroff abfallenden Stein- und Sandwänden umfaßt ist. Als wir an den Rand gelangten, kam es mir vor, als thäte sich plötzlich zu meinen Füßen ein riesiger Krater auf — aber statt Feuer und Flammen barg er eine reizende Landschaft. Die Häuschen lagen da, so abgeschieden und verborgen wie in einer anderen Welt, der Inn strömte dazwischen mit seinen dunkelgelben Fluten, auf welche gar reges Leben herrschte, denn Hunderte von Flößen werden hier aus Bauholz und Brettern zusammengefügt und nach fernen Gegenden verschifft. In einem großen Bogen fuhren wir nach der Tiefe, und da gewahrte ich erst, daß der Kessel viel größer war als er von der Höhe schien, und daß er auch zahlreichen Hopfen-Pflanzungen Raum gab, die man füglich Baierns Weingärten nennen könnte.

Am 26. Mai kam ich in München an. Der Theil Baierns, welchen ich auf dieser kleinen Reise kennen lernte, gefiel mir ausnehmend gut; die Landschaften sind reizend, die Städtchen und Dörfer freundlich, die Felder gut angebaut. Die einzelnen Bauernhöfe besonders tragen ein gewisses Gepräge von Wohlhabenheit, Reinlichkeit und Ordnung an sich. Sie sind von Stein, geräumig und meist mit einem Stockwerke versehen; die Bedachung ist nach Schweizer-Art, wenig aufsteigend und mit großen Steinen beschwert, um sie gegen die heftigen Stürme zu schützen. Was ich tadeln möchte, ist, daß Wohnhaus, Scheune und Stall unter einem Dache vereint sind, und daher der Bauer bei einer Feuersbrunst leicht um sein ganzes Hab und Gut kommen kann.

Wenn man diese herrlichen Gründe und Felder sieht (alles stand gerade in üppiger Fülle) — die freundlichen Dörfer, die schön gebauten Bauernhöfe, sollte man meinen, daß es da Armuth gäbe, daß viele der Bewohner gezwungen seien auszuwandern, um in fremden Welttheilen eine neue, die Mühen besser lohnende Heimath zu suchen?

Und doch ist es so. — Die Hauptursache mag wohl darin zu finden sein, daß in einem großen Theile von Baiern, besonders in Ober- und Unter-Baiern und in der Oberpfalz, die Bauerngüter nicht getheilt werden, sondern auf ein einziges der Kinder übergehen, und zwar auf jenes, welches der Vater dazu bestimmt. Der glückliche Auserwählte hat wohl die Verpflichtung, seine Geschwister, wie man sagt, hinauszubezahlen, doch bekommen die letzteren nie sehr viel; denn das Gut wird immer unter seinem Werth geschätzt und dem Haupterben außerdem noch eine verhältnißmäßig bedeutende Summe unter dem Namen „Mannslehen" zuerkannt. Den Geschwistern bleibt natürlich nichts Anderes übrig, als Dienst zu suchen, Gewerbe zu erlernen oder auszuwandern. — Doch auch in den übrigen Provinzen, wo die Güter getheilt werden, findet man viel Armuth und gleichfalls die Auswanderung in Blüthe — aus welchen Ursachen, weiß ich nicht zu bestimmen.

Höchst eigenthümlich ist in dieser Gegend die Tracht der Bäuerinnen. Sie tragen kurze, aber sehr faltenreiche Röcke und doppelte Leibchen, von welchen das erste mit langen Aermeln versehen ist. Das zweite, ohne Aermel und gewöhnlich von dunkelfarbigem Sammt, wird über das Erste angezogen und mit silbernen Nesteln zusammengeschnürt. Der Halsschmuck besteht bei den Wohlhabenden aus 8 bis 10 Schnüren kleiner echter Perlen mit großen Schließen, welche vorne angebracht sind. Die Aermeren begnügen sich statt der echten Perlen mit von Silber nachgeahmten.

München kam mir sehr stille vor; es wird wenig gefahren und nur in den Hauptstraßen herrscht einiges Leben.

Ich hielt mich nur sechs Tage in dieser Stadt auf, lernte aber in der kurzen Zeit viele Familien kennen. Soviel ich beurtheilen konnte, ist das häusliche Leben einfach und gemüthlich und das schöne Geschlecht scheint hier nicht so viel auf äußeren Prunk zu halten, wie es in anderen Hauptstädten der Fall ist. Ich gestehe, daß mir die Lebensweise in München sehr gut gefiel.

Einem besonderen Zufalle hatte ich es zu verdanken, daß ich die Bekanntschaft vieler ausgezeichneter Leute, besonders Künstler, machte. Es wurde nämlich gerade das Künstlerfest gefeiert, und man war so freundlich mich dazu einzuladen. Die Namen all' der bedeutenden Persönlichkeiten zu nennen, welchen ich bei dieser Gelegenheit vorgestellt wurde, möchte meine Leser vielleicht ermüden — in meinem Gedächtnisse erlöschen sie aber nicht.

Des Festes selbst, das jedes Jahr an einem schönen Maitage abgehalten wird, will ich nur mit einigen Worten erwähnen.

Es fand zu Schwanegg und Pullach statt, auf schönen Wiesen mitten in Waldungen gelegen. Bei Schwanegg, einem Schlößchen, von Herrn von Schwanthaler im gothischen Styl erbaut, wurde ein komischer Drachenkampf vorgestellt, eine Parodie des Schiller'schen „Kampf mit dem Drachen." Die Burg Schwanegg war während eines vollen Jahres von einem Drachen derart belagert, daß Niemand weder aus noch ein konnte. Ein Ritter zieht zufällig des Weges, man gewahrt ihn von dem Wartthurme aus, die Bewohner der Burg versammeln sich allsogleich auf dem Söller und flehen den Ritter in höchst burlesken Knittelversen an, sie von dem Ungethüme zu befreien. Hierauf erfolgt der Kampf, das Unthier erliegt u.s.f.

Nach dem Drachenkampfe fand in dem Wäldchen bei Pullach eine zweite Vorstellung statt: der Frühling den Winter vertreibend. Hier gab es lustige Umzüge: Bacchus auf einer Weintonne sitzend, von riesigen Maikäfern (jeder von einem Menschen dargestellt) gezogen und umschwärmt — Apollo auf einem Triumphwagen mit Pegasus als Gespann und von Schmetterlingen, Blumen und Insecten umgeben, die von 1 bis 2 Fuß Höhe in Kartenpapier ausgeschnitten, schön gemalt und an hohen Standarten befestigt waren. Kurz, ein heiterer Scherz und Schwank löste den andern ab, und das schaulustige Publicum unterhielt sich auf das beste — es war ein wahres Volksfest. Gewiß an 10,000 Personen fanden sich da versammelt, die sich alle fröhlich und vergnügt den ganzen Tag umhertrieben und nur eine große Familie auszumachen schienen. Die Einen fanden Platz unter den Bäumen an langen Tischen, die Anderen lagerten sich einfach auf den Rasen, überall aber wurde gar tapfer dem Lieblingsgetränke zugesprochen, dem Bier, ohne das sich ein echter Baier wohl nicht gut unterhalten kann. Dessenungeachtet lief alles sehr anständig ab und nur gegen Abend gab es hie und da Einen, der des Guten ein wenig zu viel gethan hatte. Glücklicherweise scheint der Hopfengeist ein gutmüthiger Geist zu sein, der bloß die Munterkeit steigert, denn ich hörte von keinem Zanke oder Raufhandel.

Zu der ersten Vorstellung war auch der König Max gekommen, und zwar in einfachem schlichten Bürgerrocke. Später im Theater sah ich sowohl den König als auch den ganzen Hof in Civil-Kleidern. Schon seit langer Zeit habe ich keinen Monarchen im Civil-Kleide gesehen; Uniform und nichts als Uniform tragen die gekrönten Häupter, als ob sie blos dem Soldatenstande zugehörten. Freilich, was wären auch die Meisten ohne Soldaten?!

König Max scheint nicht dieser Ansicht zu sein; er ehrt die Bürger und scheut es nicht mit ihnen zu verkehren. Er ging so recht mit dem großen Haufen, ohne von Dienern begleitet oder von Polizei-Agenten eskortirt zu sein; er bahnte sich selbst den Weg und die Leute umschwärmten ihn ungezwungen von allen Seiten.

Es wurde dem Könige gesagt, daß sich meine Wenigkeit unter den Zuschauern des Festes befände, und sogleich mußte ich ihm im Angesicht von Tausenden von Menschen vorgestellt werden. Seine Majestät unterhielt sich einige Zeit auf das Freundlichste mit mir.

Von den Sehenswürdigkeiten, von all' den Kunstwerken zu sprechen, welche München enthält, gehört nicht in mein Tagebuch; das finden meine Leser, die hierüber Aufschluß haben wollen, viel besser in einer oder der anderen von den vielen trefflichen Beschreibungen, die über diese kunstsinnige Stadt erschienen sind.

Zwei liebenswürdige Damen, Baronin Du-Prel und Baronin Bissing, waren so freundlich, mich von Gallerie zu Gallerie, von Kirche zu Kirche zu führen. Nichts ermüdet jedoch mehr, nichts ist anstrengender für Geist und Körper, als zu Vieles sehen in kurzer Zeit. Diese sechs Tage erschöpften mich mehr als ein doppelt so langer Aufenthalt in tropischen Urwäldern, wo ich den ganzen Tag auf den beschwerlichsten Pfaden wandelte, wo der feuchte Boden mein Lager und in Wasser halbgekochter Reis meine Nahrung war.

Bevor ich München verlasse, muß ich noch einer komischen Scene erwähnen, die ich erlebte als ich eines Abends aus dem Theater ging. Ich kannte den Weg nicht gut und bat eine Frau, die mit einem Herrn ging, um Auskunft. Die Frau lud mich ein mitzugehen, da sie gerade derselben Richtung folgte. Unterwegs fragte sie mich, ob ich dem Künstlerfeste beigewohnt und daselbst die „große Reisende" Ida Pfeiffer gesehen habe. Sie selbst sei mit ihrem Manne dahingegangen, aber erst Abends, und da habe sie dieselbe nicht zu sehen bekommen. Ich erwiederte ihr, daß die große Reisende eine ziemlich kleine Person und mir gar wohl bekannt sei, und daß ich sie sehen könne, so oft ich wolle, ich benöthige dazu bloß eines Spiegels. Die guten Leute waren sehr erfreut mich kennen zu lernen und geleiteten mich bis an meine Wohnung.

Am 1. Juni ging ich über Hof nach Berlin (95 Meilen), wo ich am 2. Juni eintraf, und von meinen lieben Freunden, Herrn Professor Weiß und dessen Gemalin eben so herzlich aufgenommen wurde wie früher.

Die Reise von München nach Berlin bietet wenig Anziehendes, hie und da niedliche, aber durchaus keine überraschenden Partien; bei Plauen ist die Gegend noch am hübschesten. Bevor wir Hof erreichten, den letzten baierischen Ort, brach etwas an der Dampfmaschine; wir verloren eine ganze Stunde und versäumten dadurch den sich anschließenden Zug. An der preußischen Grenze verlangte man den Paß, besah ihn aber kaum, auch die Koffer wurden nur zum Scheine aufgemacht; in wenig Augenblicken war die ganze Ceremonie vorüber.

In Berlin wurde mir eine große Ueberraschung zu Theil: Alexander von Humboldt gab mir einen sehr warmen offenen Empfehlungsbrief an alle seine Freunde in der weiten Welt. Ich hoffe, man wird es mir nicht als Eitelkeit auslegen, wenn ich im Gefühle der Freude, von solch' einem Manne derart ausgezeichnet worden zu sein, die Abschrift dieses so wie auch einige andere Briefe, die ich so glücklich war von ihm zu erhalten , meinem Werke beifüge (siehe Beilage Nr. 1).

Auch der berühmte Geograph, Professor Carl Ritter, erwies mir eine große Ehre; er lud mich zur Sitzung der geographischen Gesellschaft ein, die gerade stattfand. Bereits im Monate März hatte man mich zum Ehren-Mitgliede dieser Gesellschaft aufgenommen — eine Auszeichnung, die bisher noch keiner Frau zu Theil geworden war.

Ich verweilte in Berlin nur acht Tage und fuhr von da nach Hamburg (38 deutsche Meilen), wo ich wieder bei der lieben Familie Schulz abstieg. Aber auch in Hamburg war meines Bleibens nicht lange; ich wollte meine Zeit für das mir noch ganz unbekannte Holland sparen und so schiffte ich mich schon am 14. Juni Abends auf dem Dampfer *Stoomward*, Capitän C. Bruns, nach Amsterdam ein (312 Seemeilen).

Dieß war die erste Fahrt, die ich in Europa auf einem holländischen Dampfer machte, und wie auf jenen, die ich auf meiner zweiten Reise um die Welt in Indien bestiegen hatte, war man auch hier so freundlich, mir nicht nur eine freie Fahrt zu geben, sondern auch für Kost und dergleichen keine Vergütung anzunehmen. Wie leicht würde mir das Reisen werden, fände ich bei den englischen Dampfschiffahrt-Gesellschaften ähnliche Großherzigkeit — leider ist dieß aber bisher nie der Fall gewesen; die englischen Herren Directoren, Agenten u.s.w. zeigten viel mehr Sinn für meine Thaler als für meine Reisen, und ließen mich stets ganz ruhig für die kleinste wie für die größte Fahrt bezahlen.

2. Kapitel.

Ankunft in Holland. — Amsterdam. — Holländische Bauart. — Bilder-Gallerien. — Herrn Costa's Diamanten-Schleiferei. — Das Harlemer Meer. — Ein holländischer Kuhstall. — Utrecht. — Das Studentenfest.

Ich traf in Amsterdam am 16. Juni Mittags ein. Schon im Hafen erwartete mich mein würdiger Freund Oberst Steuerwald. Dieser Herr ist eine meiner ältesten Reise-Bekanntschaften; ich lernte ihn auf der Reise von Gothenburg nach Stockholm kennen, traf ihn später in Batavia und nun hier in seinem Vaterlande, wo er mich auf das herzlichste aufnahm und sogleich in seinen Familienkreis einführte.

Ich blieb in Holland bis 2. Juli und hatte während dieser Zeit Gelegenheit, einen großen Theil dieses interessanten Landes zu bereisen; doch will ich all' des Gesehenen nur flüchtig erwähnen, da es natürlich nicht in dem Zwecke meines Buches liegt, ausführliche Beschreibungen von allgemein bekannten Ländern oder Städten zu machen.

Was mir in Amsterdam vor Allem auffiel, war die Bauart der Häuser; ich möchte sie der altdeutschen vergleichen, wie z. B. in Magdeburg. Die Häuser, meistens nur von einer Familie bewohnt, sind sehr schmal, 2 bis 4 Stockwerke hoch und enden in spitze oder runde Giebeldächer. Sie sind von Backsteinen aufgeführt, dunkelbraun übertüncht und zuweilen mit Arabesken geschmückt. Einen sonderbaren Eindruck macht der Ueberblick einer Straße; die Häuser stehen zwar in geraden Reihen, erheben sich aber nicht in senkrechter Linie. Bei manchen überragt der obere Theil den unteren, bei den anderen der untere den oberen, bei anderen wieder ragt der mittlere Theil hervor. Die Abweichung von der geraden Linie beträgt oft über einen Fuß. Man sollte meinen, daß dergleichen Häuser leicht dem Einstürze ausgesetzt seien; ich las jedoch manche Inschriften, welche bezeugten, daß sie bereits über 100 Jahre, ja einige sogar über 200 Jahre standen. — Ein sehr großer Uebelstand in den holländischen Häusern ist die schmale, steil aufsteigende Treppe. Man muß wahrlich ein geborener Holländer und von frühester Kindheit an diese Unbequemlichkeit gewohnt sein, um sie ertragen zu können, um so mehr, da man durch das Bewohnen eines schmalen und hohen Häuschens jeden Augenblick gezwungen ist die Treppe auf und ab zu klettern. Daß die Häuser der Reichen, die Gasthöfe u.s.w. bequemer eingerichtet sind, versteht sich von selbst.

Nicht minder befremdend war es mir zu sehen, daß in den Häusern, deren Erdgeschoß zu Verkaufsläden dient, letztere den ganzen Raum einnehmen und eine besondere Hausthüre unmöglich machen. Die Köchin mit dem Einkaufskorbe, der Wasserträger mit dem Kübel, die Frau vom Hause wie der Besucher, Alles geht durch das oft sehr geschmackvoll eingerichtete und kostbare Waarenlager. Natürlich muß an Sonn- und Festtagen die Thüre des Ladens wie an den Wochentagen offen stehen.

Alle diese Unbequemlichkeiten werden durch den hohen Preis des Bodens veranlaßt. Jedermann weiß, wie mühsam der größte Theil von Hollands Grund und Boden dem Meere abgetrotzt wurde, wie kostspielig ein Bau auf einem Grunde kommt, der durch eingeschlagene hohe Pfähle so zu sagen erst geschaffen werden muß. Gewöhnlich kostet der Bau bis an die Oberfläche der Erde eben so viel wie jener, der sich über der Erde erhebt.

Amsterdam ist von unzähligen Kanälen durchschnitten, die alle mehr oder minder breit sind und über welche 250 Brücken führen. Man könnte diese Stadt füglich das „Venedig des Nordens" nennen, nur fehlen ihr die Marmor-Paläste, das muntere Leben und Treiben des Volkes, das Gewühl der Gondeln auf den Kanälen und die melodischen Gesänge der Barcarolis. Doch zeichnet sich Amsterdam vor Venedig dadurch aus, sie ihre Meister gefunden, wie der Schliff des großen Diamanten beweist, welchen der Sultan besitzt und der in Hinter-Indien geschliffen wurde. Dieser Diamant, der größtbekannte in der Welt, ist, obwohl unten sich rundend, dennoch durchaus in gleich große Rosetten eingetheilt — eine Kunstfertigkeit, welche selbst die Holländer nicht begreifen können.

Ueberraschend ist die Größe des Fabriksgebäudes, wenn man bedenkt, wie kleine Gegenstände da verarbeitet werden; es ist über 100 Fuß lang und drei Stockwerke hoch.

Die Schleiferei geht auf folgende Art vor sich: der rohe Diamant kommt erst in die Hände der Klopfer, dann der Schneider und zuletzt in jene der Schleifer. Der Klopfer entfernt die in dem Steine befindlichen Flecken mittelst eines scharfen Diamanten; er feilt damit in den Stein hinein und schlägt dann das schadhafte Stück ab. Der Schneider gibt dem Steine die gehörige Form, indem er die Ecken und Ungleichheiten auf ähnliche Art beseitigt. Der Staub, der bei diesen Arbeiten abfällt, wird auf das Sorgfältigste gesammelt, denn er ist zu dem Schliff des Diamanten unentbehrlich. Der Schleifer bedient sich einer Bleikugel, die in Holz gefaßt ist und deren freier Theil in der Glut erweicht wird, damit man den Stein so tief als nöthig hineindrücken kann. Er wird auf einer Stahlscheibe geschliffen, auf welche etwas weniges von dem Diamantstaube gestreut ist. Die große Kunst besteht darin, die Kanten und Rosetten vollkommen gleich zu schleifen, wodurch das Feuer und die Schönheit des Diamanten unendlich gesteigert werden.

Das Drehen der Schleifmaschine (durch Dampfkraft) geht so rasch, daß man glaubt, die Scheibe bewege sich gar nicht; sie macht in einer Minute zweitausend Umdrehungen.

Durch den Schliff geht sehr viel verloren; der englische Krondiamant, Koh-i-noor z. B. verlor, als er zum zweiten Male geschliffen wurde, ein Viertheil seiner Größe. Die erste Schleifung dieses schönen Diamanten war mißglückt und das englische Gouvernement ließ im Jahre 1852 einen holländischen Schleifer aus Herrn Costa's Fabrik kommen, um den Stein kunstgerecht zu schleifen. Der Arbeiter benöthigte hiezu sechs Monate, und die reinen Kosten ohne Gewinn für den Fabriksherrn (Herr Costa nahm nämlich keine Zahlung an) betrugen 4000 holländische Gulden, etwas mehr als 330 Pfund Sterling.

Herrn Costa's Fabrik, deren Eigenthümer er allein ist, beschäftigt 125 Arbeiter, von welchen 5 Klopfer, 30 Schneider und 90 Schleifer sind. Die Arbeiter gewinnen pr. Woche von 30 bis 70 und 80 holländische Gulden.

Ich besah in Amsterdam auch die Zucker-Raffinerien der Herren Spakler, Vloten und Fetterode. Der Zucker wird, wie ich schon in anderen Ländern gesehen habe, mittelst Dampfmaschinen raffinirt. Diese Fabrik liefert jährlich ungefähr 5 Millionen Kilos (nahe an 100,000 Wiener Centner) Zucker. Die größte Fabrik Hollands liefert 16 Millionen Kilos und das Gesammt-Erzeugniß beträgt 80 Millionen.

Ganz nahe bei Amsterdam liegt das berühmte „Harlemer Meer", dessen Austrocknung gewiß eine der großartigsten Unternehmungen unseres Jahrhundertes ist. Wo vor wenig Jahren noch große Schiffe fuhren, wo der Fischer seine Netze auswarf, da weiden jetzt Tausende von Kühen, da prangen üppige Felder und Wiesen, ja hie und da erheben sich schon einzelne Häuschen, und gewiß wird es bald an Ortschaften und Dörfern nicht fehlen.

Die Trockenlegung des Sees, dessen durchschnittliche Tiefe 13 Fuß betrug, wurde im Februar 1849 begonnen, und schon nach vier Jahren war dieses Riesenwerk beendet. An drei verschiedenen Orten wurden Dampfmaschinen von 400 Pferdekraft eingerichtet, deren jede 8 Pumpen sechsmal pr. Minute in die Höhe hob und das Wasser in die Kanäle goß, welche nach dem Meere führten. Die 24 Pumpen der drei Maschinen schöpften in jeder Minute 20,340 Eimer Wasser aus.

Der Gewinn an Flächeninhalt beträgt 31,000 Joch (österreichisches Maß); die ersten Anpflanzungen wurden schon im Jahre 1853 gemacht.

Herr Muyskens, der die Güte hatte mir dieses neue Weltwunder zu zeigen, ist Eigenthümer einer hübschen Besitzung, auf welcher er bereits im vergangenen Jahre die erste Ernte abgehalten hat. Auch sein Haus war schon fertig und mit vielem Geschmacke gebaut. Hier sah ich zum ersten Male, wie weit die Vorliebe der Holländer für die Viehzucht geht — der Kuhstall war unstreitig der schönste Theil des Hauses. Man muß freilich bedenken, daß, da der größte Theil Hollands aus fetten Wiesen und Triften besteht, die Viehzucht der Hauptreichthum des Landes ist, und daß natürlicherweise für die Ausdehnung desselben alle mögliche Sorge getragen wird. Daß aber diese Sorgfalt so weit geht, den Kühen reinlichere und elegantere Wohnungen einzurichten als gar viele wohlhabende Leute in den weniger civilisirten Ländern Europa's (von anderen Welttheilen gar nicht zu sprechen) besitzen, hätte ich doch nicht erwartet. Der Kuhstall nahm den größten Theil des Gebäudes ein; seine Fenster, von gefälliger ovaler Form, waren mit weißen Vorhängen versehen, die von farbigen Bändern gehalten wurden. Auch die Eingangsthüre, deren oberer Theil von Glas war, schmückte ein blendend weißer Vorhang. Das Innere bestand aus einer hohen luftigen Halle; die Stände waren gerade so breit, daß die Hinterfüße der Thiere an die Grenze eines fußtiefen Kanales zu stehen kamen, in welchen die Excremente fielen, ohne die Streu oder den Boden zu verunreinigen. Oberhalb des Kanales war den Ständen entlang ein Seil gezogen, an welches die Schwänze der Kühe gebunden werden, damit sie mit denselben nicht um sich schlagen und sich beschmutzen. Alle diese Einrichtungen fand ich für das Auge recht hübsch; meiner Meinung nach würden aber die armen Thiere, könnte man sie befragen, es gewiß vorziehen, etwas weniger Reinlichkeit und etwas mehr Freiheit zu haben.

Eine Abtheilung des Stalles war durch eine drei Fuß hohe Bretterwand abgeschieden, mit gedieltem Boden versehen und bildete ein ganz niedliches Zimmerchen, welches den Bauersleuten zum Aufenthalte diente. Die Käse-, Milch- und andere Vorraths-Kammern waren von eben so fabelhafter Reinlichkeit wie der Stall. Die Wände in den Eingangshallen, an den Treppen, in der Küche, in den Vorrathskammern u.s.w. sind beinahe in jedem Hause 3 bis 4 Fuß hoch mit weißen Porzellan- oder grünen Thon-Platten belegt, die leichter rein gehalten werden können, als weiß übertünchte Wände.

Bei Herrn Muyskens trank ich nach langer Zeit zum ersten Male wieder Kaffee mit guter Milch; sie wurde rein gegeben, wie sie von der Kuh kam. Man sollte glauben, daß es in einem Lande wie Holland, wo solcher Reichthum an Kühen herrscht, der guten Milch im Ueberflusse gebe; dem ist aber nicht so; vor lauter Butter- und Käse-Machen gönnt sich der Holländer, wie der Schweizer, nicht einmal so viel gute Milch, als er zum häuslichen Gebrauch benöthigt. Beinahe überall, selbst in den wohlhabendsten Familien, fand ich den Kaffee ziemlich schlecht.

Da ich gerade bei diesem für uns Frauen so wichtigen Artikel bin, kann ich nicht umhin eines Gebrauches zu erwähnen, der in Holland allgemein herrscht, und welchen ich weder unter die Rubrik der Reinlichkeit rechnen, noch überhaupt als nachahmungswürdiges Beispiel ausstellen möchte. Sobald das Kaffee- oder Theetrinken zu Ende ist, wäscht die Frau oder Tochter, oder sonst ein weibliches Wesen des Hauses, das Geschirr am Tische im Beisein der Gesellschaft ab. Sie gießt etwas heißes Wasser in die Tassen, spült sie einfach aus, trocknet sie ab — und die Geschichte ist fertig.

Herr Muyskens war so freundlich, mich den ganzen ausgetrockneten See hindurchzuführen, bis an eine der drei Maschinen, die das Wasser herausheben und von welchen zeitweise eine oder die andere in Gang gesetzt wird, wenn sich zu viel Regenwasser angesammelt hat. Wir kamen gerade zu rechter Zeit, die Maschinen arbeiten zu sehen.

Von hier ging es nach Harlem, wo wir den schönen Park mit dem geschmackvollen königlichen Lustschlosse, so wie einen Theil der netten Stadt besahen. In letzterer fiel mir über dem Thore eines Hauses eine ungefähr anderthalb Fuß lange, ovale Platte auf, die mit rosenrothem Seidenstoff überzogen und mit in reiche Falten gelegten Spitzen überdeckt war. Diese Platte bedeutet, wie man mir sagte, daß sich in dem Hause eine Wöchnerin befindet. Ragt oberhalb der Platte noch ein Papierstreifen hervor, so ist dieß ein Zeichen, daß das Kind weiblichen Geschlechtes ist. Dieser Gebrauch stammt aus den alten Kriegszeiten her, wo das Haus einer Wöchnerin von dem Krieger geschont wurde, und war in ganz Holland üblich. Jetzt hat sich die Sitte verloren und nur in Hartem ist man ihr treu geblieben.

Ich war so glücklich, in Holland außer dem Herrn Obersten Steuerwald, der sich meiner auf das wärmste annahm, auch noch einen anderen, mir sehr wohlwollenden Freund zu finden, den Herrn Residenten van Rees, welchen ich, wie sich die Leser meiner zweiten Reise um die Welt erinnern werden, in Batavia kennen gelernt hatte. Herr van Rees lebte im Haag. Kaum hatte er aber von meiner Ankunft in Holland gehört, so kam er nach Amsterdam, mich zu einer kleinen Rundreise in seinem Vaterlande einzuladen.

Wir begannen mit Utrecht (8 deutsche Meilen), in welcher Stadt zufälligerweise gerade ein großes Studentenfest stattfand. Die Studenten pflegen nämlich alle fünf Jahre die Errichtung der Universität zu feiern. Die Feier währt eine ganze Woche und besteht aus Masken-Umzügen, Konzerten, Bällen, Wettrennen, Mahlzeiten, Beleuchtungen u.s.w. Dieses Jahr sollte das Fest ganz besonders glänzend sein; die Herren Studenten hatten sich nämlich überworfen und in zwei Partheien getheilt, in die aristokratische und in die demokratische. Eine Parthei wollte es der anderen zuvorthun und jede nahm eine Woche für sich allein in Anspruch.

Wir kamen in Utrecht in der Woche der Aristokraten an. Der Zudrang war so groß, daß wir in keinem Gasthofe Platz fanden; glücklicherweise nahmen uns Herr und Frau Suermondt, Freunde des Herrn van Rees, mit größter Zuvorkommenheit in ihrem Hause auf.

Nachmittags fand ein Umzug statt. Die Studenten trugen alle die kostbarsten Kostüme; da sah man nichts als Sammt, Atlas, Spitzen und Straußfedern. Die Einen stellten Scenen aus dem 16ten Jahrhunderte dar, die Anderen Prinzen von Java, Hindostan, Bengalen u.s.w. mit reichem Gefolge. Selbst an einer indischen Gottheit fehlte es nicht, die im Palankin getragen wurde und von einem malai'schen Musikchor begleitet war. Ganze Scenen wurden auf unglaublich langen Wagen vorgestellt, von welchen einige wirklich sehr malerisch waren. So z. B. ein ganzes Haus mit offenen Seitenwänden. Ein Ehepaar saß an einem Tische, die Frau hatte ein Kind auf dem Schöße, ein zweites spielte zu ihren Füßen, der Arzt und ein anderer Freund des Hauses waren zum Besuche da, man sprach und trank Thee; vor dem Hause scheuerte die Magd u.s.w.

Auf einem anderen Wagen stand eine Windmühle; ein Mann zimmerte davor an seinem Boote, ein Anderer besserte sein Netz aus.

Auf einem dritten sah man das Innere einer Bauernstube; da wurde Butter gerührt, Segeltuch gewoben, Seil gedreht. Dazwischen kam wieder ein Jagdzug, die Jäger mit den Falken auf dem Arme, es war wirklich herrlich anzusehen. — Militär-Musik eröffnete den Zug und königliches Militär schloß ihn. Abends wurde die Stadt herrlich beleuchtet, und zwar mit weißen und farbigen Glaslampen und mit papierenen Laternen in schönen Festons an beiden Seiten der Straßen und der vielen Kanäle. An manchen Häusern hatte man die ganzen Vorderwände reich beleuchtet, und an den Brücken waren die Portale und Geländer mit Tausenden von Lampen behangen. Manche Straße gewährte einen wahrhaft feenartigen Anblick.

Gegen Mitternacht kehrte der Zug mit einer Unzahl von Fackeln, welche blaue und dunkel-purpurfarbige Lichter von sich sprühten, zurück. Erst um 2 Uhr ging das Fest zu Ende.

Schön und glänzend war es, das ist nicht zu läugnen, aber viel zu großartig für Studirende. Es ginge noch an, wenn es alle hundert oder höchstens alle fünfzig Jahre stattfände; auch wäre wohl ein Tag dazu hinreichend; allein in der gegenwärtigen Form kann es nicht von guter Wirkung sein. Die jungen Leute beschäftigen sich gewiß schon mehrere Wochen vor dem Feste viel weniger mit ihren Studien als mit ihren Masken, ihren Costümen, den Bällen und anderen Unterhaltungen. Außerdem sind die Kosten so groß, daß nur der Reiche sie leicht tragen kann; der Unbemittelte muß zurückbleiben oder Schulden machen. Da lobe ich mir das einfache, burleske Künstlerfest in München; das verursachte wenig Kosten, war voll Heiterkeit und Witz, dauerte nur einen Tag und befriedigte die Zuseher wie die Mitwirkenden eben so, wenn nicht mehr, als dieses glänzende Studentenfest.

Auch die Bewohner der Stadt werden durch die Beleuchtung, welche an zwei Abenden stattfindet, zu Ausgaben veranlaßt, die gar vielen armen Bürgern nicht sehr willkommen sein mögen; unterließen sie indeß die Illumination, so würden die Studenten ihnen wahrscheinlich die Fenster einwerfen oder irgend einen Schabernack treiben.

Eine andere Sache, die ich eben auch nicht sehr passend fand, ist, daß die Studenten die ganze Woche in ihren Masken-Anzügen, der Eine als Prinz, der Andere als Ritter u.s.w. in der Stadt umhergehen.

Das zweite Fest, welchem ich beiwohnte, bestand aus Wettrennen zu Pferde und aus einigen Kunststücken, wie sie von Kunstreitern gezeigt werden. Ich erwartete, aufrichtig gesagt, etwas Besseres — ein Ringelstechen oder ein Karoussel, von den Studenten im Kostüme ausgeführt, hätte, da sie ja die Kostüme und Pferde schon besaßen, auch nicht mehr Kosten verursacht, und wäre dem großartigen Programme entsprechend gewesen. Bei dieser Gelegenheit beobachtete ich, wie schwer es ist, den Holländer aus seiner kalten Ruhe zubringen. Ein Herr Loisset führte ein schönes, wunderbar geschultes Pferd vor, welches die schwierigsten Kunststücke vollbrachte, die gewiß bei jedem anderen Publikum die lautesten Beifalls-Bezeigungen veranlaßt hätten. Zu meinem Erstaunen blieben die Leute kalt wie Eis und Herr Loisset verließ den Circus mit seinem Pferde, ohne das geringste Zeichen von Anerkennung erhalten zu haben.

Die Stadt Utrecht ist von sehr hübschen Bosquets und parkähnlichen Anlagen umgeben, doch fehlen hier, wie überall in Holland, Hügel und Berge.

An Sehenswürdigkeiten bietet sie wenig. Von den Kirchen besuchte ich bloß die protestantische Domkirche, deren imposantes Aeußere mich verführte. Leider fand ich das Innere auf eine unbegreifliche Weise entstellt. Man hatte nämlich, da die Kirche sehr groß ist, und die Zuhörer die Predigten nicht gut vernehmen konnten, einen hohen großen Verschlag von Holz errichtet — eine Kirche in der Kirche. Natürlich geht der Eindruck, den das wirklich schöne Gebäude hervorbringen würde, ganz verloren durch diesen abscheulichen Bretter-Verschlag, welcher über die Hälfte des inneren Raumes einnimmt.

Unser freundlicher Wirth, Herr Suermondt, ließ uns nicht so bald fort, und nur zu gerne gaben wir seiner herzlich gemeinten Einladung nach und verweilten noch einige Zeit; die ersten Tage wurden der Stadt selbst und den Festen geweiht, dazwischen fand ich hie und da ein Stündchen, die ausgezeichnet schöne Bilder-Gallerie zu besehen, welche Herr Suermondt besitzt und deren Besucher Fremden gestattet.

Den Lieblingsort der Utrechter, das Dörfchen Zeijst (2 deutsche Meilen), besuchten wir ebenfalls. Es ist dieß eine reizende Spazierfahrt. Die Straße, wie beinahe alle Landstraßen Hollands mit Backsteinen gepflastert, führt an niedlichen Landhäusern mit schönen Garten-Anlagen vorüber; an vielen Stellen ist sie mit Alleen besetzt von so stämmigen, umfangreichen Bäumen, wie ich noch wenige gesehen. Linden, Eichen und Buchen, und von letzteren besonders die Blutbuchen, gelangen in Holland zu einer Höhe und zu einem Umfange, wie vielleicht in keinem anderen Lande.

In Zeijst ist der Sitz einer Herrnhuter-Gemeinde.

3. Kapitel.

Zaandam. — Das Dörfchen Broek und dessen berühmte Reinlichkeit. — Sonderbarer Kopfputz. — Der Haag. — Berühmte Gemälde. — Leyden. — Rotterdam. — Abreise von Holland.

Als ich von Utrecht nach Amsterdam zurückgekehrt war, führte mich Herr van Rees nach Zaandam und Broek — eine Partie, die man zu Wagen in einem Tage ausführen kann.

In Zaandam hat, wie bekannt, Peter der Große durch mehrere Monate als Zimmermann gearbeitet, um den Schiffsbau praktisch zu erlernen. Man zeigt noch die hölzerne Hütte in demselben Zustande, in welchem sie war, als der große Kaiser sie bewohnte. Sie besteht aus zwei einfachen kleinen Kammern mit einigen hölzernen Stühlen und Tischen. Um sie vor dem Einflusse der Witterung zu bewahren, hat man eine gemauerte Halle darüber gebaut, welche im Winter auf allen Seiten mit Bretterwänden bekleidet wird. Das Städtchen Zaandam (13.000 Einwohner) ist sehr rein und freundlich, die Häuser sind beinahe alle mit Gärten umgeben.

Nicht minder berühmt als Zaandam ist das Dörfchen Broek, und zwar durch seine ausgezeichnete Reinlichkeit, was viel sagen will in einem Lande, wo die Straßen der Städte meistens reinlicher sind, als in gar manchen Ländern das Innere der Häuser. Ich erwartete natürlich etwas ganz Besonderes zu sehen, muß aber dessenungeachtet gestehen, daß die Wirklichkeit meine Erwartung noch übertraf. Meine Leser werden es mir verzeihen, daß ich ihnen von diesem kleinen Orte eine ziemlich große Beschreibung mache.

Die Häuser sind durchgehends von Holz gebaut und mit dunklen Oelfarben angestrichen, die Dächer mit glasirten Ziegeln gedeckt, die Fenster mit schonen Vorhängen geschmückt, die Schlösser an den Thüren so blank geputzt, als wären sie so eben angeschlagen worden. Die Häuschen stehen alle in kleinen Gärten und jedes ist mit drei Thüren versehen, von welchen die eine aber nur bei den wichtigsten Abschnitten des menschlichen Lebens geöffnet wird — wenn das Brautpaar zur Kirche geht, wenn das Kind zur Taufe getragen wird, und wenn der Mensch seine irdische Wohnung gegen das Jenseits vertauscht. Dieser sonderbare Gebrauch herrscht einzig und allein nur in diesem Dorfe. Von den beiden übrigen Thüren dient die eine für den täglichen Verkehr der Leute, die andere führt nach dem Stalle, der einen Theil des Hauses einnimmt.

Die Straßen sind ziemlich schmal und von hölzernen Staketen eingefaßt; hinter den Häusern ist Raum gelassen das Vieh einzutreiben, die Heu-Ernte einzuführen u.s.w. Die Straßen waren so rein gewaschen und gefegt, daß ich, obwohl sie alle mit Bäumen besetzt sind, auch nicht ein Blättchen auf dem Boden liegen sah. Ich glaube, die Leute halten außer Kühen und Ochsen gar kein anderes Vieh, damit die Straßen nicht beschmutzt werden. Das nenne ich doch die Reinlichkeit etwas gar zu weit treiben!

Wir traten in einige Häuser; die Zimmer waren auf das zierlichste geputzt und geschmückt, mit einfachen Teppichen oder Loden belegt und die Möbel so glänzend polirt, daß sie wie neu aussahen, obgleich man aus ihrer Form beurtheilen konnte, daß sie wenigstens aus dem vergangenen Jahrhunderte stammten. Die Einrichtung war ziemlich reich, überall gab es Glasschränke, vollgepfropft mit Schaustücken aller Art, besonders mit schönem Porzellan, worunter sogar chinesisches und japanesisches. Betten sah man nicht; jedes Zimmer ist mit Blindladen versehen, welche die Bettstellen vertreten. An Bettzeug und Wäsche besaßen die Leute große Vorräthe. Die Zimmer werden nicht mit den Schuhen betreten; der holländische Bauer läßt gleich dem Orientalen seine Schuhe vor der Thüre stehen. Freilich kostet es ihm nicht viel Mühe, selbe an- und auszuziehen — sie sind von Holz, er braucht sie daher blos vom Fuße zu schleudern. Doch trägt er auch andere an Sonntagen oder bei Besuchen; denn der hölzernen bedient er sich nur bei seinen Arbeiten.

Was die Ställe anbetrifft, so waren sie noch bei weitem schöner als jener, den ich bei Herrn Muyskens im ehemaligen Harlemer Meer sah. Sie bestehen aus langen, schön gedeckten Hallen, auf hölzernen Pfählen ruhend. So ein Stall ist aber auch eigentlich nur zur Hälfte Stall, denn blos während des Winters bewohnen ihn die Thiere. Am 1. Mai wird das Vieh auf die Wiesen getrieben, wo es bis zum 1. November bleibt, und während dieser Zeit dient der Stall dem Bauer so zu sagen als Sommerwohnung. Die Halle wird durch mehrere, 4 Fuß hohe Bretterwände abgetheilt, wodurch kleine Kammern entstehen, in welchen sich die Familie den ganzen Tag über aufhält; die eigentliche Wohnung benützt sie blos zum Schlafen. Die Wände der Halle, die Pfähle sind reich mit schönem Porzellan, mit Tellern, Schüsseln und Kannen behangen; selbst an Bildern fehlt es nicht. Die Butter- und Käse-Geräthschaften stehen in schönster Ordnung in den verschiedenen Abtheilungen — das glänzt und schimmert Alles so hell und rein, als wäre es noch gar nie benützt worden. Nirgends sieht man ein Stäubchen, nirgends das geringste Fleckchen.

Zufällig war es ein Sonntag, an welchem wir Broek besuchten, und die Bewohner befanden sich noch in der Kirche. Wir gingen dahin, um sie in ihrem Sonntagsstaate zu sehen. Die Männer hatten an ihrer Tracht nichts besonderes, waren aber durchgehends sehr nett und sauber gekleidet. Die Frauen dagegen trugen jenen unglücklichen Kopfputz, welcher ganz Nord-Holland eigenthümlich ist, und dessen Hauptzweck darin besteht, das weibliche Geschlecht seiner schönsten Zierde zu berauben; er verbirgt nämlich vollkommen das Haar.

Dieser Kopfputz, der wohl in alten Zeiten von irgend einer hochgestellten Dame erfunden wurde, die ihre Haare verloren hatte, verdient jedenfalls eine nähere Beschreibung. Ein Reif von Goldblech umgibt den Kopf; vorne an der Stirne mag er 1¼, am Hinterkopfe wohl über 2 Zoll breit sein. Ueber diesen Reif kommt eine weiße Mütze (Haube, wie wir Oesterreicher sagen), welche knapp ansitzt, tief über die Stirne reicht, und mit Spitzen, in breite Falten gelegt, besetzt ist. Hinten fällt ein langer Spitzenbesatz über die Schultern. An den Schläfen sind abstehende, schön gearbeitete Goldbleche angebracht, bei 1 Zoll breit und 1½ Zoll lang, die mir (man verzeihe den prosaischen Vergleich) gerade so vorkommen, wie die Scheuleder, die man bei den Pferden an den Seiten der Augen anbringt. Ueber den Schildern oberhalb der Augen hängen drei kleine seidene Söckchen. Geschmackvoll ist dieser Kopfputz wahrhaftig nicht; das einzige Gute, was er besitzt, ist, keiner Mode unterworfen zu sein. Er kommt freilich hoch zu stehen, gewöhnlich 60 bis 80 holländische Gulden, bei den Reichen, die ihn mit Perlen und Edelsteinen behängen, auf mehrere Hunderte; dagegen erbt er sich auf Kinder und Kindes-Kinder fort.

Viele Frauen, wenn sie ausgehen, setzen auf die reizende Haube noch eine hohe Strohkappe, um welche eine breite Krempe von schwarzem Stoff befestigt ist, die vorne und rückwärts etwas nach oben gebogen wird. Sie nennen dieß einen Hut. Was mich am meisten wundert, ist, daß selbst Mädchen und Frauen, welche die Natur mit schönen Haaren beschenkte, sich dieser albernen Mode unterwerfen — aus Coquetterie können sie es doch unmöglich thun.

Was die übrige Kleidung des weiblichen Geschlechtes betrifft, so fand ich daran nichts Besonderes zu bemerken. Sonntags tragen die Frauen durchgehends schwarze Merino-Kleider. Die vornehme Welt kleidet sich wie überall; auch manche Bürgersfrau sah ich, die der neueren Mode wenigstens insoferne huldigte, daß sie auf ihre holländische Haube oder Mütze einen neumodischen Hut setzte.

Am folgenden Morgen führte mich mein unermüdlicher Mentor, Herr van Rees, nach dem Haag zu seiner Familie.

Der Haag (80.000 Einwohner) sieht nicht so alterthümlich aus wie Amsterdam und ist bei weitem reinlicher, was hauptsächlich daher rührt, daß der Haag weniger Fabriks- und Handelsstadt ist als Amsterdam. Gleich allen holländischen Städten wird er von vielen Kanälen durchschnitten. In dem Haag ist der Sitz der Regierung, des Hofes, der fremden Gesandten u.s.w. Der König besitzt einige Paläste, die sich aber weder durch ihre Größe noch durch ihre Architektur auszeichnen. Sie gleichen schönen Privat-Gebäuden. Das ehemalige Residenzschloß, ebenfalls in der Stadt gelegen, bildet eine Festung, ist auf einen niederen Wall gebaut und von Wassergräben umgeben. Die düsteren Thore, der Thurm und vor allem die dunkle braunrothe Farbe, mit welcher es ganz übertüncht ist, verleihen ihm ein alterthümliches Aussehen.

Von den Kirchen läßt sich nicht viel sagen. Die Domkirche als Gebäude ist sehr schön, wird aber durch die vielen Häuschen, die an sie angebaut sind, ganz verunstaltet.

Die Bilder-Gallerie, hier „Museum" genannt, verdankt ihre Berühmtheit hauptsächlich zwei Bildern, die zu den ersten Meisterwerken der holländischen Schule gezählt werden: Ein Thierstück in Lebensgröße, von Paul Potter, und der Arzt oder „Anatom," von Rembrandt.

Das Thierstück ist so naturgetreu, so warm und kräftig gemalt, der Stier, die Kuh, die Schafe, der Hirt treten so lebendig hervor, daß, wenn man das Bild einige Zeit betrachtet, man sich verwundert, wie Alles so ruhig bleibt und sich gar nicht zu bewegen anfängt.

Der Anatom ist in seiner Art nicht minder ausgezeichnet; nur fand ich den Gegenstand nicht so anziehend. Der Arzt secirt einen Leichnam; er hat gerade die innere Hand und den Arm so weit zerlegt, daß man das Nerven- und Adersystem vollständig sieht, und gibt darüber seiner Umgebung eine Erklärung. Die Gelassenheit des Arztes, welchem natürlich diese Beschäftigung nicht neu ist, die Aufmerksamkeit der Zuhörer, bei den Einen ausschließend auf die Worte des Arztes, bei den Anderen mehr auf die secirten Theile gerichtet, sind unbeschreiblich wahr wiedergegeben; meiner schwachen Meinung nach ist dies das gelungenste Bild des großen Malers. Außer den erwähnten beiden Meisterwerken besitzt das Museum noch viele herrliche Bilder von Steen, Ostade, Rubens und Anderen.

Interessant ist es, den Bazar des Herrn de Boer zu besuchen. Ich habe ähnliche Etablissements in anderen großen Städten gesehen, aber keines ist mit diesem zu vergleichen. Die Gegenstände sind zahllos und höchst sinnig und geschmackvoll in geräumigen Sälen aufgestellt. Eine besonders große Auswahl findet man an chinesischen und japanesischen Erzeugnissen. Und um über dem Reiz der Kunst, die Natur nicht ganz zu vergessen, sind die Säle von schönen Glashäusern umgeben, die mit ihren Palmen und Pisangen, mit ihrem Zuckerrohr und ihren Kaffeebäumen den aus Indien heimgekehrten Holländer an sein verlassenes Eldorado erinnern. Eine andere Einrichtung, die man leider nicht immer in ähnlichen Etablissements findet, ist, daß bei Herrn de Boer Jedermann, sei es Käufer oder Besucher, auf das Artigste behandelt wird.

Hollands Residenzstadt besitzt einen wunderschönen Park, der „Haag'sche Boosch" genannt, dessen üppige Frische, dessen herrliche Bäume und Wiesen mich ganz an Englands Parks erinnerten. Reizend ist auch der Weg von dem Haag nach Scheveningen (½ deutsche Meile), einem Fischerdorfe an der See, wohin im Sommer viele Städter ziehen, um Seebäder zu nehmen. Der Wellenschlag soll daselbst von vorzüglicher Wirkung sein. Schattige, dichte Alleen für Fußgänger, Fahrende und Reiter führen bis an den Eingang des Dörfchens, kein Strahl der Sonne dringt durch das dunkle Laub, so daß man an den heißesten Sommertagen Frische und Kühle findet. Indeß gibt es leider der wahren Sommertage nicht sehr viele und die Macht der Sonne ist in diesem Lande nicht von langer Dauer. Ich war während des Juni-Monates in Holland und fand es höchstens während der Mittagszeit nöthig, meinen warmen Mantel bei Seite zu legen. Das Thermometer zeigte Abends und Morgens häufig blos 6—8 Gr. Reaumur, und in der Nacht mag es wohl noch einige Grad tiefer gesunken sein. Freilich sagte man mir, daß dieses Jahr ausnahmsweise kalt und unfreundlich sei; es bliesen auch stets heftige Nordwinde.

Von dem Haag machte ich kleine Ausflüge nach Leyden (3 Meilen) und Rotterdam (4 Meilen.)

Leyden ist höchst langweilig. In den belebtesten Straßen kann man ohne Mühe die Fußgänger zählen und gar selten ist man gezwungen einem Wagen auszuweichen. Dagegen besitzt diese Stadt große Kunstschätze. Die Museen von Leyden sind als die reichhaltigsten bekannt, besonders an Gerippen von Thieren (Fischen, Reptilien), sowie an Todtenschädeln von Menschen fast aller Racen. Das Museum der Alterthümer enthält viele egyptische Schriften (Papyrus-Rollen), Mumien, egyptische und buddhistische Idole.

Die Herren Leemann und Schlegel, Direktoren dieser Museen, hatten die Gefälligkeit, uns persönlich darin umherzuführen. Leider war unsere Zeit sehr kurz bemessen, wodurch uns nur ein flüchtiger Ueberblick gestattet blieb. Die Museen sind getrennt, weil, wie man mir sagte, kein Gebäude mit vielen und großen Sälen zu finden war. Die Gebäude, in welchen sie sich gegenwärtig befinden, sind ganz gewöhnliche Wohnhäuser.

Das japanesische Museum, eine der reichsten Zusammenstellungen japanesischer Kunst- und Naturprodukte ist ein Privat-Eigenthum des Herrn Dr. Siebold.

Sagte mir Leyden als Stadt nicht besonders zu, so gefiel mir Rotterdam desto besser, und müßte ich eine von Hollands Städten zu meinem Aufenthalte wählen, so würde es unbedingt Rotterdam sein. — Das regste Leben herrscht in dieser reichen Handelsstadt, besonders an den Kanälen, die breiter und tiefer sind als in den anderen Städten, und auf welchen die großen Dreimaster sich eben so leicht bewegen wie die kleinsten Boote.

Wohl wenige Städte mögen ein Bild bieten wie Rotterdam, wo diese Wasser-Kolosse mit ihren hohen Masten, sowie die rauchenden Dampfer mitten durch die Stadt ziehen. Ich blieb stundenlange an dem Fenster stehen und konnte mich nicht satt sehen. Hier setzte sich ein schöner Ostindienfahrer in Bewegung, dort auf jenem Schiffe, welches eben von der weiten Reise anlangte, schwenkten die Matrosen freudig die Mützen und riefen ihren Weibern, ihren Freunden zu, die, von der Ankunft bereits unterrichtet, harrend am Ufer des Kanales standen. Hier wieder wurden die gewichtigen Zuckerkisten, die Kaffeesäcke aus dem Schiffsräume gehoben und in die Magazine geschafft; dort wurde ein anderes Schiff mit vaterländischen Produkten beladen; Dampfer von allen Größen und Gestalten brausten jeden Augenblick vorüber und Hunderte von Booten bewegten sich dazwischen. Dies Alles von meinem Fenster zu sehen, kam mir so eigenthümlich, so wunderbar vor, daß ich zu träumen meinte und gar nicht an die Wirklichkeit glauben wollte.

Auch viele große und schöne Häuser besitzt Rotterdam, besonders zeichnen sich die Neubauten aus, die statt der Dächer Terrassen haben. An eine der schönsten Straßen schließt sich der Park, zwar nicht so groß als der Haag'sche Boosch, aber reizend angelegt, an.

In Rotterdam nahm ich Abschied von meinem werthen Freunde und Gönner Herrn van Rees. Die Gefälligkeit dieses Herrn ging so weit, daß er mich durch ganz Holland bis nach Geldern und Friesland führen wollte; aber ein so großartiges Anerbieten anzunehmen, wäre von meiner Seite mehr als unbescheiden gewesen. Ich gab vor, daß bereits der Zeitpunkt herangerückt sei, meine neue große Reise anzutreten, und daß ich von hier nach London gehen müsse, um die dazu nöthigen Vorbereitungen zu treffen.

Mein Aufenthalt in Holland war somit nicht von langer Dauer gewesen — ungefähr 14 Tage, während welcher ich der interessanten Dinge genug sah — Naturschönheiten ausgenommen. An letzteren ist Holland arm. Wie bekannt, wurde ein großer Theil des Bodens dem Meere abgerungen und besteht demzufolge aus einer fortgesetzten Fläche, die kaum hie und da durch niedrige Dünen (20 bis 30 Fuß hoch) unterbrochen wird. Nur in Geldern und Friesland sollen die Dünen mitunter eine Höhe von 50 bis 100 Fuß erreichen. Die Ansichten sind daher überall so ziemlich dieselben — frische Wiesen mit darauf weidendem Vieh, wenig Felder, hübsche Bosquets, große umfangreiche Bäume, nette Bauernhöfe und Dörfer. Ein freundliches Bild gewährt dies zwar auch; wenn man es aber fortwährend vor Augen hat, wird es bald einförmig und man sehnt sich darnach. Berge oder wenigstens eine kleine Hügelkette zu sehen.

Was dem Reisenden in Holland besonders auffällt, sind die unzähligen großen und kleinen Kanäle, die Land und Städte in allen Richtungen durchschneiden. Jedes Stückchen Feld, jede Wiese ist so zu sagen eine kleine Insel, denn auf allen Seiten umgeben es 2 bis 3 Fuß breite Kanäle.

Der Theil von Holland, welchen ich bereiste, besteht größtentheils aus Marschland — so weit mein Auge reichte, sah ich nichts als Wiesen voll des stattlichsten Viehes. Letzteres ist der Hauptreichthum des Landes. Man zählt in Holland ungefähr 1,130.000 Stück Kühe, Ochsen und Kälber bei einer Bevölkerung von 3,200.000 Seelen — ein Verhältniß, wie man es in keinem anderen Lande findet. Da ist es freilich nicht zu wundern, daß Holland die halbe Welt mit Butter und Käse versieht.

Der Boden scheint sehr gut zu sein, das beweisen die fetten Wiesen und Triften, das üppig stehende Getreide mit den schweren Halmen, die hohen kräftigen Bäume. Ein fruchtbares Land ist Holland jedenfalls, das läugne ich nicht — aber ein schönes Land kann ich es nicht nennen.

4. Kapitel.

London. — Paris. — Sitzung der geographischen Gesellschaft. — Nachrichten aus Madagaskar. — Das öffentliche Leben in Paris. — Sehenswürdigkeiten. — Eine Mordgeschichte. — Versailles. — St. Cloud. — Feier des Sonntags.

Am 2. Juli verließ ich Rotterdam und fuhr mit einem Dampfer, den Herren Smith und Ers gehörig, nach London (150 Seemeilen in 20 Stunden). Diese Compagnie war die erste englische, welche mich nicht bezahlen ließ. Ich hatte meinen Platz bereits genommen; sobald aber Herr Smith meinen Namen erfuhr, stellte er mir auf die freundlichste Art mein Passage-Geld zurück.

In London verbrachte ich ungefähr 4 Wochen bei meinem werthen Freunde Herrn Waterhouse, einem der Direktoren des britischen Museums.

Am 1. August ging ich nach Paris.

Der Hauptzweck meiner diesmaligen Reise war die Insel Madagaskar, mit deren Regenten die französische Regierung allein einigermaßen in Verbindung steht, zu besuchen. Ich mußte daher, wollte ich genauere Erkundigungen über dieses ziemlich unbekannte Land einziehen, nach Paris gehen, was mir, aufrichtig gestanden, nicht unangenehm war, denn so unglaublich es manchem meiner Leser erscheinen mag, ich habe, obwohl seit Jahren die Welt durchziehend, nie diese Stadt besucht.

Ich traf am 2. August Morgens in Paris ein und begann noch an demselben Tage meine Gänge. Mein glücklicher Stern fügte es, daß der erste Besuch, welchen ich machte, dem Präsidenten der geographischen Gesellschaft, Herrn Jaumard, galt und daß gerade am Abend dieses Tages die Gesellschaft ihre letzte Sommersitzung abhielt.

Ich hatte an Herrn Jaumard einen sehr warmen Empfehlungsbrief von Herrn Professor Carl Ritter in Berlin. Hr. Jaumard nahm mich auf das Freundlichste auf und lud mich ein, der Sitzung beizuwohnen, in welche mich der bekannte Geograph Herr Malte-Brun Abends einführte. Man wies mir einen Platz etwas entfernt von der Tafel an. Gleich zu Anfang der Sitzung hielt der Präsident eine Rede, in welcher er mich der Gesellschaft vorstellte, mit wenigen Worten meiner Reisen erwähnte und mit dem Vorschlage schloß, mich als Ehrenmitglied aufzunehmen. Die versammelten Mitglieder erhoben die Hände, und meine Aufnahme war einstimmig entschieden.

Man kann sich mein Erstaunen, meine Freude über diese Auszeichnung vorstellen, auf die ich wahrhaftig nicht im Geringsten gefaßt war; meine Freude war um so größer, als auch mein Jugendlehrer, der mich in der Geographie und Geschichte unterrichtet hatte, seit dem Jahre 1829 als korrespondirendes Mitglied dieser Gesellschaft fungirte (siehe Gräffer's österr. National-Encyklopädie: Emil, Seite 49). Der Präsident erhob sich hierauf, holte mich von meinem Platze und geleitete mich zur Tafel, an welcher ich nun als Mitglied unter den herzlichsten Begrüßungen der ganzen Gesellschaft meinen Sitz einnahm.

Ich berieth mich sogleich in der Sitzung mit den Herren Mitgliedern über mein Vorhaben, eine Reise nach Madagaskar zu unternehmen; Alle aber waren der Meinung, daß unter den gegenwärtigen Verhältnissen nicht daran zu denken sei. Ich hatte schon während meines Aufenthaltes in Holland aus Zeitungs-Berichten ersehen, daß die französische Regierung eine Escadre nach Madagaskar senden wolle, und daß man auf einen ernstlichen Krieg gefaßt war. Hier erfuhr ich die näheren Umstände: Die Franzosen besitzen schon seit Jahrhunderten ein an der Küste Madagaskars gelegenes Inselchen St. Maria. Unter dem verstorbenen König Radama gelang es ihnen aber, auf Madagaskar selbst einen Distrikt in der Bai von Vanatobi zu erwerben. In diesem Distrikte befindet sich ein reiches Steinkohlen-Lager, in welchem ein französisches Handelshaus aus Mauritius 180 farbige Arbeiter (Indier, Neger u.s.w.) unter der Aufsicht von drei Weißen beschäftigte. Als nach dem Tode des Königs Radama die Königin Ranavola zur Regierung kam, ließ sie den Leuten befehlen den Distrikt zu räumen. Diese weigerten sich dem Befehle zu gehorchen, da sie den Platz als der französischen Regierung angehörend betrachteten. Die Königin sandte hierauf 2000 Soldaten, welche die Leute überfielen, zwei der Weißen und 100 Farbige tödteten, und die Uebrigen mit sich schleppten und als Sklaven verkauften. Die französische Regierung verlangte natürlich Genugthuung, auf deren Erlangung man jedoch ohne Anwendung der Waffengewalt wenig rechnete; daher war man, wie gesagt, auf einen ernstlichen Krieg gefaßt.

Ueberall, wo ich Erkundigungen einzog, wurden mir diese Nachrichten bestätigt; ich sah mich deshalb gezwungen, meinen Reiseplan, wenn nicht aufzugeben, so doch zu verschieben. Für alle Fälle nahm ich einen Empfehlungsbrief mit, welchen mir die französische Admiralität für ihre überseeischen Stationen gab. Man fragte mich, ob ich nicht die Rückkunft des Kaisers, der gerade nach den Bädern gegangen war, abwarten wolle, um ihm vorgestellt zu werden; allein das währte mir zu lange, und ich verließ Paris ziemlich unverrichteter Sache.

Die wenigen Tage, die ich in dieser großen Stadt zubrachte, benutzte ich fleißig, um wenigstens einen Ueberblick der unzähligen Sehenswürdigkeiten zu erhaschen. Eine genaue Beschreibung davon zu geben, kommt mir natürlich nicht in den Sinn. Bei der in diesem Jahrhunderte herrschenden Reisewuth, bei der Leichtigkeit, wenigstens in Europa, Hunderte von Meilen in wenig Tagen zurückzulegen, wird es vielleicht wenige unter meinen Lesern geben, die nicht selbst in Paris waren, und jene, die diese Weltstadt nicht gesehen haben, kennen sie aus Büchern gewiß eben so gut wie ich. Ich will daher nur mit einigen Worten die Eindrücke schildern, die ich mit mir genommen.

London und Paris sind von einander ungefähr so verschieden, wie es der Charakter des Engländers von jenem des Franzosen ist. In beiden Städten herrscht das regste Leben und Treiben; aber auf den ersten Blick erkennt man, daß hier in Paris dieses rege Leben nicht, wie in London, ausschließend den Geschäften angehört; man sieht hier nicht jene ernsten steifen Figuren, die mit rastlosem Schritte ihren Weg verfolgen, unbekümmert um alles, was um sie vorgeht, und jede Minute Versäumnis) als unwiderbringlich verloren betrachten — im Gegentheil, in Paris ist das „Flaniren" an der Tagesordnung, und selbst der eilende Geschäftsmann findet Zeit, die ihm begegnenden Freunde zu begrüßen, wohl auch einige Worte mit ihnen zu wechseln, ja sogar vor diesem oder jenem Laden einige Minuten stehen zu bleiben und die mit wirklich überraschendem Geschmacke zur Schau gestellten Waaren zu betrachten.

Selbst die Häuser sehen nicht so ernst aus wie in London. Sie sind groß (in manchen wohnen mehr als 30 Familien) und bei weitem nicht so vom Steinkohlenrauche geschwärzt; die Thore sind alle offen, und man blickt in nette, mitunter sogar mit Blumen geschmückte Höfe, was jedenfalls einen freundlicheren Eindruck macht als in London, wo die Thore alle so fest verschlossen sind, als wären die Häuser gar nicht bewohnt.

Am auffallendsten aber ist der Unterschied Abends; da zeigt sich die ganze Beweglichkeit und Genußsüchtigkeit des Franzosen — alle Straßen, alle öffentlichen Plätze, alle Unterhaltungsörter sind voll Menschen, und der Engländer, der gewohnt ist, die Abende im Kreise seiner Familie, 7 bis 8 Monate des Jahres am Kamine, die übrigen Monate in dem (Kärtchen seines Cottage (Landhaus) zuzubringen, muß glauben, wenn er zum ersten Mal Abends dieses Gewühl in den Straßen von Paris sieht, es fände hier gerade ein Volksfest statt.

Am Lebhaftesten geht es auf den Boulevards zu, die an einem schönen Sommer-Abende mit den prachtvollen, weitgeöffneten Kaffeehäusern und Verkaufsläden mit den Tausenden von Gaslampen, welche eine wahre Tageshelle verbreiten, mit der zahllosen Menge von Wagen und der dichtgedrängten Menschenmasse, die theils auf den breiten Trottoirs auf- und niederwogt, theils an zierlichen Tischen vor den Kaffeehäusern sitzt, den zauberhaftesten Anblick gewähren, den man sich vorstellen kann.

Nicht minder reizend sind die „*Champs Elysés*," obwohl sie ihrem Namen (Felder) nur wenig mehr entsprechen; die kleine Strecke von dem Platze „*de la Concorde*" bis zum „*Rondpoint*" ausgenommen, fangen Bäume und Rasenplätze immer mehr zu verschwinden an, und an deren Stelle erheben sich geschmackvolle Hotels und Häuser. Den Schluß der *Champs Elysés* macht eines der schönsten Denkmäler neuerer Baukunst, „1'Arc de l'Etoile," der kolossale Triumph-Bogen, welchen Napoleon der Große in dem Style des römischen Triumph-Bogens *Septimius Severus'* aufführen ließ und an dem in herrlichen Skulptur-Arbeiten seine vorzüglichsten Siege verewigt sind.

Eine breite Straße (Avenue), die in kurzer Zeit wohl auch ganz mit Häuserreihen besetzt sein wird, führt von hier nach dem berühmten „*Bois de Boulogne.*" Der Name dieses *Bois de Boulogne* kommt so oft vor; ich erwartete daher mit Recht einen Wald mit großen mächtigen Bäumen zu sehen, etwa in der Art wie der Prater in Wien, oder der Thiergarten in Berlin — das ist aber nicht der Fall; das *Bois de Boulogne* ist trotz seines Alters nicht zum Walde geworden, die Bäume sind klein und mager geblieben, und nur mit großer Mühe entdeckt man hie und da ein schattiges Plätzchen. Dem jetzt regierenden Kaiser Napoleon III. verdankt man die neue geschmackvolle Umgestaltung und vor allem das schöne große Wasserbecken. Da der Mann so glücklich in allen Unternehmungen ist, dürfte es ihm vielleicht auch gelingen, die Bäume wachsen zu machen.

Der Garten der Tuilerien ist nicht sehr groß, besitzt aber zur Entschädigung Pracht-Exemplare alter ehrwürdiger Bäume. Hier wie an allen öffentlichen Orten in Paris findet man Stühle in Menge, aber gegen Bezahlung; freilich für eine sehr geringe Summe, man bezahlt einen Sou pr. Stuhl, ob man ihn fünf Minuten oder einen halben Tag benützt.

Zwischen den *Champs Elysés* und dem Garten der Tuilerien liegt der Platz „*de la Concorde,*" einer der schönsten Europa's. In früheren Zeiten hieß er *Place Louis XV.*, und hier war es, wo in den Jahren 1792, 93 und 94 die Guillotine die vorzüglichste Rolle spielte, wo ihr Louis XVI., Marie Antoinette, Josef Egalité, Marie Helene von Frankreich, Robespierre u.s.w. zum Opfer fielen. Jetzt ist dieser Platz mit zwei schönen Springbrunnen geziert und an der Stelle der Guillotine steht der große Obelisk von Luxor. Dieser Obelisk, dessen Höhe 72 Fuß, dessen Gewicht 500.000 Pfd. beträgt, besteht aus einem einzigen Blocke und war 1550 Jahre vor Christi Geburt vor dem Tempel zu Theben in Ober-Egypten errichtet worden. Mehemed-Ali schenkte ihn der französischen Regierung. Louis Philippe ließ zu seiner Ueberführung in Toulon ein besonderes Schiff bauen, um den Nil stromaufwärts bis Luxor, nahe bei Theben, segeln zu können. Achthundert Menschen waren drei Monate lang beschäftigt, den Obelisk von dem Tempel nach dem Schiffe zu bringen. Im Monate December 1833 gelangte er nach Paris, aber erst im Monate October 1836 wurde seine Aufstellung beendet. Die Kosten der Ueberführung und Aufstellung haben zwei Millionen Francs betragen.

Der Palast der Tuilerien ist durch die in der neuesten Zeit unternommenen Bauten mit dem Louvre vollkommen vereint worden, so daß beide zusammen ein einziges Gebäude ausmachen, und zwar ohne Widerspruch das großartigste in Europa. Noch vor wenig Jahren trennten alte, unregelmäßig gebaute Häuser diese beiden Paläste, und gerade der sie umgebende Stadttheil soll einer der umfangreichsten und schmutzigsten von Paris gewesen sein. Schon Louis Philippe hatte die Absicht, alle diese alten Gebäude niederreißen, breite gerade Straßen ziehen und das Louvre mit den Tuilerien verewigen zu lassen; aber Millionen waren dazu nöthig und constitutionelle Könige können über die Gelder des Staates nicht nach ihrem Willen verfügen. Napoleon hat sich das bequemer eingerichtet; der Senat und das Corps législatif sind bei weitem gefälliger, als die Kammern der Pairs und der Deputirten waren, und schätzen sich glücklich die Wünsche ihres Herrschers zu erfüllen.

Der Sehenswürdigkeiten an Gemälden, Alterthümern, Modellen von Festungen, Schiffen u.s.w. sind in beiden Palästen so unendlich viele, daß man in dem Labyrinthe der Säle und Gallerien wochenlange umherirren könnte, ohne den Verlauf der Zeit zu bemerken. Einer der größten Säle ist ausschließlich Napoleon dem Ersten gewidmet; man sieht hier sein Feldbett, seinen Schreibtisch, seinen Armstuhl, Ordenskleider, verschiedene Anzüge sammt den Hüten, gar viele goldene Schlüssel von den eroberten Städten und Festungen, türkische und arabische Sättel u.s.w. Einen großen Werth legen die Verehrer dieses Cäsars der Neuzeit auf das Taschentuch, mit welchem man ihm auf seinem Sterbebette in St. Helena den Todesschweiß abgetrocknet hat. Von den übrigen Gliedern der napoleonischen Familie ist in der Sammlung keines verewigt; blos von dem Herzoge von Reichstadt fand ich ein Kleidungsstück vor.

Der Garten Luxembourg in der Stadt an dem linken Seine-Ufer gelegen, ist äußerst geschmackvoll angelegt. Der Palast, in ernstem Style gebaut, besitzt eine reiche Bilder-Gallerie, zum größten Theile der Neuzeit angehörend. Die Säle und Gemächer sind mit großer Pracht und mit wahrhaft künstlerischem Geschmacke eingerichtet.

Von den Kirchen besuchte ich nur wenige. Notre-Dame zeichnet sich, wie bekannt, durch ihre rein gothische Bauart aus. Die Kirche St, Geneviève ist eine der ältesten von Paris. Sie besitzt das Grabmal der heil. Genovefa nahe dem Hauptaltare in einer niedlichen in byzantinischem Style aufgeführten Capelle. An der Kirche St. Sulpice ist die Façade mit doppelten Säulenreihen und einer Gallerie bemerkenswerth. Im Hintergrunde dieser Kirche, in einer Art Nische, sieht man eine Marmorstatue, die heilige Maria mit dem Jesuskinde auf der Weltkugel stehend. Eine kuppelförmige Decke, eine schöne Himmelfahrt Christi enthaltend, wölbt sich über dieses Sanctuarium. Die Statue ist herrlich gearbeitet, die Beleuchtung magisch — das Ganze macht einen unbeschreiblich feierlichen Eindruck. Wiederholt muß ich gestehen, daß die römisch-katholische Religion viel Poesie und Effekt entwickelt, was ihr natürlich bei der leicht erregbaren Masse des Volkes ein großes Uebergewicht über die einfache, etwas trockene Religion der Protestanten gibt. Schade nur, daß beinahe überall mehr oder minder unpassende Mißgebräuche sich eingeschlichen haben, welche die Poesie sehr stören, wo nicht gar tödten. So in den französischen Kirchen die abscheuliche Sitte für die Stühle zu bezahlen. Es gibt nämlich nur wenig oder gar keine Bänke, dagegen sind an den Seitenwänden sehr viele Stühle aufgespeichert. Für jeden Stuhl bezahlt man einen Sou; am Ende des Jahres mögen die vielen Sous wohl eine runde Summe ausmachen und den ehrwürdigen Kirchenvätern sehr gelegen kommen, aber die Andacht der Betenden wird dadurch im höchsten Grade gestört. Jeden Augenblick drängt sich der Aufseher durch die Leute; hier bringt er einen Stuhl, dort trägt er einen hinweg, hier begehrt er Geld, dort schwatzt er mit einem seiner täglichen Kunden. Und ist nicht der Gedanke, in einem Tempel Gottes bezahlen zu müssen, um sich niedersetzen zu können, allein schon hinreichend, alle Andacht und Poesie zu zerstören?!

Das Pantheon ist in griechischem Style gebaut; das Innere bildet ein Kreuz. Diese Kirche enthält die Grabes-Monumente vieler Größen der französischen Nation, von welchen jene J. J. Rousseau's und Voltaire's für mich die interessantesten waren.

Das Hôtel der Invaliden ist ein großartiges Institut für 5000 ausgediente Soldaten, die sich auf dem Schlachtfelde viele Wunden geholt oder ein Bein, einen Arm zurückgelassen haben. Das Gebäude scheint sehr zweckmäßig eingerichtet, die Invaliden sollen gut gehalten sein; aber ihnen zur Erholung ein grünes Plätzchen anzuweisen, daran hat man nicht gedacht. Selbst die Höfe sind ohne Bäume und Bänke. Die Offiziere haben für sich auf eigene Kosten ein kleines Gärtchen angelegt. Der Dom der Invaliden ist groß. Das Innere schmückt eine Unzahl eroberter Fahnen, und an den Wänden sind auf Tafeln die Namen berühmter Generäle aufgezeichnet. Hinter dem Hauptaltare befindet sich die Capelle, in welcher die Reste Napoleon's, die im Jahre 1840 feierlich von St. Helena geholt worden waren, so lange ruhen, bis das eigentliche Mausoleum beendet ist. Dieses Letztere, ebenfalls hinter dem Hauptaltare gelegen, war seiner Vollendung ganz nahe. Es bildet eine schöne Rotunde, von 12 Säulen umgeben, zwischen welchen 12 kolossale Marmorstatuen stehen. Der Boden besteht ebenfalls aus Marmor, in welchem ein Lorberkranz mosaikartig eingelegt ist, der den aus einem einzigen Blocke Porphyr gemeißelten Sarkophag umgibt. Die Eingangspforte, von welcher zwei Treppen in die Rotunde führen, wird von zwei riesigen Statuen getragen. Die Pforte, wie die beiden Statuen sind von Bronce und vollendet schön gearbeitet. Der Theil der Kirche, welcher sich über das Mausoleum wölbt, ist zum größten Theile vergoldet; wenn die volle Tagesbeleuchtung darauf fällt, ist der Anblick wirklich zauberhaft.

Der berühmte Friedhof *Père La Chaise* ließ mich sehr unbefriedigt. — Freilich, wer jenen zu New-York gesehen, kann nicht leicht einen anderen schön finden. Die Gräber sind zwar mit Monumenten, mit Blumen und Gebüschen geschmückt, aber alles ist so dicht zusammengedrängt, daß man kaum den Fuß dazwischen setzen kann. Die Zahl der durch Geschmack oder Reichthum ausgezeichneten Monumente ist nicht sehr groß, und diese wenigen verlieren durch ihre Umgebung. Das interessanteste ist jenes von Abälard und Heloise, die im zwölften Jahrhunderte gestorben sind und deren Asche in unserem Jahrhunderte hieher gebracht wurde.

Die Gräber der Armen liegen in einer eigenen Abtheilung. Hier fand ich auf manchen, besonders auf Gräbern von Kindern, Monumente, die mir viel anziehender und rührender erschienen als jene der Reichen. Sie bestanden in kleinen Glaskästchen, winzige Altäre enthaltend, auf welchen einige der Lieblings-Spielzeuge der Kleinen aufgestellt waren. In einem sah ich ein niedliches Körbchen, in welchem der Fingerhut und das Nähzeug eines kleinen fleißigen Mädchens lagen. Wie einfach und wie zum Herzen sprechend!

Der Friedhof *Père La Chaise* wurde erst im Jahre 1804 eröffnet; er enthält 100 Acres und ist gänzlich von einer hohen Mauer umgeben. Die Aussicht von dem Hügel, der in der Mitte liegt, ist das Lohnendste für den weiten Gang.

Den *Jardin des Plantes* und das Museum konnte ich nur im Fluge durchsehen. Weltbekannt ist der Reichthum des ersteren an erotischen Gewächsen und Thieren; beide Anstalten werden zu den vorzüglichsten in Europa gezählt.

Großes Vergnügen verschaffte mir der Besuch der *Manufacture de Gobelins* (Gemälde-Teppiche, wie ich sie nennen möchte). Diese Fabrikation ist hier so weit gebracht, daß man die Arbeit genau betrachten muß, um sich zu überzeugen, daß man kein Ölgemälde, sondern ein Gewebe vor Augen hat. Die Zeichnung ist höchst richtig und der Farbenschmelz, der Uebergang von Farbe in Farbe so zart und gefällig, wie von dem geübtesten Pinsel geschaffen. Stundenlang sah ich den Arbeitern zu, ohne daß es mir gelang, dem Schlüssel dieser Kunst auch nur im geringsten auf die Spur zu kommen. Der Arbeiter hat eine Art großen Rahmens vor sich, an welchem die Fäden (oder Einschlag, Schicht, ich kenne den kunstgemäßen Ausdruck nicht) senkrecht aufgezogen sind; an seiner Seite steht ein großer Korb voll Stickwolle in allen denkbaren Farben und Uebergängen auf Schiffchen gewunden. Das nachzuahmende Bild ist nicht etwa ein Stickmuster, in Quadrate eingetheilt, sondern ein Oelgemälde, und es ist nicht vor dem kunstsinnigen Weber aufgestellt, sondern hinter seinem Rücken. An der vor ihm aufgespannten Faden-Wand arbeitet er von unten herauf, und zwar ohne das Bild in Umrissen anzudeuten; nur bei einzelnen Arbeitern bemerkte ich, daß man an der Außenseite des Rahmens den einzelnen Theil, an welchem man eben arbeitete, z. B. einen Fuß, eine Hand, angedeutet hatte. Jene Arbeiter, welche die persischen und hindostanischen Teppiche nachahmen, die einen Viertelzoll dick sind und aufgeschnittenen Sammtarbeiten gleichen, haben das Original, auch ein Oelgemälde, über ihrem Kopfe angebracht. In einigen Sälen sind die herrlichsten Gobelins aufgestellt. Sie kommen sehr theuer zu stehen; eine Tapete von 15 bis 20 Fuß Höhe und 8 bis 10 Fuß Breite kostet 100 bis 150.000 Franken. Freilich hat ein Arbeiter daran oft 10 und noch mehr Jahre zu arbeiten. Der Lohn der Arbeiter ist nicht sehr hoch; doch erhalten sie, wie man mir sagte, nach Ablauf einer bestimmten Zahl von Dienstjahren Pension, und auch schon früher, wenn sie im Dienste erblinden, was ziemlich häufig der Fall sein soll.

Zum Schlusse besah ich die Morgue, in welcher die Todtgefundenen zur Schau ausgestellt werden, damit die Verwandten oder Freunde sie erkennen können. Manche meiner Leser werden vielleicht darüber erstaunt sein, wie ich, eine Frau, einen ähnlichen Ort besuchen konnte; sie mögen aber bedenken, daß ich selbst auf meinen Reisen nicht selten dem Tode sehr nahe war, daß daher sein Anblick für mich nicht so schrecklich ist, wie für den größeren Theil der Menschen, ja, daß ich im Gegentheile mit einem, ich möchte sagen wehmüthigen Vergnügen nicht ungerne von Zeit zu Zeit sein Bild betrachte, um der Bestimmung nicht zu vergessen, welcher Keiner von uns entgehen kann.

Die Morgue ist eine große gedeckte Halle, durch eine Glaswand in zwei Hälften getheilt. In der einen, hinter der Glaswand, stehen 6 bis 8 niedrige Tische, auf welche die Todten gelegt werden. An den Wänden sind die Kleider, in denen man sie gefunden, aufgehangen. Die andere Hälfte ist für die Besucher, unter welche sich, besonders wenn einer der gefundenen Körper

Spuren eines Mordes an sich trägt, geheime Polizei-Agenten mischen, um aus den Mienen oder entfallenden Worten dem Verbrechen auf die Spur zu kommen. Die Todten werden während drei Tagen ausgestellt; die Kleider bleiben länger hängen. Es gibt hier natürlich oft die schauerlichsten Bilder. So sah ich einen Ertrunkenen, der schon einige Monate im Wasser mochte gelegen haben, auf dem Tische nebenan ein junges Mädchen, welchem der Kopf gänzlich abgeschnitten war — man hatte ihn dem Rumpfe angefügt. Die Arme war von ihrem Geliebten aus Eifersucht ermordet worden. Merkwürdig ist bei dieser Geschichte, daß der Mörder, der bei dem Verbrechen überrascht wurde, aus dem Fenster eines sechsten Stockwerkes sprang und sich nicht beschädigte. Er raffte sich vom Boden auf und lief davon. Drei Tage später, als ich Paris verließ, hatte man ihn noch nicht gefangen.

Wenige Wochen vorher brachten, wie man mir erzählte, Fischer eine Tischplatte, an welcher der Körper eines Weibes angebunden war, der Kopf und die Füße fehlten. Die Fischer hatten die mit Steinen beschwerte und in die Tiefe des Flusses versenkte Platte zufällig entdeckt. Sogleich wurden von der Behörde alle Mittel angewendet, den Kopf und die Füße aufzufinden, was auch wider Erwarten gelang, obwohl sie an verschiedenen Orten verborgen waren. Der Körper wurde zusammengesetzt und in der Morgue ausgestellt. Einer der geheimen Agenten bemerkte alsbald unter den Zuschauern ein altes Weib, welches bei dem Anblicke des Leichnams einen Ausruf nur mit Mühe unterdrückte. Als die Alte aus der Halle trat, ersuchte sie der Agent, ihm zu dem Kommissär zu folgen, und auf dessen Frage, ob sie die Getödtete erkenne, erwiderte sie, sie glaube, in ihr eine Frau zu erkennen, welche vor einiger Zeit in ihrer Nachbarschaft gewohnt, vor kurzem aber in einen andern Stadttheil gezogen sei. Nach genaueren Forschungen ergab es sich, daß die Getödtete vor einigen Monaten mit einer Summe Geldes aus der Provinz gekommen war, um in Paris ein kleines Geschäft zu betreiben. Sie machte Bekanntschaft mit einem Manne, der vorgab, ihr gerne dienen zu wollen und der ihr nach einiger Zeit sagte, er hätte für sie eine bessere und zugleich billigere Wohnung gefunden. Sie nahm seinen Antrag an, verließ die alte Wohnung, ohne die Adresse ihrer neuen zu geben, und seitdem hatte man nichts weiter von ihr gehört. Man fragte die in der Umgegend stationirten Kommissionärs (Lastträger), von welchen sich einer erinnerte, dieser Frau Gepäck getragen zu haben. Er bezeichnete das Haus. Einer der geheimen Agenten begab sich dahin, fand aber das Thor verschlossen. Auf sein Klopfen erscheint der Portier. Der Agent fragt ihn, ob nicht in diesem Hause ein Herr X.. wohne? — Auf die verneinende Antwort erwidert der Agent: „Das ist doch sonderbar, sehen Sie selbst," ein Papier zeigend; „die Adresse ist vollkommen genau." Der Portier erklärt, daß da jedenfalls ein Irrthum herrschen müsse, denn das Haus gehöre Herrn L.., der zwar den größten Theil des Jahres auf dem Lande zubringe, aber ausdrücklichen Befehl gegeben habe, auch nicht ein Zimmer zu vermiethen. Der Agent entfernt sich, das Haus wird überwacht und gegen 11 Uhr Nachts sieht man zwei ziemlich verdächtig aussehende Männer in dasselbe treten. Nachdem man sich überzeugt hat, daß kein anderer Ausgang vorhanden ist, dringen die bewaffneten Polizei-Soldaten in hinlänglicher Anzahl in das Haus und bemächtigen sich ohne großen Widerstand des Portiers und seiner beiden Genossen. Das Haus wird sorgfältig durchsucht und in einem der Gemächer findet man nicht nur das Gestelle des Tisches, auf dessen obere Platte der Körper gebunden war, sondern auch Blutspuren und die ebenfalls vom Blute geröthete Hacke, mit welcher das unglückliche Weib, von den Mördern in das Haus gelockt, erschlagen worden war.

Doch genug dieser traurigen Geschichten, deren leider in Paris nur zu viele vorkommen!

Meine Ausflüge in die Umgebungen von Paris beschränkten sich auf Versailles, Trianon und St. Cloud, die ich an einem und demselben Tage besuchte.

Nach Versailles fährt man auf der Eisenbahn in einer Stunde. Man kömmt an dem durch die große Porzellanfabrik berühmten Oertchen Sêvres vorüber, das höchst malerisch in einer breiten Schlucht liegt, durch welche die Fluten der Seine rollen. Die Eisenbahn läuft beinahe fortwährend in ziemlicher Höhe an den Abhängen hin, so daß man die schönen, gut kultivirten Gegenden wie in einer Laterna magica vorüberziehen sieht.

Was Versailles selbst betrifft, so erkläre ich meinen Lesern aufrichtig meine Unfähigkeit, es zu beschreiben. Ich kann sie nur versichern, daß man ähnliche Pracht an Gärten, Gebäuden, Sälen,

Gemälden, Einrichtungen u.s.w. blos in Frankreich sehen kann, wo ein Louis XIV. lebte, dessen Luxus mit jenem der Römer wetteiferte und der die edle, bescheidene Meinung von sich hatte, Er sei der Staat und das Volk sei nur seinetwegen vorhanden.

Als ich die Säle durcheilte und die zahllosen Gemälde sah, die nichts als Schlachten, Bestürmungen, brennende Dörfer und Städte mit fliehendem halbnacktem Volke vorstellen, konnte ich mich des Gedankens nicht erwehren, daß ich wissen möchte, in was wir den Wilden voraus sind. Unsere Civilisation hat die Formen verfeinert, aber die Thaten sind dieselben geblieben. Der Wilde erschlägt seine Feinde mit der Keule — wir tödten sie mit Kanonen; der Wilde hängt Skalpe, Schädel und ähnliche Trophäen in seiner Hütte auf — wir malen sie auf Leinwand und zieren damit Paläste. Was ist da im Grund für ein Unterschied? —

In St. Cloud konnte ich blos den Garten besuchen; der Palast war von der Kaiserin bewohnt. Besonders schön sollen hier die Wasserkünste sein; sie spielen aber nicht jeden Sonntag. Es war zwar an einem Sonntag, daß ich St. Cloud besuchte, aber leider nicht an einem der glücklichen; dessenungeachtet gab es der Spaziergänger in Menge, und wäre ich eine Engländerin gewesen, so hätte ich mich entsetzt — man denke sich, daß Kinder, ja sogar junge Mädchen und Jünglinge sich erdreisteten, an einem Sonntag Ball zu spielen! Kann es ein größeres Verbrechen geben?

Daß sich die guten Pariser ein wenig gar zu viel zu unterhalten suchen, habe ich bereits bemerkt und daß das „zu viel" in jeder Sache seine schlechte Seite hat, gebe ich zu; aber anderseits (und sollten alle Engländerinnen ihr Anathema gegen mich unchristliches Wesen schleudern) finde ich es natürlich, daß Leute, die vielleicht die ganze Woche am Arbeitstische, in der Schreibstube gesessen, sich Sonntags ein wenig unterhalten. Ich kann mir unmöglich Gott so strenge und pedantisch vorstellen, wie einen alten Schulmeister, welchen jede auch die unschuldigste Zerstreuung beleidigt. Reiche Leute, die sich die ganze Woche unterhalten, können leicht den Sonntag feiern und auch ihre Kinder können sie, wie dieß in England geschieht, Sonnabends anstatt Sonntags spielen lassen; dem armen Manne aber, der sechs Tage für sich und die Seinigen mühsam gearbeitet hat, gönnt Gott gewiß gerne am siebenten Tage ein kleines Vergnügen.

5. Kapitel.

Rückkehr nach London und Holland. — Fest in Amsterdam. — Abreise von Rotterdam. — Die Reisegesellschaft. — Kinder-Auswanderung. — Geschichte eines armen Mädchens. — Die Capstadt. — Glückliche Begegnung. — Aenderung des Reiseplanes.

Am 12. August verließ ich Paris, wie bereits gesagt, ziemlich unverrichteter Sache, und ging wieder nach London zurück.

Ich war unterdessen mit mir selbst zu Rathe gegangen und zu einem bestimmten Entschlusse gekommen. Die ausgezeichnet gute Aufnahme, die ich in Holländisch-Indien auf meiner letzten Reise gefunden, erregte in mir den Gedanken eines zweiten Besuches, um so mehr, als es hier für mich noch manche Inseln und Eilande zu erforschen gab. Auch konnte die Lage der Dinge auf Madagaskar sich während meines dortigen Aufenthaltes ändern und mir vielleicht auf der Rückkehr den Besuch dieser so wenig bekannten Insel ermöglichen. Ich erkundigte mich daher in London sogleich nach dem Preise der Passage, fand ihn aber für meine Börse zu hoch (75 Pfund Sterling oder 750 fl. C.M.). Aus ganz besonderer Rücksicht wollte man mir 5 Pfund nachlassen. Ich schmeichelte mir, in Holland bessere Bedingungen zu finden und die Folge zeigte, daß ich Recht hatte.

Bevor ich London verließ, besuchte ich noch den Sekretär der geographischen Gesellschaft, Herrn Shaw. Er hatte in den Zeitungen gelesen, welche Ehre man mir von Seite der geographischen Gesellschaft in Paris erzeigt hatte. Darüber schien er etwas verlegen und äußerte, er bedauere sehr, daß man hier nicht dasselbe thun könne; allein in den Statuten sei es ausdrücklich verboten, eine Frau als Mitglied aufzunehmen. Was möchten wohl die emancipirten Amerikanerinnen der Vereinigten Staaten zu einem ähnlichen Gesetze sagen? — Daß man mich nicht aufnahm, ist natürlich; denn ich kann nicht den geringsten Anspruch auf eine gründliche Bildung in irgend einem Zweige des Wissens machen. Niemand wird aber läugnen, daß es heutzutage unter den Frauen gar manche gibt, die vollkommen wissenschaftlich ausgebildet sind; und diese nur deßhalb auszuschließen, weil sie Frauen sind, würde ich höchstens im Oriente begreiflich finden, wo das weibliche Geschlecht noch wenig geachtet ist, aber gewiß nicht in dem auf seine Civilisation und seinen Zeitgeist so stolzen England.

Was mich persönlich anbelangt, so habe ich der geographischen Gesellschaft in London nur Dank zu sagen. Sie machte mir ein werthvolles Geschenk, und zwar ohne daß ich mich im geringsten darum bewarb, sowie es überhaupt nie meine Sache gewesen ist, mich irgendwo hinzudrängen, um etwas zu erbitten.

Am 22. August betrat ich wieder die Küste Hollands, und zwar in Rotterdam. Mein verehrter Freund, Oberst Steuerwald hatte mich da an Herrn Baarz empfohlen, welcher freundliche und überaus gemächliche Herr mich auf die herzlichste Weise aufnahm. Ich brachte einige recht angenehme Tage in seinem Hause zu. Herr Baarz führte mich bei Herrn Oversee ein, einem der größten Schiffs-Rheder Rotterdams. Gerade lag eines seiner Schiffe für Batavia bereit; es sollte Ende August absegeln. Dieß war eine erwünschte Gelegenheit für mich. Doch rieth mir Herr Oversee ab, mit diesem Schiffe zu gehen, weil bis zum Cap der guten Hoffnung, wo es anzulegen hatte, alle Plätze nicht nur besetzt, sondern überfüllt waren. Außer den Kajüten-Passagieren sollte nämlich eine ganze Schiffsladung Kinder mitgehen, Jungen und Mädchen von 10 bis 14 Jahren, bei hundert an der Zahl, welche von auf dem Cap ansäßigen Holländern verschrieben worden waren, um zu Dienern und Mägden herangebildet zu werden. Da ich aber hörte, daß den Mädchen ein abgesonderter Raum angewiesen sei und sie überdieß unter die Aufsicht einer Frau gestellt würden, schlug ich, um diese Gelegenheit nicht zu versäumen, Herrn Oversee vor, mir in eben diesem Räume eine Schlafstelle einzurichten. Der gute Mann war es zufrieden; er stellte mich in Kost und allem übrigen den Passagieren der ersten Klasse gleich, wies mir von dem Cap aus eine eigene Kajüte an und verlangte für die ganze Reise nicht mehr als 150 holländische Gulden (12½ Pfd. Sterl. oder 125 fl. C.M.). Als dieß Geschäft abgemacht war, ging ich nach

Amsterdam, um von der liebenswürdigen Familie Steuerwald Abschied zu nehmen. Ich kam da gerade zu einer großen Feierlichkeit recht, deren Grund mir, aufrichtig gesagt, sehr sonderbar erschien. Man feierte die vor 25 Jahren stattgehabte Trennung Belgiens von Holland. Diese Trennung war von Seite Hollands nichts weniger als freiwillig gewesen. Dessenungeachtet wurde sie mit großem Enthusiasmus gefeiert. Das Fest währte bereits einige Tage und sollte nicht unter drei oder vier Tagen beendet sein. Wie es scheint, kann der Holländer mit einem Feste nicht unter sechs bis acht Tagen fertig werden. Freilich ist das Volk aber auch sehr genügsam — vom frühen Morgen bis späten Abend in den Straßen umherzuziehen, einige Fahnen und hölzerne Triumphpforten zu bewundern und die eigentlichen Festgeber nach dem Festessen und nach den Bällen fahren zu sehen, ist alles, was es verlangt.

Das Hauptfest fand am 27. August statt, an dem Jahrestage der Trennung. Ich kam am 26. Nachmittags an, fand alle Fenster mit Fahnen geschmückt, hie und da einige kleine Triumphpforten mit grünen Zweigen und farbigen Papieren geziert, und in den Straßen ein solches Gedränge, daß mein Wagen kaum durchkommen konnte.

Am folgenden Tage gab es jedoch etwas mehr zu sehen. Trotz der Regenströme, die dem Himmel, vielleicht aus Schmerz über die Theilung der Staaten, entfielen, rückte das Militär in Parade aus; der König erschien auf einer Tribüne, die auf dem Domplatze vor dem Palaste errichtet war, hörte die Reden des Bürgermeisters und der Anführer der noch aus jener Zeit stammenden Krieger an und hielt Gegenreden. Vierhundert Kinder sangen die Volkshymne und andere Lieder. Auch ein Monument wurde enthüllt, ein Obelisk, auf dessen Spitze die Göttin der Eintracht steht und dessen Unterteil auf vielen Löwenköpfen ruht, aus deren Rachen Wasser sprudelt. Abends war Feuerwerk und Beleuchtung.

Ein Urtheil über das Volk zu fällen, möchte ich mir nicht voreilig erlauben, um so mehr, da ähnliche Feste eigentlich wenig Gelegenheit dazu geben; denn bei allen Völkern der Welt findet man, wenn es etwas zu sehen gibt, dieselbe Neugierde und Zufriedenheit. Was mir jedoch hier und früher schon in Utrecht und im Haag unangenehm auffiel, war, daß sich Gruppen von drei bis vier ziemlich ärmlich gekleideten Weibern, Arm in Arm gehend, überall lärmend durchdrängten, ja mitunter, gleich Megären, Züge von halbtrunkenen Männern anführten und gleich diesen sangen und tanzten. Die Holländer nennen das Munterkeit — ich nenne es Schamlosigkeit, und finde es traurig, daß weibliche Geschöpfe so tief fallen, ihr Laster öffentlich und so wüst zur Schau zu tragen.

Nach einem herzlichen Abschiede von meinen Freunden ging ich wieder nach Rotterdam zurück und am 31. August begab ich mich an Bord des „Salt-Bommel," 700 Tonnen, Capitän Juta.

Unser Schiff war das erste, welches eine Kinderladung dem Mutterlande entführte, und da der 31. August ein Sonntag und noch dazu ein sehr schöner war, und die Holländer eben so neugierig sind wie andere Nationen, so ist es nicht zu wundern, daß von dem frühesten Morgen an die Quais und die Ufer von Tausenden von Menschen bedeckt waren. Die guten Leute waren so glücklich, den ganzen Tag über unser Schiff betrachten zu können, denn erst um 4 Uhr Nachmittag kam der Schlepp-Dampfer, um uns bis zu dem *„nieuwe Sluis"* zu bugsiren.

An Bord war das Leben nicht minder rege als am Ufer. Die Kinder rückten nach und nach ein, begleitet von den Ihrigen, bepackt mit Eßwaaren und kleinen Andenken. Hier drückte eine Mutter ihr Kind zum setzten Male an die Brust, dort gab ein Vater seinem Sohne noch Ermahnungen und gute Lehren mit auf die Reise; gar manche Eltern, nachdem sie zu wiederholten Malen sich von ihrem Kinde getrennt, kehrten auf halbem Wege um, das geliebte Antlitz nochmals zu sehen. Und als das Schiff sich vom Ufer entfernte, da riefen sie sich noch lange „Lebewohl" zu, obgleich der Laut nicht mehr so weit reichte. Tücher und Hüte vertraten dann die Stelle der Stimme, das wehte und flatterte wie bei einem Volksfeste, auch kräftige „Hurrah's" schallten dazwischen — es war als ob die ganze Stadt Theil nähme an diesem Ereignisse, als ob die Kinder dem ganzen Volke gehörten. Diese allgemeine Teilnahme und Lebendigkeit verdrängte leicht und schnell jede Trauer. Kinder und Eltern schrieen mit dem Volke um die Wette und die einzelne Thräne, die manche arme Mutter ihrem Lieblinge nachweinen mochte, ging in dem lauten Jubel verloren.

So oft wir an Ortschaften vorüber kamen, fing das Tücher-Schwenken und Hurrah-Schreien von neuem an. Glückliche Jugend, die mit so leichtem Sinne der unbekannten Zukunft entgegenzieht!

Unsere Reise ging diesen Tag nicht weiter als 8 Meilen. (Ich rechne von nun an stets nach englischen Meilen, von welchen 4 auf eine deutsche Meile, und 60 auf einen Grad gehen.) Der Dampfer verabschiedete sich des Abends. Am folgenden Tage schleppten wir uns mühsam bis an die Rhede von „Hellevoestluis," wo wir aus Mangel an gutem Wind geduldig einige Tage vor Anker liegen bleiben mußten.

Diese wenigen Tage genügten mir, um zu erkennen, daß ich unter der mich umgebenden Gesellschaft auf eine höchst unangenehme Reise gefaßt sein mußte.

Die Kinderladung war, wie gesagt, für die Cap-Kolonie bestimmt; ein Theil sollte in der Capstadt selbst, der andere in Port Elisabeth, einige hundert Meilen entfernt an der Nord-Ost-Küste, ausgeschifft werden. Auf dem Cap ist es beinahe unmöglich, ordentliche, arbeitsame Dienst- oder Handwerksleute zu bekommen; man ist gezwungen Kaffern oder Hottentotten zu nehmen, und diese vermiethen sich nur für Tage, höchstens für Wochen und laufen häufig mitten in der Arbeit hinweg. Die Holländer verschreiben daher Kinder aus dem Mutterlande, in der Absicht, sie zu Dienst- und Handwerksleuten heranzubilden.

Die Kinder bekommen von dem Tage, an welchem sie das Schiff betreten, Verpflegung und Kleidung. An ihrem Bestimmungsorte angelangt, erhalten sie für die ersten 2½ Jahre keinen Lohn (sie dienen in dieser Zeit die Reisekosten ab), für jedes der folgenden Jahre aber außer Beköstigung und Kleidung 60 holländische Gulden, von welchen ihnen jeden Monat ein Gulden auf die Hand gegeben wird. Die übrigen 48 Gulden werden bei dem Gerichte erlegt, und nach erlangtem 21ten Jahre erhalten sie die ganze Summe. Sie haben dann auch das Recht, ihren Dienstherren nach Belieben zu verlassen.

In verschiedenen Städten Hollands bildeten sich Komité's, um die Kinder aufzunehmen. Aus den Waisenhäusern werden keine geliefert. Die Kinder werden vor dem Gerichte befragt, ob sie damit einverstanden sind, über See zu gehen. Leider scheinen aber die Komité's die Sache sehr leicht genommen und sich nicht im geringsten an die vorgeschriebenen Bedingungen gehalten zuhaben. Die Kinder waren keine Kinder mehr; — anstatt 10 bis 14 Jahre zählten sie beinahe durchgehends 16 bis 20, und alle mußten von der Straße aufgelesen worden sein, denn solch' einen Ausbund von Gesindel sah ich noch nie beisammen. Die erwachsenen Mädchen mochten sich schon jahrelang in den Matrosenkneipen umhergetrieben haben, die jüngeren ahmten die älteren nach, und alle fluchten gleich Matrosen, sangen die ausgelassensten Lieder und bestahlen sich gegenseitig. Ihre Unsauberkeit war grenzenlos.

Doch will ich den armen Geschöpfen nicht den Stab brechen, und derjenige, der sie unerbittlich verdammt, möge bedenken, welcher Fluch schon von der Geburt an auf den Kindern der Armuth lastet. Nicht die elende Kleidung ist es, nicht die mangelhafte Nahrung, um derentwillen ich sie bedaure — ihr größtes Unglück ist Niemanden zu haben, der sich der Ausbildung ihres Herzens und Geistes annimmt. Die Eltern sind es gar selten im Stande — derselbe Fluch lastete ja auch schon auf ihrer Kindheit! Wenn sie den Tag über schwer arbeiten und ihrem Kinde das unentbehrliche Brod geben, glauben sie ihre Pflicht zu thun. Folgen mehrere Kinder nach, so reicht das Brod nicht aus, und sie sind gezwungen, die älteren sobald als möglich zur Arbeit anzuhalten. Und wäre dieß noch eine geregelte Arbeit, das würde dem Kinde nur zum Vortheile sein; aber was kann ein kleiner Junge, ein kleines Mädchen von 7 bis 8 Jahren leisten? — In den Fabriken arbeiten, in die Lehre gehen, das ist noch das beste; aber alle finden da kein Unterkommen, und es bleibt ihnen kein anderes Mittel übrig, als allerlei kleine Dienste auf den Straßen zu verrichten, Zeitungen austragen, die Trottoirs reinigen u.s.w. Sich selbst überlassen, ohne Anleitung, ohne Erkenntniß des Guten und Bösen, und leider nur zu häufig das schlechte Beispiel ihrer Eltern vor Augen habend, ist es zu wundern, wenn sie am Ende der Verführung, die sie unter allen Gestalten umgibt, erliegen?

Ungleich verdammenswerther finde ich jene Männer, welche mit der Bildung des Volkes beauftragt sind und ihre Pflicht, wie es leider oft geschieht, so unvollkommen erfüllen. Diese können sich nicht gleich den Kindern der Armen mit Unkenntniß und Unwissenheit entschuldigen — im Gegentheil, wenn sie fehlen, thun sie es mit vollen Bewußtsein ihrer Schuld.

Ich spreche hier von den Priestern und Schullehrern, die meiner Meinung nach die wichtigsten Männer im Volke sind, denn in ihren Händen liegt die eigentliche Volkserziehung. Sie sind in jedem Dorfe die Hauptpersonen, sie können, wenn sie ernstlich wollen, unglaublich viel Gutes wirken, und auf sie sollte daher die Regierung das schärfste Auge haben.

Ist dieß der Fall? — Leider nein.

Die Priester sind von ihren Consistorien meist so wenig beaufsichtigt, daß oft das ganze Dorf laut von der sittenlosen Aufführung des Pfarrers spricht, während dessen Vorgesetzten nichts davon hören. Und wird die Sache am Ende gar zu arg, worin besteht die Bestrafung? — In der Uebersetzung nach einem anderen Orte.

Was die Schullehrer betrifft, so sind sie so schlecht bezahlt, daß gewöhnlich nur Leute sich diesem Fache widmen, welche keinen anderen Ausweg finden.

Priester und Schullehrer (mit wenigen Ausnahmen) meinen ihre Pflicht zu thun, erstere, wenn sie Sonntags eine trockene Predigt halten, letztere, wenn sie ihren Zöglingen allenfalls Lesen und Schreiben lehren. Sich um die moralische Erziehung der ihnen anvertrauten Kinder bemühen, ihnen die Erkenntnis; des Guten beibringen, Geist und Gemüth zu erwecken suchen und vor allem ihnen mit einem guten Beispiele vorangehen — wie Wenige thun dieß?!

Auch an Bord hatten wir einen Schullehrer, Herrn Jongeneel mit seiner Frau; er sollte die Jungen, sie die Mädchen überwachen. Beide aßen und tranken ganz tüchtig, beteten auch viel und sangen Psalmen; aber um die Aufführung der ihnen Anvertrauten bekümmerten sie sich wenig. Kaum war die letzte Psalm-Note in dem Munde der Mädchen erstorben, so eilten sie auf das Deck und verschwärmten die Abende und halben Nächte mit den Steuerleuten und Matrosen. Selbst am Tage benahmen sie sich so schamlos, daß ich nebst einer jungen Frau und deren Stieftochter die meiste Zeit in der Kajüte zubringen mußte.

Wie ich vernahm, bekommt Herr Jongeneel auf dem Cap eine Anstellung als Missionär. Was ist von solch' einem Manne zu erwarten? Schon die Reise begann er mit einer Lüge. Er versicherte dem Komité, daß er keine Kinder habe, und er kam an Bord nicht nur mit einem Kinde, sondern seine Frau erwartete jeden Augenblick ein zweites, und ihre Entbindung hatte auch richtig am 3. September statt.

Daß ich unter diesen Umständen nicht in der Kajüte der Mädchen schlafen konnte, versteht sich von selbst. Kapitän Juta, ein überaus guter, gefälliger Mann, sah dieß ein und ließ mir, da durchaus kein anderer Platz vorhanden war, auf einer Bank in der ersten Kajüte ein Lager bereiten. Es war nicht sehr bequem, denn die Bank hatte kaum einen Fuß Breite, und besonders wenn das Schiff rollte, konnte ich mich nur mit Mühe darauf erhalten.

Die übrige Reisegesellschaft, außer der jungen Frau und ihrer Stieftochter noch aus 8 — 9 Herren bestehend, war ebenfalls keine der besten. Die meisten benützten gar gerne jede Gelegenheit, sich mit den Mädchen zu unterhalten, und zwar ungefähr in derselben Art, wie es die Matrosen thaten. Abends ging es oft so toll zu, daß wir Frauen durchaus kein Fleckchen auf dem Decke fanden, wo wir ungestört der reinen Luft hätten genießen können. Die Herren und Mädchen verfolgten sich, stachen sich gegenseitig mit Nadeln, schrieen, lachten und lärmten wie in der gemeinsten Kneipe. Nur Einer machte eine Ausnahme davon, Herr Schuhmann, ein junger Apotheker.

Erst am 4. September erhob sich etwas Wind und mit seiner Hilfe und jener eines kleinen Schleppdampfers gingen wir über die Rhede in die Nord-See. Die Segel schwellten sich und schon am 5. traten wir in den Kanal, welchen wir in 2½ Tagen durchfuhren — die schnellste Fahrt, die ich auf diesen gefährlichen Fluthen in einem Segelschiffe gemacht habe.

Der 7. September war ein Sonntag. Der Schullehrer oder angehende Missionär hielt den Gottesdienst mit gesenkten halbgeschlossenen Augen, mit einer Salbung und Wichtigkeit, als wäre er schon als Priester auf die Welt gekommen. Seine Rede oder Predigt war so hölzern und erbärmlich, wie sie für Wilde paßt, welche weder eine gute noch eine schlechte verstehen.

Beim Essen verstand er das Ding besser, und die vollen Teller verschwanden vor ihm wie durch Zauberei.

Nachmittags hatten wir beinahe Windstille. Der Kapitän, der gerne allen Freude und Vergnügen bereitete, hatte eine schöne Orgel an Bord. Er ließ sie auf das Deck bringen und spielte der Jugend zum Tanze auf. Das gab ein wahres Fest. Alles war lustig, munter und bescheiden, denn der Kapitän blieb stets gegenwärtig. Auch die Matrosen sangen und tanzten theils unter sich, theils mit den Mädchen. Die Jungen kletterten auf dem Tauwerke umher, spielten mit einander oder machten allerlei gymnastische Uebungen. Wir Reisende gruppirten uns dazwischen und ergötzten uns an der Jugend Munterkeit.

Nur eines der Mädchen nahm keinen Theil an diesem Freudenfeste; die Arme allein schien zu fühlen, wie traurig es sei, ohne Stab und Stütze in die weite Welt hinauszugehen. Schon in der ersten Nacht, die ich in der Kajüte der Mädchen zubrachte, fiel mir ihre Traurigkeit, auf; unter Thränen schlief sie ein, im Schlafe rief sie nach der Mutter und des Morgens, als sie erwachte und all' die fremden Gesichter um sich sah, da ward ihr gar bange um's Herz. Sie kauerte sich in eine Ecke und weinte lange bitterlich. Wie groß muß die Noth der Eltern gewesen sein, daß sie sich von einem Kinde trennten, das so leidenschaftlich am väterlichen Hause hing, wie schmerzlich muß der Abschied der armen Mutter von ihrem Kinde gewesen sein, das hinging nach einem fremden Welttheile, von welchem es wohl schwerlich wieder zurückkehren dürfte! Wahrlich eine solche Trennung ist bitterer, als wenn die Eltern der Leiche des Kindes nach dem Grabe gefolgt wären; da wüßten sie wenigstens die Seele geborgen — so aber auf der weiten Reise unter den fremden Menschen waren Seele und Körper jeder Gefahr ausgesetzt.

O daß doch alle jene, die dergleichen verwaiste Kinder in ihrem Hause aufnehmen, ihnen nur einigermaßen durch liebevolle Behandlung ersetzen möchten, was die Armen verloren haben! Ich suchte das Mädchen so viel als möglich zu trösten, auch der gute Kapitän sprach der Armen freundlich zu und bot ihr an, sie wieder nach Europa zurückzunehmen, wenn es ihr auf dem Cap nicht gefiele. Doch wie es leider nur zu häufig der Fall ist, die Traurigkeit nahm von Tag zu Tag ab, das Mädchen fing nach und nach an, Wohlgefallen an dem Benehmen seiner Gefährtinnen zu finden und nach wenigen Wochen waren Eltern und Heimath vergessen.

Das einzige Mädchen an Bord, das gesittet blieb, war gerade eines, von welchem ich dieß am wenigsten erwartet hätte. Marie, so hieß es, stammte nebst ihrem zwei Jahre jüngeren Bruder aus der ersten Ehe eines Mannes, der sich kurz nach dem Tode ihrer Mutter mit einem anderen Weibe verheirathete. Dieses Weib mochte die Kinder aus der ersten Ehe nicht leiden, zankte fortwährend mit ihnen und mißhandelte sie bei jeder Gelegenheit, besonders wenn sie zu viel Branntwein getrunken hatte, was, wie es schien, ziemlich häufig der Fall war. Als Marie das 18., ihr Bruder das 16. Jahr erreicht hatten, meinte das Weib, sie seien nun alt genug, ihr Brod selbst zu verdienen, und stieß sie aus dem Hause. Die Armen schliefen drei Monate hindurch auf der Straße oder in irgend einem Winkel, niemand wollte sie aufnehmen, kein Mensch erbarmte sich der halbverhungerten, in elende Lumpen gehüllten Geschöpfe. Gelernt hatten sie nichts; es gelang ihnen daher kaum, durch Betteln und durch kleine Hilfeleistungen hie und da einige Pfennige zu erhaschen, um sich etwas Brod zu kaufen. Ein einziges Mal hatten sie Hoffnung, ihr Schicksal gebessert zu sehen. Eines Abends, an der Ecke einer Straße stehend, sahen sie einen schon bejahrten Mann mit einem kleinen Mädchen an der Hand über dieselbe gehen. Ein munterer Junge von 7 bis 8 Jahren folgte ihnen, war aber mit einem Reife spielend einige Schritte zurückgeblieben. Als er sich gerade mitten auf der Straße befand, kam Plötzlich um die Ecke ein Wagen gefahren. Der Junge erschrickt, will auf die Seite springen, fällt jedoch über seinen Reif und würde wahrscheinlich, wo nicht von dem Wagen, so doch wenigstens von den Pferden beschädigt worden sein, wenn Marien's Bruder, der zufällig ganz nahe stand, nicht auf ihn zugestürzt wäre und ihn auf die Seite gerissen hätte.

Der alte Herr eilte so rasch als möglich herbei, nahm den Jungen in seine Arme, untersuchte ihn von allen Seiten und konnte kaum glauben, daß er ohne alle Verletzung davon gekommen sei. Da sich unterdessen einiges Volk versammelt hatte, bedeutete er Marien's Bruder, ihm zu folgen und ging mit den Kindern nach seinem Hause. Er ließ die beiden Bettler — denn Marie hatte ihren Bruder nicht verlassen — eintreten und fragte sie, wovon sie lebten. Sie erzählten ihm mit wenig Worten ihr ganzes Schicksal. Der alte Herr schien gerührt, schrieb sich die Adresse ihres Vaters auf und entließ sie mit einem kleinen Geschenke und mit dem Bedeuten, sich am folgenden Abende in seinem Hause einzufinden.

Die Geschwister waren ganz glücklich; zum ersten Male nach drei Monaten konnten sie etwas Warmes genießen und unter einem Dache schlafen, und dann hofften sie, am folgenden Abend werde ihnen der gute Herr Arbeit verschaffen, sie vielleicht gar in sein Haus aufnehmen. Die Stunde konnten sie kaum erwarten, mehrmals gingen sie an dem Hause vorüber — endlich wird es Abend, und zagend klopfen sie an die Thüre. Ein alter Diener erscheint und heißt sie warten; nach einiger Zeit kommt er wieder, drückt ihnen einige Gulden in die Hand und sagt ihnen, daß sein Herr nichts weiter für sie thun könne. Man denke sich den Schmerz der armen Geschwister — da sie nicht wagten den Diener zu befragen, so zogen sie weinend fort.

Wahrscheinlich war der alte Herr unter Tags nach dem Hause ihrer Eltern gegangen, hatte wohl die Stiefmutter allein getroffen und das böse Weib, um sich zu rechtfertigen, daß es die beiden Kinder aus dem Hause gestoßen, mochte die abscheulichsten Dinge über sie gesagt haben.

Die Armen sahen mit der größten Angst dem kommenden Winter entgegen, da hörten sie glücklicher Weise von dem Komité, welches junge Leute für das Cap anwarb. Sie gingen sogleich dahin und ließen sich aufnehmen.

Ein Mädchen, das unter solchen Umständen tugendhaft bleibt, verdient es nicht die größte Bewunderung, die höchste Achtung? — Nicht die böse Stiefmutter konnte es verderben, nicht das kummervolle Leben, nicht das schlechte Beispiel auf dem Schiffe, Gott gebe der armen Marie Glück und Segen, sie verdient es vor allen! —

Am 19. September hatten wir eine sehr merkwürdige Erscheinung. Wir gingen ruhig vor dem Winde, als dieser plötzlich umsetzte und wir eine volle Ladung von vorne bekamen. Die Segel konnten nicht so rasch eingerefft werden, ohne daß die Bramstange brach, eines der Segel in Stücke ging und das Schiff sich zweimal umdrehte. Alles war in wenig Minuten vorüber, die Passagiere, die in der Kajüte waren, bemerkten gar nichts davon. Der Kapitän schrieb diese Erscheinung einer starken Windhose zu; wir sahen sie zwar nicht, waren aber wahrscheinlich in den Bereich des sie verursachenden Wirbelwindes gerathen.

Zum Schlusse der Reise, die sonst ohne weitere Zufälle etwas langsam vor sich ging, hatten wir einen Todesfall; das ältere Kind des Schullehrers starb an der häutigen Bräune. Was mich bei diesem Ereignisse am unangenehmsten berührte, war das Benehmen der Mutter. Sie hatte das Kind noch auf dem Schooße, es war vor wenig Augenblicken verschieden, da verlangte sie Brod, Butter und Käse nebst einem Glase Wasser. Als sie das Wasser trinken wollte und es ungezuckert fand, schalt sie das Mädchen aus und ließ Zucker holen. Nachdem sie Hunger und Durst gestillt, wurde das Kindchen angekleidet, und nun begann die Schmerzens-Scene. Sie nahm es in die Arme, weinte und schluchzte und that als könnte sie sich gar nicht davon trennen. Einige Stunden später verschwand alle Trauer, es war, als hätten die Leute das Kind gar nie gehabt.

Am 16. November Mittags sanken endlich unsere Anker vor der Capstadt. Was die Beschreibung dieser Stadt anbelangt, so verweise ich meine Leser aus mein voriges Werk: „Zweite Weltreise."

Es war gerade Sonntag und deshalb ging ich nicht an's Land; wo Engländer die Hauptzahl der Bevölkerung bilden, ist es nicht Sitte an diesem Tage Besuche zu machen; die Leute sind von Morgens bis Abends entweder in der Kirche oder sie beten zu Hause, oder sie thun wenigstens so.

Die Capstadt ist nicht so groß, daß nicht schon nach wenig Stunden bekannt war, wer alles angekommen sei, und noch denselben Nachmittag bekam ich für die Zeit meines hiesigen Aufenthaltes zwei freundliche Einladungen, die eine von Madame Bloom, die andere von Herrn Apotheker Juritz.

Am 17. November Morgens war ich eben beschäftigt meine wenigen Sachen zusammenzupacken, um mit dem Kapitän an's Land zu gehen, als ein Herr an Bord kam, mich aufzusuchen.

Er stellte sich mir als einen Franzosen Namens Lambert vor, sagte mir, daß er bereits seit Jahren auf der Insel Mauritius lebe und vor wenigen Tagen auf der Rückreise von Frankreich dahin im Cap angekommen sei. Er habe bereits in Paris von meinem Vorhaben nach Madagaskar zu gehen gehört und eben so, daß mir die Reise abgerathen worden sei. Gestern meine Ankunft vernehmend, beeile er sich, mich einzuladen, die Reise nach Madagaskar — wenn ich nicht ganz darauf verzichtet habe — in seiner Gesellschaft zu machen. Er sei bereits vor zwei Jahren auf dieser Insel gewesen und kenne die Königin persönlich. Schon von Paris aus habe er an sie geschrieben und um die Erlaubniß zu einer zweiten Reise angesucht (ohne die Erlaubniß der Königin kann nämlich niemand Madagaskar besuchen). Er hoffe diese Erlaubniß in Mauritius vorzufinden und würde sofort nach unserer Ankunft daselbst auch um die meinige schreiben, an deren Erlangung er nicht im geringsten zweifle; nur müßte ich mich, im Falle ich die Reise unternehmen wollte, gleich dazu entschließen, da der Steamer nach Mauritius schon den folgenden Tag abginge. Die Reise von Mauritius nach Madagaskar könnte, der jetzt dort herrschenden Regenzeit wegen, zwar erst zu Anfang April unternommen werden, doch würde ich bis dahin in seinem Hause die herzlichste Aufnahme finden.

Man denke sich meine Freude, meine Ueberraschung! Aller Hoffnung hatte ich bereits entsagt, diese Reise je auszuführen, und nun konnte ich sie machen und noch dazu auf so bequeme und gefahrlose Weise. Ich wußte gar nicht, was ich Herrn Lambert antwortete — ich hätte laut aufjubeln und jedem Menschen mein Glück verkünden mögen. Ja, Glück habe ich auf meinen Reisen — ein nie endendes Glück! In Rotterdam finde ich gerade ein Schiff, welches an dem Cap anlegt — eine Sache, die sich kaum zweimal im Jahre ereignet, da die Holländer beinahe in gar keiner Verbindung mit dem Cap stehen. Hier am Cap komme ich gerade zu rechter Zeit an, um Herrn Lambert noch zu treffen — 24 Stunden später, und er hat das Cap verlassen. Das sind von jenen glücklichen Ereignissen, welche man in Romanen so häufig, im wirklichen Leben aber so selten findet.

Ich sandte augenblicklich mein Gepäck nach dem Dampfer und eilte an's Land, meine Freunde zu begrüßen. Ein Adjutant des Gouverneurs Mr. Gray suchte mich auf, um mich in des Letzteren Namen einzuladen in dessen Landhause abzusteigen. Ich konnte der schmeichelhaften Einladung nicht widerstehen und brachte den ganzen Abend bei Sr. Excellenz zu. Mr. Gray machte mir den verführerischen Vorschlag, in seiner Gesellschaft einen großen Theil des Cap-Landes zu bereisen; allein um nichts auf der Welt hätte ich auf Madagaskar verzichtet. Ich dankte ihm daher für sein freundliches Anerbieten, dessen Werth ich vollkommen erkannte und das ich unter anderen Umständen gewiß mit der größten Freude angenommen hätte. Dieser gute Herr nahm sehr viel Antheil an mir, es schien ihm wirklich leid zu thun, mir in nichts dienlich sein zu können. Ich mußte ihm versprechen, mich schriftlich an ihn zu wenden, wenn ich irgendwo auf meinen Reisen seiner Empfehlung oder sonst etwas bedürfe.

Am 18. November Morgens ließ mich Mr. Gray nach der Stadt zu Herrn Lambert bringen, und einige Stunden später ging es wieder unter Segel.

6. Kapitel.

Reise nach der Insel Bourbon, — Mauritius. — Reichthum der Insel. — Die Stadt Port-Louis. — Lebensweise der Einwohner. — Indische Dienerschaft. — Die großen Diners. — Die Landhäuser. — Gastfreundschaft der Kreolen.

Ich fuhr von dem Cap nach Mauritius auf dem schönen, ganz neuen Dampfer „Governor Higginson", Kapitän French, 150 Pferdekraft. Das Schiff war auf Aktien gebaut worden, von welchen der größte Theil Herrn Lambert gehörte. Dieser Herr ließ mich nicht für meinen Platz bezahlen und würde es auch nicht zugelassen haben, selbst wenn er gar keine Aktie besessen hätte. Er behauptete, ich sei nun sein Gast, bis ich Mauritius für immer verließe.

Unsere Reise (bis Mauritius 2400 Seemeilen) war sehr glücklich. Wir gingen zwar bei stürmischer See unter Segel und hatten viel mit Gegenwinden zu kämpfen, dessenungeachtet soll noch kein anderer Dampfer diese Reise so rasch gemacht haben.

Zu sehen bekamen wir, außer einigen unbedeutenden Wasserhosen, bis zur Insel Bourbon nichts.

Ich erfuhr auf diesem Steamer genau den Betrag der laufenden Ausgaben. Ohne Kohlen steigt er über 500 Pfd. Sterl. pr. Monat. Das Dienstpersonale bestand aus 47 Personen. Steinkohlen wurden in 24 Stunden ungefähr 25 Tonnen (50.000 Pfund) verbraucht. Letztere kommen an manchen Orten, wie z. B. auf dem Cap, sehr theuer zu stehen — 2½ Pfd. Sterl. pr. Tonne.

Am 1. Dezember Morgens entdeckten wir Land und Nachmittags warfen wir Anker auf der eben nicht sehr geschätzten Rhede von St. Denis, der Hauptstadt der Insel Bourbon.

Diese niedliche Insel, auch *„Isle de la Réunion"* genannt, liegt zwischen Mauritius und Madagaskar, unter dem 20. und 21. Grade südlicher Breite und dem 52. und 53. Grade östlicher Länge. Sie hat 40 englische Meilen Länge auf 30 Meilen Breite, und zählt gegen 200.000 Einwohner. Im Jahre 1545 von dem Portugiesen Mascarenhas entdeckt, wurde sie im Jahre 1642 von den Franzosen besetzt; von 1810 bis 1814 stand sie unter englischer Herrschaft; seitdem ist sie französisch geblieben.

Isle de Bourbon hat hübsche Gebirgszüge und auch bedeutende Ebenen, die sich der See entlang erstrecken. Die Flächen sind mit Zuckerrohr bepflanzt, das hier herrlich gedeiht und der Insel ein üppig frisches Aussehen verleiht.

Die Stadt St. Denis ist weit in die See hinausgeschoben und von immergrünen Gärten und Bäumen umgeben. In ihrem Rücken erhebt sich ein sanfter Hügel, auf welchem ein palastähnliches Gebäude steht, welches alles umher stolz übersieht. Ich hielt es für den Sitz des Gouverneurs; es hatte aber eine edlere Bestimmung, es war das Hospital. Auch die katholische Kirche steht auf dem Hügel, und an seinen Fuß lehnt sich ein langes Gebäude nur mit einem Erdgeschoß und schönen Säulengängen, das auf den ersten Blick einer römischen Wasserleitung gleicht; bei genauerer Besichtigung entdeckt man jedoch die Fenster und Thüren. Es ist die Kaserne. Das ganze Bild wird durch eine schöne Bergkette geschlossen, die sich in zwei Theile spaltet und eine reizende Fernsicht in eine großartige, dicht mit Pflanzen und Bäumen bewachsene Schlucht gestattet.

Alles das sah ich vom Decke aus, denn wir hielten nur einige Stunden an, und diese vergingen mit den gewöhnlichen Förmlichkeiten, mit den Besuchen des Arztes, des Post-Offiziers, der Douane u.s.w. Kaum waren diese abgethan, so brauste auch der Dampf schon wieder auf, die Räder setzten sich in Bewegung und weiter ging es nach der hundert englische Meilen entfernten Insel Mauritius.

Am folgenden Morgen hatten wir Bourbon nicht nur schon lange aus dem Gesichte verloren, sondern wir sahen bereits Mauritius vor uns liegen, und Nachmittags ruhte unser Dampfer im sicheren Hafen von Port-Louis, der Hauptstadt der Insel. Aber nicht weniger als drei Stunden vergingen, bis wir das Land betreten konnten, wo ich in dem Landhause Herrn Lambert's abstieg.

Die Insel Mauritius zeigt von der See aus ungefähr dasselbe Bild wie Bourbon, nur sind die Gebirge höher und in mehrfachen Ketten aufgethürmt. Die Stadt nimmt sich nicht so gut aus wie St. Denis; es fehlen ihr besonders die großen, stattlichen Gebäude, welche letzterer so vielen Reiz verleihen.

Die Insel Mauritius, früher „*Isle de France*" genannt, liegt auf der südlichen Hemisphäre unter dem 19. — 20. Breiten- und dem 54. — 55. Längen-Grade. Ihre Länge beträgt 37, ihre Breite 28 englische Meilen, die Einwohner-Zahl: 180.000.

Mauritius gehört gleich Bourbon zu Afrika und wurde im Jahre 1570 von den Holländern besetzt, soll aber schon früher von dem Portugiesen Mascarenhas entdeckt worden sein. Die Holländer gaben ihr den Namen: Mauritius; sie verließen sie jedoch wieder im Jahre 1712. Drei Jahre später nahmen sie die Franzosen in Besitz und nannten sie *Isle de France* . Im Jahre 1810 eroberten sie die Engländer, welchen sie seitdem gehört. Letztere haben ihr den Namen „Mauritius" wiedergegeben.

Als die Insel entdeckt wurde, war sie unbewohnt. Die Weißen führten Sklaven ein: Neger, Malebaren, Malegaschen, aus deren Vermischung in der Folge alle denkbaren Abarten entstanden. Seit der Aufhebung der Sklaverei (im Jahre 1825) kommen beinahe alle Arbeitsleute aus Indien. Das britisch-indische Gouvernement schließt mit den Leuten, die sich nach Mauritius verdingen wollen, Kontrakte auf fünf Jahre ab, nach deren Ablauf sie sich bei der Regierung auf Mauritius melden können, und auf Kosten derselben nach ihrem Vaterlande zurückgesendet werden. Diejenigen, die sich nicht melden, verlieren das Recht auf die freie Ueberfahrt.

Der Dienstgeber muß für jeden Arbeiter an die Regierung das erste Jahr 2 Pfd. Sterl., jedes der folgenden Jahre 1 Pfd. Sterl. bezahlen; dieses Geld deckt die Kosten der Her- und Rückfahrt. Dem Arbeiter selbst hat er monatlich 5 bis 6 Rupien (ungefähr 5 —6 fl. C.M.) und Kost und Wohnung zu geben. Dieß gilt für den gemeinen Arbeitsmann; für Köche, Handwerker u.s.w. steigt der Lohn je nach deren Fähigkeiten viel höher.

Ich fand die Bewohner von Mauritius gerade in sehr großer Aufregung; es war vor kurzem die Nachricht aus Calcutta gekommen, daß die Ausfuhr der Arbeitsleute verboten worden sei, indem man erfahren habe, sie würden in der Quarantäne (der Cholera wegen) sehr schlecht behandelt. Man sagt jedoch schon, daß die hiesige Regierung den Gebrechen der Quarantäne mit möglichster Sorgfalt abzuhelfen gedenke und hofft daher, daß das Verbot bald wieder aufgehoben werde. Sollte dieß nicht geschehen, so ginge die Insel in wenig Jahren ihrem Ruin entgegen.

Gegenwärtig ist sie in den glänzendsten Umständen; die Einkünfte, die dieses Inselchen nicht nur den Pflanzern, sondern auch der Regierung abwirft, sind so bedeutend, wie es verhältnißmäßig vielleicht auf keinem anderen Punkte der Welt der Fall sein dürfte. Im Jahre 1855 z. B. wurden 2½ Millionen Centner Zucker erzeugt, im Werthe von 1,777.428 Pfd. Sterl., das Einkommen der Regierung betrug in demselben Jahre 348.452 Pfd. Sterl.; die Ausgaben waren bedeutend geringer, und da dieß beinahe in jedem Jahre der Fall ist und der Ueberschuß nicht nach England geschickt wird, sondern im Lande bleibt, so ist die Staatskasse stets reichlich gefüllt. Im gegenwärtigen Augenblicke soll sie 300.000 Pfd. Sterl. besitzen. Und mit jedem Jahre steigt der Reichthum der glücklichen Insel. Im Jahre 1857 nahmen die Einkünfte der Regierung um 100.000 Pfd. Sterl. zu, welche Summe ganz allein die neue Steuer auf geistige Getränke einbrachte. Daß auch den Einwohnern ein großer Ueberschuß zu Theil wird, beweist der Unterschied zwischen der Aus- und Einfuhr. Im Jahre 1855 überstieg die erstere die letztere um eine halbe Million Pfd. Sterl.; könnten wir doch dasselbe von manchen großen europäischen Staaten sagen!

Die Beamten der Regierung sind sehr gut bezahlt, doch bei weitem nicht so gut wie in Britisch- Indien, obgleich das Leben auf Mauritius ungleich theurer zu stehen kommt. Die Ursache ist, daß das Klima in Indien für Europäer als sehr ungesund betrachtet wird, was mit jenem von Mauritius nicht der Fall ist. Der Gouverneur hat nebst freier Wohnung jährlich 6000 Pfd. Sterl.

Herrn Lambert's Landhaus „*Les Pailles*", in welchem ich abstieg, liegt sieben Meilen von der Stadt in dem Bezirke von Mocca. Die ganze Insel ist in elf Bezirke eingetheilt.

Ich fand bei meinem freundlichen Wirthe alles, was ich nur wünschen konnte — schöne Gemächer, feine Kost, zahlreiche Dienerschaft und dabei die größte Unabhängigkeit; denn Herr Lambert fuhr jeden Morgen nach der Stadt und kam erst Abends wieder.

Nachdem ich einige Tage ausgeruht, begann ich meine Wanderungen.

Vor allem besuchte ich die Stadt Port-Louis. Leider gab es da wenig zu sehen. Obwohl ziemlich groß (50.000 Einwohner), besitzt sie mit Ausnahme des Regierungs-Palastes, in welchem der Gouverneur wohnt, und des Bazars, gar keine schönen öffentlichen Gebäude. Auch die Privathäuser sind durchaus klein, höchstens mit einem Stockwerke versehen. Die Brücke, welche über den großen Fluß führt, der häufig so wenig Wasser hat, daß man hindurchgehen kann, wäre nicht ohne Geschmack gebaut, hätte man nicht an ihrer Breite gespart — sie ist so schmal, daß nur ein Wagen darüber fahren kann; die entgegenkommenden müssen warten. Es scheint mit den Regierungen eben so zu gehen, wie mit vielen Privat-Personen: so lange sie wenig Geld oder gar Schulden haben, sind sie großmüthig und verschwenderisch; aber von dem Augenblicke an, wo sie zu Vermögen kommen, werden sie sparsam und geizig. Die Regierung von Mauritius wenigstens scheint in diesem Falle, und bei ihrem gefüllten Staatsschatze ist sie viel knickeriger als unsere europäischen Staaten bei ihren drückenden Schulden. Oder ist es vielleicht nicht eine erbärmliche Knickerei, an dem Orte der Stadt, wo der belebteste Verkehr herrscht, eine so schmale Brücke zu bauen?

Zwei andere Brücken aus gehauenen Steinen, stürzten während meines Hierseins gänzlich ein, als sie kaum beendet waren, glücklicherweise ohne jemanden zu beschädigen. Jeder Gouverneur ist nur auf das Füllen der Staatskassen bedacht; sein größter Stolz besteht darin, sagen zu können, daß sich unter seiner Regierung der Staatsschatz um so viel tausend und tausend Pfund vermehrt habe. Dieser Ansicht zufolge fand der gegenwärtige Gouverneur den Ueberschlag, welcher ihm von den Kosten der beiden Steinbrücken überreicht wurde, viel zu hoch, befahl sie billiger zu machen, und kann sie nun ein zweites Mal bauen.

Die Stadt besitzt auch einen Spaziergang, *Champ de Mars*, der aber wenig besucht wird, und ein Theater, in welchem eine französische Truppe spielt.

Die reichen Leute leben meistens in ihren Landhäusern und kommen nur des Tages über nach der Stadt.

Die Lebensweise der Europäer und Kreolen (unter letzteren versteht man die von weißen Eltern auf der Insel Geborenen) ist ungefähr dieselbe wie in Britisch- oder Holländisch-Indien. Mit Sonnen-Aufgang erquickt man sich an einer Tasse Milchkaffee, welche in das Schlafzimmer gebracht wird, zwischen 9 und 10 Uhr ruft die Glocke zum Frühstücke, das aus Reis und Curey und einigen warmen Gerichten besteht, und um 1 oder 2 Uhr genießt man Früchte oder Brod und Käse. Das Hauptmahl findet Abends statt, und zwar gewöhnlich erst nach 7 Uhr.

Das Leben ist sehr theuer. Häusermiethe, feinere Lebensmittel, Dienerschaft u.s.w. haben unglaublich hohe Preise. Der einfachste anständige Haushalt einer Familie mit drei bis vier Kindern kostet monatlich 250 bis 300 Thaler (1 Thaler gleich 2 fl. C.M.). Die Dienerschaft, zwar ungleich geringer als in Indien, ist bei weitem zahlreicher als in Europa. Familien, die wenig Aufwand machen, haben z. B. einen Diener, einen Koch, einen Mann, der das Wasser trägt und das Geschirr reinigt, einen anderen, der die Wäsche wäscht und ein Paar Jungen von 12 bis 14 Jahren. Die Frau hat außerdem eine Dienerin für sich und eine oder mehrere für die Kinder, je nach deren Anzahl. Wer Pferde hält, braucht noch einen Kutscher für jedes Paar Pferde. Der monatliche Lohn der Diener ist ungefähr folgender: für einen gewöhnlichen Koch 10 bis 12 Thaler, für einen Diener oder eine Magd 8 bis 10 Thaler, für einen Kutscher 15 bis 30 Thaler. Ein ganz gewöhnlicher Knecht erhält wenigstens 6 Thaler, die Jungen jeder 2 Thaler nebst Kleidung. Man gibt ihnen Wohnung, aber keine Kost. In Britisch-Indien bezahlt man den Dienern nicht so viel Rupien als hier Thaler. Die Kost kommt den Leuten monatlich höchstens auf 1¼ Thaler zu stehen; sie leben von Reis mit rothem Pfeffer, etwas Gemüse oder einigen Fischen, und alle diese Gegenstände sind beinahe für nichts zu haben. Man ist hier schlechter bedient, als in allen Ländern, die ich kenne, Amboina auf den Molukken vielleicht ausgenommen. Ueberall muß man seine Diener mitnehmen, denn geht man z. B. zu jemanden auf das Land, ohne Bedienung bei sich zu haben, so ist man der Gefahr ausgesetzt, Abends das Bett nicht gemacht, die Wasserkanne leer zu finden u.s.w. Die armen Hausfrauen haben hier wirklich die größte Noth, wenn sie ihr Haus nur einigermaßen in Ordnung halten wollen. In Indien sind sie ungleich besser gestellt; da führt der erste Diener unter dem hochtrabenden Namen „*Major domus*" die oberste Leitung. Das ganze Haus- und Tischgeräthe, die Wäsche, das Silberzeug, alles wird ihm übergeben; er steht dafür gut, er überwacht die Dienerschaft, rechnet mit den Leuten ab, verabschiedet die einen, nimmt die anderen auf. Ist man mit irgend etwas unzufrieden, so wendet man sich an den *Major domus*. Hier aber muß die Hausfrau dieses beschwerliche Amt selbst übernehmen, und da sich die Kreolinnen gerade nicht sehr durch Thätigkeit und Sorgfalt auszeichnen, so ist es nicht zu wundern, wenn es im Inneren mancher Haushaltung nicht zum besten aussieht. Ich würde keinem Besucher rathen, vorwitzig zu sein und seinen Fuß in ein anderes als das Empfangszimmer zu setzen.

Geselligkeit herrscht wenig auf Mauritius, es gibt nicht einmal einen Clubb; die Hauptursache mag die sein, daß die Gesellschaft beinahe zu gleichen Theilen aus Franzosen und Engländern besteht — zwei Nationen von zu verschiedenem Charakter, zu verschiedenartiger Denkungsweise!

Außer diesem Hauptgrunde gibt es aber noch einige andere, z. B. die späte Eßstunde und die großen Entfernungen. Wie ich bereits bemerkt habe, wird in den meisten Häusern um 7 oder 8 Uhr zu Mittag gegessen, wodurch der ganze Abend verloren geht. In anderen heißen Ländern, wo ebenfalls die Sitte herrscht, außer der Stadt in Landhäusern zu wohnen, kommen die Herren gewöhnlich um 5 Uhr von ihren Geschäften heim, essen um 6 Uhr zu Mittag und um 7 Uhr ist man bereit, Besuche oder Freunde zu empfangen.

Hier aber macht man die Besuche vor Tische — nach dem Essen ist es natürlich zu spät — und will jemand mehrere Personen für den Abend vereinigen, so muß er sie feierlichst zu einem Diner einladen. Diese Diners werden mit der größten Etiquette abgehalten. Jedermann erscheint in vollem Staate, die Beamten gewöhnlich in Uniform, als handelte es sich um eine Einladung bei Hofe. Man sitzt an der Tafel oft zwischen Leuten, deren Namen man nicht einmal kennt, und nachdem man sich da stundenlang gelangweilt hat, geht man gewöhnlich erst nach 9 Uhr in die Empfangszimmer, um sich da auch noch einige Zeit zu langweilen. Musik wird höchst selten gemacht, Spielkarten liegen zwar überall auf den Tischen, aber spielen sah ich nie. Jeder Gast erwartet mit Begierde die Stunde, wo er sich schicklicher Weise verabschieden kann, dankt Gott, daß der Abend vorüber ist und — nimmt dennoch die nächste Einladung mit der größten Freude an.

Dergleichen Diners finden aber nicht sehr häufig statt, denn so gerne die Leute bereit sind, der guten Gesellschaft und der wohlbesetzten Tafel zu Liebe heldenmüthig die Langweile zu ertragen, so hat andererseits der großmüthige Gastgeber zu bedenken, daß ihn jedes Couvert ohne Wein wenigstens 6 bis 8 Thaler kostet. Nicht viel geringere Auslagen mag ihm der Durst seiner lieben Gäste verursachen, denn sowohl Franzosen wie Engländer wissen guten Rebensaft zu schätzen, und Mauritius müßte keine englische Besitzung sein, daß nicht die feinsten Weine Europa's ihren Weg dahin gefunden hätten.

Dem glücklichen Gast, wenn er so unglücklich ist, keine Pferde, keinen Wagen zu besitzen, kommt ein solches Diner ebenfalls ziemlich hoch zu stehen, da er gewöhnlich 4 bis 6 oder noch mehr englische Meilen zu machen hat und die Miethe einer Kutsche wenigstens 5 Thaler kostet.

Auf dem Lande herrscht größere Gastfreundschaft als in der Stadt; aber auch nicht überall. Ich bekam sehr viele Einladungen, unter anderen eine von dem Gouverneur, Herrn Higginson, der zu „Reduit," sieben englische Meilen von der Stadt, ein Landhaus besitzt. Die meisten der Einladungen, besonders jene, wo ich mehr Etiquette als herzliche Freundlichkeit vermuthete, wies ich zurück. Ich bin nie eine Freundin ceremonieller Besuche und steifer Gesellschaften gewesen; in einem kleinen Kreise von guten, gebildeten Menschen weilte ich dagegen stets sehr gerne. In dieser Beziehung wurde ich denn auch in einigen Häusern befriedigt, vor allen bei den englischen Familien Kerr und Robinson, welche beide gleichfalls in dem Bezirke Mocca wohnten.

Herr Kerr hatte lange in Oesterreich gelebt und sich nebst der Sprache auch ganz die Gemächlichkeit meiner lieben Landsleute angeeignet; seine Frau besaß gleichfalls durchaus nichts von der bekannten englischen Steifheit. Mit allen meinen kleinen Anliegen, wenn ich was immer benöthigte, kam ich zu dieser freundlichen Familie. Ich war bei ihnen wirklich wie zu Hause. — In der Familie Robinson, die auch aus gar guten, liebenswürdigen Leuten bestand, hörte ich die beste Musik; die drei erwachsenen Töchter spielten ganz meisterhaft Klavier.

Der Bezirk von Mocca zeichnet sich vor den übrigen Bezirken der Insel durch sein angenehmes Klima aus, besonders 5 oder 6 englische Meilen von der Stadt entfernt, wo sich das Land bereits an 1000 Fuß über die Meeresfläche erhebt.

Die Gegend ist sehr romantisch, die vulkanische Gebirgsart zeigt sich in den bizarrsten Formen; die Vegetation ist üppig. Eine Eigenthümlichkeit, welche ich in anderen Distrikten weniger bemerkte, sind tiefe, breite Spalten, die weithin sich erstreckende Schluchten bilden. Ich besichtigte mehrere, unter anderen eine auf einer kleinen Hochebene ganz in der Nähe des Herrn Kerr gehörigen Landhauses. Sie mochte 80 bis 200 Fuß tief und unten ungefähr 40 Fuß breit sein; oben war ihre Breite viel bedeutender. Die Wände waren reich geschmückt mit stattlichen Bäumen, mit zierlichen Gebüschen und Schlingpflanzen, und in der Tiefe rauschte ein krystallheller Fluß, einige artige Wasserfälle bildend.

Eine der schönsten Aussichten, vielleicht auf der ganzen Insel genießt man von „Bagatelle," dem Landsitze Herrn Robinson's. Auf der einen Seite ruht der Blick auf pittoresken Gebirgen, während er auf der anderen Seite über die üppig prangenden Felder, die sich in der Ebene ausbreiten, in die endlose See hinausgleitet. Bei klarer Atmosphäre soll man die Insel Bourbon erblicken.

Von allen Landsitzen, die ich auf Mauritius sah, schienen mir jene der Herren Robinson und Barday die schönsten. Die Wohnhäuser sind von geschmackvoll angelegten Parks und Gärten umgeben, in welchen tropische Blumen, Gesträuche und Bäume (besonders schöne Palmen) sich mit der europäischen Pflanzenwelt verschwistern. Bei Herrn Robinson aß ich so gute Pfirsiche wie in Deutschland oder Frankreich.

Auch die Häuser dieser beiden Herren zeichnen sich sehr vortheilhaft vor den übrigen auf der Insel aus. Die Zimmer sind hoch und geräumig, die Einrichtungen sehr bequem, und überall herrscht Ordnung und Reinlichkeit.

Diese Lobsprüche kann man leider den Landhäusern der Kreolen nicht ertheilen. Von letzteren hielt ich, aufrichtig gesagt, die meisten für Hütten armer Bauersleute. Sie sind zum größten Theile von Holz, sehr klein und niedrig gebaut, halb versteckt im Gebüsche — man sollte wahrhaftig nicht glauben, daß in einer solchen Barake mitunter sehr reiche Leute leben.

Die innere Einrichtung entspricht ganz dem äußeren Aussehen. Das Empfangszimmer und allenfalls das Speisezimmer gehen noch an; die Schlafstuben sind aber so klein, daß ein oder zwei Betten und einige Stühle sie vollkommen ausfüllen. Und dieß in einem Lande wie Mauritius, in welchem die Hitze drückend ist, man also mehr als irgendwo hoher geräumiger Gemächer bedarf. Um das Maß der Annehmlichkeiten ganz voll zu machen, haben die Leute häufig noch den drolligen Einfall, die Häuser zum Theile mit Weißblech zu decken. Ist man so unglücklich, ein solches Dachzimmer zur Wohnung angewiesen zu erhalten, so kann man sich ungefähr einen Begriff von den Leiden machen, welche die unglücklichen Gefangenen in den sogenannten „Bleikammern" in Venedig ausgestanden haben. Ich sah jedesmal, wenn mich mein böses Schicksal in ein ähnliches Haus führte, mit wahrer Angst der Nacht entgegen, die ich meistens ohne Schlaf, in Schweiß gebadet und aus Mangel an Luft fast erstickend verbrachte. In Ceylon deckt man den Dachstuhl auch zuweilen mit Blei oder Blech, aber die Häuser sind da ungleich höher und dann ist das Blech nicht den brennenden Sonnenstrahlen ausgesetzt, sondern stets mit Holz oder Stroh überdeckt.

Viele der Häuser fand ich in so verfallenem Zustande, dem Einsturze so nahe, daß ich den Muth der Leute nicht genug bewundern konnte, die es wagten, sie zu bewohnen; ich meines

Theils schäme mich nicht zu gestehen, daß ich bei jedem Windstoße fürchtete, das Haus würde zusammenstürzen, um so mehr, als auf Mauritius die Windstöße außerordentlich heftig sind und zeitweise auch Orkane wüthen. Mit eben diesen Windstößen und Orkanen wollen die guten Kreolen die niedere Bauart ihrer Baraken entschuldigen; sie behaupten, daß große hohe Gebäude dem Sturm nicht widerstehen können. Wenn sie so schlecht gebaut sind, wie ihre Hütten, freilich nicht; aber die Landhäuser der Herren Barday und Robinson haben, obwohl sie hoch und groß und schon seit Jahren gebaut sind, den Windstößen und Orkanen doch vollkommen widerstanden. Ich habe oben bemerkt, daß auf dem Lande größere Gastfreundschaft herrsche als in der Stadt; aber auch nicht überall. Ich kann aus eigener Erfahrung davon sprechen. So heimisch ich mich in gewissen Häusern fühlte, wie bei den Herren Kerr, Robinson, Lambert und anderen, so oft geschah es auch, daß ich, der anscheinenden Freundlichkeit der Kreolen trauend, Einladungen annahm, deren Folgen mich meine wieder erlangte Freiheit mit wahrer Herzensfreude begrüßen ließen.

Hochgestellte, einflußreiche Personen mögen natürlich überall zuvorkommend aufgenommen werden; für Fremde aber oder für gewöhnliche Gäste, von welchen man nichts zu hoffen hat, wird im allgemeinen ziemlich schlecht gesorgt. An Essen und Trinken fehlt es nicht, aber wohl an allem anderen. Die Wohnung weist man ihnen in dem Pavillon an — einer kleinen Hütte, die oft hundert und mehr Schritte von dem Hauptgebäude entfernt liegt, so daß sie das Vergnügen haben, zu jeder Mahlzeit einen Spaziergang im Regen oder im heißen Sonnenscheine zu machen. Und ist schon das Hauptgebäude unbequem und verfallen, so kann man sich denken wie es mit dem Pavillon aussieht.

Dieser besteht gewöhnlich aus zwei bis drei Zimmerchen, in welchen weder Thüren noch Fenster schließen, wo durch die gebrochenen Fensterscheiben der Regen schlägt, und wo an der Eingangsthüre das Schloß so verrostet ist, daß man sie verrammeln muß, damit nicht jeder Windstoß sie aufreißt. Jedes der kleinen Gemächer ist mit einem Bette, einem schlechten Tische und ein oder zwei Stühlen versehen. Von einem Schranke fand ich nirgends eine Spur. Meine Kleidungsstücke, meine Wäsche mußten stets eingepackt bleiben und für jede Kleinigkeit, die ich benöthigte, hatte ich die Mühe mich zur Erde zu beugen und den Koffer auf- und zuzuschließen.

Doch diese materiellen Unbequemlichkeiten hätten wenig zu sagen, fände man in der Zuvorkommenheit der Wirthe, in deren freundlichem Benehmen eine Entschädigung. Aber leider ist dieß nur selten der Fall. In den meisten Häusern ist der Gast den ganzen Tag über sich selbst überlassen. Niemand bemüht sich um ihn, niemand sucht ihm irgend eine Zerstreuung zu verschaffen. Gewöhnlich gibt es in jedem Hause 5 bis 6 Pferde; diese aber gehören alle für den Herrn vom Hause oder allenfalls für seine Söhne. Dem Gaste werden sie nie angeboten. Hat ja selbst die Frau des Hauses selten das Vergnügen, sagen zu können: „Heute will ich ausfahren.“

Sogar die in einem heißen Lande wie Mauritius so nothwendige Erfrischung eines kalten Bades mußte ich mir meistens versagen — ausgenommen, wenn es regnete. Da hatte ich sie unfreiwillig in meinem Zimmer; denn gewöhnlich war der Dachstuhl so schadhaft, daß das Wasser auf allen Seiten durchsickerte.

7. Kapitel.

Die Zuckerrohr-Pflanzungen. — Die indischen Arbeiter. — Ein Prozeß. — Der botanische Garten. — Pflanzen und Thiere. — Sonderbares Denkmal. — Der Wasserfall. — Moni Orgueil. — Trou du cerf. — Die Kreolen und die Franzosen. — Abschied von Mauritius.

Die größten Zuckerrohr-Pflanzungen sind in dem Distrikte von Pamplemousse, in welchem zu gleicher Zeit der botanische Garten liegt. Ich besuchte die Pflanzung Monchoisy, Herrn Lambert gehörend. Der Direktor, Herr Gilat, war so gefällig, mich auf den Feldern und in den Gebäuden umherzuführen und mir über die Pflanzungen und über die Verarbeitung des Zuckerrohres eine so faßliche Erklärung zu geben, daß ich mich bemühen will, seine Worte so viel wie möglich zu wiederholen.

Das Zuckerrohr wird nicht durch Samen erzielt, sondern man pflanzt Stücke des Rohres. Das erste Rohr braucht zur Reife 18 Monate. Da aber während dieser Zeit der Hauptstamm bereits Sprößlinge erzeugt, so findet jede der folgenden Ernten schon nach 12 Monaten statt. Man kann derart in 4½ Jahren vier Ernten abhalten. Nach der vierten Ernte muß das Feld vollkommen vom Rohre gereinigt werden. Ist das Land Urland, d. h. ist vorher nichts darauf gepflanzt gewesen, so kann man sogleich wieder frisches Rohr einlegen und auf diese Art in neun Jahren acht Ernten machen. Im entgegengesetzten Falle baut man nach der Reinigung vom Rohre Ambrezades an — eine Pflanze, welche reichbeblätterte Gesträuche von 8 bis 9 Fuß Höhe bildet und deren beständig abfallende Blätter verfaulen und den Dünger ersetzen. Nach zwei Jahren wird das Gebüsch ausgerottet und das Pflanzen des Rohres geht von neuem an.

Seit ungefähr zehn Jahren hat man auch schon hie und da die Felder mit Guano gedüngt und dadurch die besten Resultate erlangt. Auf gutem Boden soll man bis 8000 Pfund pr. Acre und auf schlechtem, der sonst höchstens 2000 Pfund gibt, bis zu 4000 erzielt haben.

Sehr erstaunt war ich, die schönen ausgedehnten Ebenen von Pamplemousse mit großen Lava-Felsstücken übersäet zu sehen. Man sollte glauben, daß da gar nichts gedeihen könne; aber gerade diese Eigenthümlichkeit des Bodens ist dem Zuckerrohre günstig, welches keine lange Trockenheit verträgt. Man pflanzt es zwischen die Felsentrümmer, wo sich in den Ritzen, Löchern und Vertiefungen das Regenwasser sammelt und der Boden lange seine Feuchtigkeit behält.

Wenn das Rohr reif geworden ist und die Ernte beginnt, wird jeden Tag nur so viel abgeschnitten, als Presse und Siederei verarbeiten können. Der Saft im Rohre verdirbt bei großer Hitze zu schnell. Das Rohr wird mittelst zweier Walzen, die durch Dampf getrieben sind, derart ausgepreßt, daß es schließlich ganz flach gedrückt und vollkommen trocken zum Vorscheine kommt; es kann hierauf sofort zur Feuerung unter den Sudkesseln verwendet werden.

Der Saft fließt nach und nach in sechs Kessel oder Pfannen, von welchen die erste am stärksten erhitzt wird; unter jeder der folgenden nimmt die Stärke des Feuers ab. In dem letzten Kessel ist der Zucker bereits auf 45 Prozente eingekocht. Er kommt sodann auf große hölzerne Tafeln, wo man ihn 4 bis 5 Stunden auskühlen läßt; hier verwandelt sich die Masse bereits in Krystalle von der Größe eines Stecknadelkopfes. Zum Schlusse gießt oder vielmehr schüttet man ihn in hölzerne Gefäße mit kleinen Löchern, durch welche der noch im Zucker enthaltene Syrup durchsickert. Zu dem ganzen Prozesse sind 8 bis 10 Tage nöthig. Bevor der Zucker verpackt wird, breitet man ihn auf großen Terrassen aus und läßt ihn einige Stunden in der Sonnenhitze trocknen. Er wird in Säcken zu 150 Pfunden verschifft.

Herrn Lambert's Zuckerpflanzung enthält 2000 Acres Land, von welchem aber natürlich immer nur ein Theil bepflanzt ist. Er hat 600 Arbeiter, die sieben Monate auf dem Felde, die übrigen fünf Monate mit der Ernte und dem Sude beschäftigt sind. In einem guten Jahre, das will sagen, wenn es viel regnet, wenn die Regenzeit früh eintritt und lange anhält, gewinnt Herr Lambert aus seiner Pflanzung drei Millionen Pfund Zucker; aber er ist auch schon mit 2½ Millionen sehr zufrieden. Hundert Pfund Zucker werden mit 3 bis 4 Thalern bezahlt.

Der stärkste Pflanzer auf Mauritius ist gegenwärtig ein Herr Rochecoute — er soll jährlich gegen 7 Millionen Pfund Zucker gewinnen.

Zucker und nichts als Zucker sieht man auf dieser Insel, auf Zucker bezieht sich jede Unternehmung, von Zucker handelt jedes Gespräch — man könnte Mauritius die Zucker-Insel nennen und in ihrem Wappen sollte sie ein Bündel Zuckerrohr mit einigen Zuckersäcken führen.

Während meines mehrwöchentlichen Aufenthaltes hatte ich Gelegenheit die Lage und die Verhältnisse der Arbeiter zu beobachten. Die Arbeiter, hier „Culis" genannt, kommen, wie ich bereits bemerkt habe, aus Bengalen, Hindostan und Malabar. Sie verdingen sich auf fünf Jahre und der Dienstherr gibt außer der Summe, welche er an die Regierung für die Ueberfahrt zu entrichten hat, jedem Arbeiter monatlich 2½ bis 3½ Thaler, 50 Pfund Reis, 4 Pfund getrocknete Fische, 4 Pfund Bohnen, 4 Pfund Fett oder Oel, Salz nach Bedarf und eine leere kleine Hütte zur Wohnung.

Die Lage des Arbeiters ist lange nicht so gut, wie jene des Dieners. Der Arbeiter hat auf dem Zuckerfelde, in den Siedereien schwer zu arbeiten und ist ungleich mehr der Willkühr seines Herrn ausgesetzt, den er vor Ablauf des Kontraktes nicht verlassen darf. Er kann freilich klagen, wenn er hart behandelt wird, Richter und Gesetze sind vorhanden; aber da die Richter leider häufig selbst Pflanzer sind, so findet der arme Arbeiter natürlich nur selten sein Recht. Auch muß der Arbeiter die Gerichte oft 8 bis 10 englische Meilen entfernt aufsuchen. An Wochentagen hat er keine Zeit hinzugehen und an Sonntagen sind sie geschlossen. Gelangt er einmal mit vieler Mühe bis zu dem Gerichte, so sind vielleicht gerade viele Geschäfte an der Tagesordnung, man kann ihn nicht anhören, er soll die 8 oder 10 Meilen wieder zurückgehen und an einem anderen Tage kommen. Dabei wird er, um ihm die Sache noch schwieriger zu machen, ohne Zeugen gar nicht vor Gericht gelassen. Wo soll er aber diese hernehmen? Keiner seiner Unglücksgenossen wagt es, ihm diesen Dienst zu leisten, — er fürchtet von seinem Dienstherrn dafür bestraft, vielleicht gar mißhandelt zu werden.

Ich will hier einen Fall erzählen, welcher sich während meiner Anwesenheit auf Mauritius ereignete:

Auf einer der Pflanzungen wollten zehn Arbeiter nach Beendigung ihres Kontraktes ihren Dienstherrn verlassen und zu einem anderen gehen. Der Pflanzer erfuhr dieß und drei Wochen vor dem Ablauf der Dienstzeit dieser Leute, überredete er zehn andere, die Papiere jener vor Gericht für die ihrigen auszugeben und den Kontrakt auf ein Jahr verlängern zu lassen. Dieß geschah in der That. Er ließ hierauf von den Unzufriedenen jeden einzeln vor sich kommen, zeigte die ausgefertigte Schrift und sagte ihm, daß er noch ein Jahr zu bleiben habe. Natürlich behaupteten die Leute, daß das nicht möglich sei, daß sie ja gar nicht bei dem Gerichte gewesen wären und die Schrift nicht einmal in Händen gehabt hätten. Der Pflanzer aber entgegnete ihnen, die Schrift sei vollkommen giltig, und wollten sie klagen, so würde man sie bei Gericht gar nicht anhören, im Gegentheile ihnen vielleicht noch eine körperliche Strafe ertheilen. Er seinerseits würde ihnen in diesem Falle den Lohn (welchen er ihnen seit fünf Monaten schuldete) nicht ohne Klage herausgeben.

Die Armen wußten nicht, was sie thun sollten. Glücklicherweise wohnte ganz in der Nähe ein hochgestellter Beamter, der allgemein als großer Menschenfreund bekannt war. Zu diesem gingen sie, erzählten ihm den Fall und baten um seinen Schutz, welchen er ihnen auch sogleich zusagte. Es kam zum Prozesse. Der ging jedoch sehr langsam von Statten, da keiner von des Pflanzers Leuten es wagte, Zeugenschaft abzugeben. Dieß wäre ihnen auch, wenn sie den Willen gehabt hätten, sehr schwer geworden, weil der Pflanzer während der ganzen Zeit des Prozesses seinen Arbeitern verbot auszugehen und sie strenge bewachen und mit niemanden verkehren ließ.

Im Verlauf von 2½ Monaten wurden fünf Sitzungen oder Verhöre abgehalten. Die ersten drei fanden in Gegenwart eines einzigen Richters statt, der noch dazu Pflanzer war. Der Beschützer der armen Kläger drang darauf, drei Richter aufzustellen, wie es das Gesetz vorschreibt und protestirte gegen den Einen, den seine Eigenschaft als Pflanzer parteiisch erscheinen lassen konnte. Da diese Forderung von einem hochgestellten Manne ausging und dem Gesetze entsprechend war, konnte man nicht umhin, ihr zu willfahren, und der erste Richter wohnte den zwei letzten Sitzungen blos bei, um über die früheren die nöthigen Erklärungen abzugeben.

In der fünften Sitzung wurde zwar der Prozeß zu Gunsten der Arbeiter entschieden, aber der Urtheilsspruch auf eine Art gegeben, wie ich dieß in einem unter englischer Regierung stehenden Lande nie erwartet hatte.

Der Richter oder Pflanzer, welcher in den ersten drei Sitzungen die Leute verhört hatte, erklärte, daß, als die zehn Leute zu ihm gekommen seien, er nicht wissen konnte, ob sie die wirklichen Eigenthümer der Papiere seien, denn beinahe täglich kämen Hunderte von Arbeitern mit ähnlichem Anliegen. Er hätte den neuen Kontrakt zu Papier gebracht, und zwar auf ungestempeltem Papier, da er gerade kein gestempeltes gehabt, und die Leute, von welchen keiner schreiben konnte, hätten Kreuze darunter gezeichnet. Später habe er den Kontrakt auf gestempeltes Papier schreiben lassen, weil er sonst nicht giltig gewesen wäre, und um die Leute nicht wieder vorzurufen, hätte sein Schreiber die Kreuze darunter gezeichnet. Da also die Leute nicht selbst die Kreuze auf das gestempelte Papier gezeichnet hätten, so sei der Kontrakt ungiltig und die Leute seien frei. Damit war der Prozeß entschieden.

Die Sache verhielt sich aber in Wirklichkeit ganz anders. Hätten die Arbeiter keinen einflußreichen Beschützer gehabt, so würde der Pflanzer-Richter den Prozeß zu Gunsten des Dienstherrn entschieden haben. Das Einschreiten des mächtigen Beamten zwang die Richter wenigstens zu einem Anscheine von Gerechtigkeit, und da nahmen sie ihre Ausflucht zu einer Fälschung, für welche in jedem anderen Lande Richter und Schreiber nicht nur ganz gewiß ihren Platz verloren, sondern wohl auch durch einige Jahre freie Kost und Wohnung und geschlossene Gesellschaft in einer gewissen öffentlichen Anstalt gefunden hätten.

Auch der Pflanzer ging straflos aus, obwohl er selbst nach dem auf Mauritius herrschenden, für die Pflanzer sehr rücksichtsvollen Gesetzen, wie man mir sagte, nebst einer Geldstrafe, ein Jahr Gefängniß verdiente.

Um seiner schönen Handlung die Krone aufzusetzen, betrog er noch die armen Arbeiter und zog ihnen den letzten Monatslohn ab, indem er vorgab, daß sie wenig gearbeitet und das Arbeitszeug theils zerbrochen, theils gestohlen hätten.

Dieser elende Mensch ist auf Mauritius sehr angesehen und wird in jeder Gesellschaft freundlich aufgenommen. Allerdings ist er reich, auch fehlt er nie in der Kirche und hier, wie an vielen Orten, haben die Leute über Reichthum und Religion ganz eigene Ansichten — Ansichten, die anständige Menschen nie verstehen werden.

Ich wollte das Gebiet von Pamplemousse nicht verlassen, ohne auch den botanischen Garten zu besehen, der unter der Leitung des sehr kenntnißreichen Botanikers und Direktors Herrn Duncan steht.

Kaum hatte ich mich mit diesem liebenswürdigen Manne, einem Schotten von Geburt, eine Viertelstunde unterhalten, so lud er mich auf das freundlichste ein, einige Tage in seinem Hause zuzubringen, um die in dem Garten enthaltenen Schätze mit Muße besichtigen zu können. Obwohl ich in Betreff der Einladungen auf Mauritius etwas vorsichtig geworden war, so konnte ich doch der gemächlichen Miene Herrn Duncan's nicht widerstehen — ich blieb bei ihm und hatte es nicht zu bereuen. Herr Duncan machte wenige Worte; dagegen that er was er konnte, um mir den Aufenthalt in seinem Hause angenehm zu machen. Als er sah, daß ich Insekten suchte, half er mir persönlich und brachte mir jeden Augenblick etwas für meine Sammlung.

Mit ihm durchging ich zu verschiedenen Malen den botanischen Garten, der sehr reich an Pflanzen und Bäumen aller Weltgegenden ist. Hier sah ich zum ersten Mal Gewächse und Bäume, die aus Madagaskar stammen und dieser Insel eigenthümlich sind. Ich bewunderte darunter vorzüglich eine Wasserpflanze: *Hydrogiton fenestralis*, deren Blätter bei drei Zoll lang und über einen Zoll breit und ganz durchbrochen sind, wie wenn sie künstlich ausgeschlagen worden wären. Auffallend, aber nicht durch seine Schönheit, sondern durch seine Häßlichkeit ist ein Baum: *Adansonia digitata* genannt. Sein Stamm ist bis zu der Höhe von 8 bis 10 Fuß von gleichmäßiger, unförmlicher Dicke, dann wieder plötzlich dünn; die Rinde hat eine helle häßliche Farbe, ist ganz glatt und beinahe glänzend.

Außerdem gab es viele Gewürzbäume und einige Exemplare der reizenden Wasserpalme, die ich schon auf meiner zweiten Reise um die Welt in Batavia gesehen und beschrieben habe.

Ich bin keine Botanikerin und kann daher keine ausführliche Beschreibung dieses Gartens machen; aber sachverständige Leute haben mir gesagt, daß er äußerst sinnig und verständig angelegt sei. Sieht man die mannigfaltigen, zahllosen Gewächse, die ausgedehnten, mitunter sehr mühsam zu bearbeitenden Pflanzungen, so sollte man gar nicht glauben, daß Herr Duncan nur über ganz geringe Arbeitskräfte zu verfügen hat. Die Regierung bewilligt ihm blos 25 Arbeiter — Bengalen und Malebaren die gewiß nicht so viel leisten, wie 8 oder 10 kräftige Männer in Europa.

Da ich gerade von den Pflanzen und Bäumen spreche, will ich auch der Früchte erwähnen, die man in Mauritius findet. Die gewöhnlichsten sind vielerlei Gattungen von Bananen und Mangos, Citschy, Butterfrüchte, köstliche Ananasse, Wasser- und Zucker-Melonen. Letztere gelangen hier zu einer ungewöhnlichen Größe (manche wiegen über 30 Pfund), haben aber wenig Geschmack. Pfirsiche sind häufig, bedürfen jedoch, um gut zu werden, einer sorgfältigen Pflege. Es gibt außerdem Granat-Aepfel von bedeutender Größe, Papaias und andere ähnliche Früchte. Ich habe dieselben alle ebenfalls bereits in meinen früheren Werken beschrieben und verweise daher meine Leser darauf.

Was das Thierreich anbelangt, so ist Mauritius so glücklich, weder reißende Thiere, noch giftige Reptilien zu besitzen. Die Tausendfüße, Skorpione sind klein; ihr Stich ist wohl schmerzlich, aber nicht gefährlich. Auch Ameisen gibt es hier viel weniger als in Indien oder Süd-Amerika. Ich konnte meine gefundenen Insekten oft halbe Tage lang auf dem Tische liegen lassen, ohne daß Ameisen hinzukamen, während dieß in anderen heißen Ländern stets schon nach wenigen Minuten der Fall war. Am lästigsten sind die Muskitos. Diese bringen den Fremden manchmal wirklich zur Verzweiflung. Ist man mehrere Jahre im Lande, so soll man, gleich den Eingeborenen, viel weniger davon leiden.

Der widerwärtige Kakerlak treibt wohl auch mitunter sein Unwesen, aber bei weitem nicht so arg, wie in anderen Ländern. Zwischen dem Kakerlak und der wunderschönen grünen Fliege, *Sphex viridi-cyanea*, sollen sehr interessante Gefechte vorfallen. Ich habe leider keines gesehen, sondern blos in der Reisebeschreibung des Herrn Bory de St. Vincent davon gelesen. Die Fliege umschwärmt den Kakerlak so lange, bis er, man möchte sagen, wie magnetisirt ohne alle Bewegung bleibt, dann packt sie ihn und schleppt ihn nach einem schon vorher dazu ausersehenen Loche, legt ihre Eier in seinen Körper, verstopft das Loch mit einer Art Cement, den sie bereitet und überläßt ihr Opfer der ihm aufgedrungenen Nachkommenschaft, von welcher es bald verzehrt wird.

Beinahe hätte ich vergessen, noch einer Merkwürdigkeit zu erwähnen, welche der Bezirk von Pamplemousse enthält. Es ist dieß ein Grabmal zur Erinnerung an die schöne Erzählung: „Paul und Virginie," deren Schauplatz der Dichter Bernardin de St. Pierre auf diese Insel verlegte.

Schon war der Monat April herangerückt und außer meinem Ausfluge nach dem Bezirke von Pamplemousse und einigen kleinen Spazierfahrten in dem Distrikte von Mocca, war ich nicht weiter in Mauritius umhergekommen. Ich wollte doch die Insel nicht verlassen; ohne wenigstens die interessantesten Punkte zu besuchen, nur wußte ich nicht, wie ich dieß anfangen sollte. Da lud mich der freundliche Ober-Richter, Herr Satis, zu einer Partie nach dem Famarin-Wasserfalle ein. Auf dem Wege dahin kamen wir an dem Landhause Herrn Moon's vorüber, welchen Herr Satis gebeten hatte, mit seiner Familie an unserer Partie Theil zu nehmen.

Bald gelangten wir an den Wasserfall, der kaum eine kleine englische Meile von dem Landhause Herrn Moon's entfernt lag und hier, gerade dem Falle gegenüber, unter schattenreichen Bäumen, war durch Herrn Satis Vorsorge ein reiches Frühstück bereitet.

Einen schöneren Platz konnte man wahrhaftig nicht finden. Wir lagerten auf einer Hochebene, 1160 Fuß über der Meeresfläche; uns zur Seite öffnete sich eine Schlucht von 800 Fuß Tiefe, welche hier oben mehr als 500 Fuß breit war und gegen das Meer hin immer enger wurde. In diese Schlucht stürzt der Fluß, sieben reizende Fälle bildend, von welchen zwei über 100 Fuß hoch sind. Er durchströmt in stürmischer Eile die mit der üppigsten Vegetation bekleidete

Thalsohle und beschließt in der nahen See seine kurze, aber höchst bewegte Laufbahn. Noch ungleich großartiger soll dieß Bild nach lange anhaltendem Regen sein, wo sich die kleineren Fälle mit den großen verschmelzen und die ganze gewichtige Wassermasse blos in zwei Absätzen in die Tiefe stürzt.

Unvergeßlich bleibt mir dieser schöne Tag, aber nicht allein wegen des herrlichen Naturgenusses, sondern mehr noch wegen des Vergnügens, das mir die Bekanntschaft der liebenswürdigen Familie Moon machte. Ich wurde gleich so vertraut mit Frau Moon, daß es mir schien, als hätte ich sie schon lange gekannt, und eine große Freude war es für mich, als sie mir mit inniger Herzlichkeit anbot, einige Zeit bei ihr zu verweilen. Leider war die für meine Abreise nach Madagaskar festgesetzte Zeit schon ganz nahe; ich konnte nur drei Tage in ihrem Hause bleiben — drei glückliche Tage, die mich für manche erfahrene Täuschung entschädigten.

Ich lernte in Frau Moon nicht nur eine sehr liebenswürdige, sondern auch eine höchst gebildete Dame kennen; namentlich besitzt sie ein ausgezeichnetes Talent für Malerei. Auf Ersuchen der Direktion des britischen Museums hat sie für dasselbe alle 120 verschiedenen Mango-Gattungen, so wie auch die auf Mauritius vorkommenden medizinischen Pflanzen gemalt.

Herr und Frau Moon und ihr nicht minder gefälliger Verwandter, Herr Caldwell, waren gleich darauf bedacht, mir die Schönheiten ihrer Insel zu zeigen und schon den folgenden Tag führten sie mich nach dem Hügel „Orgueil," von welchem man die reizendste Ansicht des Landes und der Gebirge genießt. Auf der einen Seite sieht man den „Morne Brabant" — einen Berg, der ganz in die See hinausgeschoben und mit dem Lande blos durch eine schmale Erdzunge verbunden ist; unfern von ihm den *Piton de la riviére noire,* den höchsten Berg der Insel (2564 Fuß). Auf einer anderen Seite thürmen sich der „Tamarin" und „Rempart" auf und wieder auf einer anderen liegt ein Berg mit drei hohen Spitzen »Les trois mamelles" genannt. Ganz in der Nähe dieser Spitzen öffnet sich ein tiefer Kessel, von dessen vier Wänden zwei beinahe ganz eingestürzt sind, während sich die beiden anderen steil und schroff erheben. Außer den bereits genannten Bergen sieht man noch den *Corps de garde du Port Louis de Mocca,* „le Pouce" (Daumen), dessen dünne Spitze plötzlich aus der Mitte eines kleinen Berg-Plateau's gleich einem Daumen oder Finger emporsteigt und den „Peter Booth." Letzterer erhielt diesen Namen nach seinem ersten Besteiger. Seine Spitze wurde nämlich lange für unersteiglich gehalten. Peter Booth gerieth auf den Einfall, mittelst eines Pfeiles über die Spitze einen starken Bindfaden zu schießen, der auch glücklich auf der anderen Seite auf einen zugänglichen Ort fiel. An den Bindfaden band er ein starkes Seil, welches auf diese Art über die Spitze gezogen und auf beiden Seiten befestigt wurde, so daß Peter Booth sich daran fortwinden konnte und auf die Spitze und zu gleicher Zeit zu der Ehre gelangte, seinen Namen verewigt zu sehen. Den Schluß der Gebirge macht die *Nouvelle decouverte.*

Die Berge dieser Insel zeichnen sich durch ihre mannigfaltigen und schönen Formen aus. Die einen bilden breite, senkrecht abfallende Wände, die anderen steigen gleich Pyramiden in die Höhe; manche sind bis auf den Gipfel mit reichen Waldungen bedeckt, andere nur bis zur Hälfte, und die hohe Felsenspitze erhebt sich plötzlich glatt und kahl aus dem grünen Blätter-Meere. Schöne Thäler, tiefe Schluchten lagen dazwischen und ein wolkenloser blauer Himmel wölbte sich darüber — ich konnte mich an dem reizenden Bilde gar nicht satt sehen, und je länger ich es betrachtete, desto mehr Schönheiten entdeckte ich daran.

Unser folgender und leider letzter Ausflug galt dem „Trou du cerf" (Hirschloch), einem vollkommen regelrecht geformten Krater mit reicher Vegetation. Der Anblick dieses Kraters macht einen um so größeren Eindruck, als nichts sein Vorhandensein verräth und man ihn erst bemerkt, wenn man an seinem Rande steht. Obwohl die Wege steil abfallen, führt doch ein schmaler Pfad bis in die Tiefe, welche wahrend der Regenzeit mit Wasser angefüllt ist.

Von dem Rande des Kraters hat man einen überraschenden Ueberblick auf drei Theile der Insel: man sieht die schönen Gebirge mit den üppigen Urwäldern, aus welchen die glatten, schroffen Felsenspitzen emporsteigen, die großen Ebenen mit den reichen Zuckerrohr-Pflanzungen, die das ganze Jahr über in frischem Grün prangen und die azurblaue See, deren brausende Wogen die Küste mit silberweißem Schaume bedecken — eine wahrhaft herrliche Landschaft, welcher blos einige Flüsse fehlen, um ihre Schönheit vollkommen zu machen.

Die Insel leidet zwar durchaus nicht an Wassermangel, ist aber zu klein, um einen wirklichen Fluß zu ermöglichen, was jedoch die Bewohner nicht hindert, einige der größeren Bäche mit diesem Namen zu belegen.

Mit großem Bedauern verließ ich die Familie Moon. Ihrer Gefälligkeit hatte ich es zu verdanken, daß ich die interessantesten Punkte von Mauritius besuchen konnte; ich sah in den letzten wenigen Tagen mehr, als in den langen vier Monaten, die ich bereits auf dieser Insel zugebracht hatte.

In den meisten Häusern, besonders bei den Kreolen, machte man wohl viele Worte, versprach mir das Blaue vom Berge, aber mit den Versprechungen war auch alles abgethan. Nicht die kleinsten Dienste erwies man mir, nicht eine jener Aufmerksamkeiten, welche einem Fremden ungleich mehr Vergnügen machen, als die Wohnung und Kost, die man ihm gibt und die er sich überall für Geld verschaffen kann. Noch viel weniger dachte man daran, Ausflüge, Partien nach schönen Punkten zu veranstalten. Die Leute selbst verstehen ja gar nicht, daß es ein Vergnügen ist, Naturschönheiten zu sehen. Sie begreifen nicht, daß man sich, um einen Berg, oder einen Wasserfall, oder eine schöne Aussicht zu bewundern, der kleinsten Ermüdung aussetzen kann.

Die Männer sind einzig und allein damit beschäftigt, in möglichst kurzer Zeit reich zu werden — ihr goldenes Kalb ist der Zucker und was mit diesem nicht in Verbindung steht, hat keinen Werth für sie. Nicht viel besser steht es mit den Frauen; diese besitzen zu wenig Bildung und dabei zu viel von jener Teilnahmslosigkeit, die man so häufig in südlichen Ländern findet, um an irgend einem ernsteren Gegenstande Interesse zu nehmen. Das Einzige, was sie beschäftigt (die Sorgfalt für ihre eigene, höchst werthe Person natürlich ausgenommen), ist, über andere Leute Verleumdungen anzuhören oder zu erfinden, und leider gibt es auch viele Männer, welche über diesem christlichen Vergnügen auf Augenblicke sogar ihren Zucker vergessen.

Ich entging dem allgemeinen Schicksale nicht. Die liebenswürdigen Bewohner und Bewohnerinnen von Port Louis gaben mich für nichts weniger als eine Giftmischerin aus; sie behaupteten, ich sei von der englischen Regierung erkauft worden, um Herrn Lambert zu vergiften.

Herr Lambert hatte nämlich für die Königin von Madagaskar sehr werthvolle Geschenke aus Paris mitgebracht und dabei die unverzeihliche Rücksichtslosigkeit begangen, nicht allen Leuten anzuvertrauen, was er durch diese Geschenke bezwecken wolle. Natürlich mußten es geheime politische Aufträge von Seiten Frankreichs sein; das hatte die englische Regierung erfahren, und da hatte sie mich dazu auserwählt, diesen gefährlichen Mann aus der Welt zu schaffen.

So sinnlos diese Erdichtung war, so fand sie doch unter den Kreolen und selbst unter den Franzosen vielen Anklang und ihretwegen wurde ich des Vergnügens beraubt, eine interessante kleine Reise zu machen.

Herr Lambert ging nämlich vor dem Antritt der Reise nach Madagaskar, im Auftrag der französischen Regierung nach Sanzebar und Mozambique, um daselbst Neger zu kaufen und nach der Insel Bourbon zu bringen. Es ist dieß eine neue Art gemilderten Sklavenhandels, welche Frankreich erfunden hat, und die von England geduldet wird. Der Neger ist blos während fünf Jahren Sklave und erhält von seinem Herrn außer Kost und Wohnung 2 Thaler monatlich. Nach fünf Jahren hat er die Freiheit — fortzuarbeiten oder Hungers zu sterben, wenn er nicht arbeiten will. Er kann sich diese Freiheit auch schon früher mit 50 Thalern erkaufen und sogar nach seinem Vaterlande zurückkehren, wenn er das hiezu nöthige Geld besitzt.

Da Herr Lambert meine Reisebegierde kannte und wußte, wie gerne ich jede Gelegenheit ergriff, neue Länder zu sehen, wollte er mich mitnehmen. Der französische Agent erfuhr dieß und ging augenblicklich zu Herrn Lambert, um ihn zu ersuchen, mich ja nicht mitzunehmen, denn ich sei ganz gewiß von der englischen Regierung als Spionin angestellt.

Und woher kam dieser Haß der Kreolen und Franzosen gegen mich unbedeutendes Wesen? — Ich kann mir keinen anderen Grund denken als den, daß ich beinahe nur mit englischen Familien verkehrte. War es aber meine Schuld, daß die englischen Familien mich aufsuchten, mich, wenn ich ihren Einladungen folgte, auf die zuvorkommendste Weise behandelten? Warum thaten dieß die Franzosen nicht? — Alle Artigkeiten und Gefälligkeiten wurden mir von Engländern erwiesen; von den Franzosen nahmen sich blos die Herren Lambert und Geneve meiner wirklich mit Wärme an. Die übrigen, so wie die Kreolen boten mir höchstens leere Versprechungen. Ich bekam, ich gestehe es aufrichtig, eine solche Abneigung gegen die französische Bevölkerung in diesem Theile der Welt, daß ich mich nicht entschließen konnte, die nahe Insel Bourbon zu besuchen, so gerne ich es sonst gethan hätte.

Wie froh bin ich, nicht mit Mauritius begonnen zu haben, als vor ungefähr 14 Jahren in mir die Reiselust erwachte. Da wäre letztere mir rasch vergangen und meine geduldigen Leser hätten manche langweilige Stunde erspart.

Freilich würde ich in diesem Falle auch nicht nach Rußland gekommen sein und nicht erfahren haben, daß in diesem verrufenen Despoten-Reiche freisinnigere Einrichtungen herrschen, als in einer Kolonie des auf seine Fortschritte so stolzen England. — Und doch ist es so, wenigstens was das Paßwesen betrifft.

Verläßt man Petersburg oder irgend eine der größeren Städte Rußlands, um eine Reise anzutreten, so muß man dieß acht Tage zuvor anzeigen. Der Name des Reisenden kommt dreimal in die Zeitung, damit, wenn er Schulden hat, seine Gläubiger die nöthigen Maßregeln ergreifen können. Hier auf dieser großen umfangreichen Insel sind acht Tage viel zu wenig. Hier sind drei Wochen nöthig, oder man muß, wie ebenfalls in Rußland, einen Bürgen stellen.

Ich war so wenig darauf gefaßt, in einer englischen Kolonie eine so veraltete Einrichtung zu finden, daß ich mich um meinen Paß gar nicht bekümmerte. Einige Tage vor meiner Abreise bat ich, wie ich meinte, mehr zu meiner Erinnerung als aus Nothwendigkeit, den französischen Konsul um ein Visum.

Zufällig hörte ich denselben Tag bei Tische, daß dieß nicht genug sei, und daß man zur Abreise die Erlaubniß der Polizei haben müsse. Ich speiste bei Herrn O..., Asscié des Herrn Lambert, und da gerade mehrere Herren meiner Bekanntschaft zugegen waren, ersuchte ich sie, einer von ihnen möchte die Güte haben, diese, meiner Ansicht nach, ganz unbedeutende Förmlichkeit zu besorgen und die Bürgschaft für mich zu leisten. Zu meinem größten Erstaunen erschöpften sich die galanten, feingebildeten Franzosen in leeren Ausreden — Keiner wollte mir diesen Dienst erweisen. Am nächsten Morgen ging ich zu Herrn Kerr, einem Engländer, und einige Stunden später hatte ich meinen Paß.

Zu meinem Leidwesen muß ich gestehen, daß mir zum Schlusse auch von einem Engländer eine Unhöflichkeit erwiesen wurde, und zwar von dem Gouverneur.

Dieser Herr hatte mich, als ich in Mauritius ankam, sehr gut aufgenommen, sogar auf sein Landhaus eingeladen und mir unaufgefordert einen Brief für die Königin von Madagaskar angeboten. Als ich kurze Zeit vor meiner Abreise um den versprochenen Brief zu ihm ging, fertigte er mich ebenfalls mit einer Entschuldigung ab, und zwar mit dieser, daß ich zu Ihrer madagaskarischen Majestät in Gesellschaft des Herrn Lambert reise, und daß mein Reisegefährte ein politisch gefährlicher Mann sei.

Schöne Ehre erwies man mir in Mauritius — die Franzosen hielten mich für einen Spion der englischen und der englische Gouverneur für einen Spion der französischen Regierung!

Nach all' diesen angenehmen Erfahrungen wird es jedermann begreiflich finden, daß ich den Augenblick gar nicht erwarten konnte, diese kleine Insel mit ihren noch viel kleinlicher denkenden Bewohnern zu verlassen, und ich will mich bestreben, von ihr keine andere Erinnerung zu behalten als jene der Naturschönheiten, die sie besitzt, und die der Freundschaft und Gefälligkeit, welche mir von den im Laufe meiner Beschreibung genannten Personen bewiesen wurden. Aller zu erwähnen habe ich nicht Gelegenheit gehabt, denn auch andere, wie die Herren Fernyhoujk, Beke, Gonnet u.s.w. haben mir gar manche Dienste geleistet.

Ich danke ihnen dafür auf das herzlichste.

8. Kapitel.

Geographisch-Historisches über Madagaskar.

Die Insel Madagaskar ist, einzelne Küstenstriche ausgenommen, sehr wenig bekannt; in das Innere zu dringen, gelang nur einzelnen Reisenden und selbst diesen war es nicht möglich, das Land mit Muße zu studiren. Was mich selbst betrifft, besitze ich leider zu wenig Kenntnisse, um ein Land wissenschaftlich beschreiben zu können; ich bin, wie ich bereits zu wiederholten Malen ausgesprochen habe, höchstens im Stande, einfache, der Wahrheit getreue Schilderungen dessen zu versuchen, was ich gesehen habe. Es dürfte daher, so viel ich glaube, für meine Leser nicht uninteressant sein, wenn ich, bevor ich die Erzählung meiner Erlebnisse auf Madagaskar beginne, aus verschiedenen Werken, welche über diese Insel erschienen sind, einen geographisch-geschichtlichen Ueberblick zusammenfasse.

Madagaskar soll bereits den Alten bekannt gewesen sein. Im 13ten Jahrhunderte erwähnt dieser Insel Marco Polo. Die Portugiesen besuchten sie im Jahre 1506, und das erste europäische Volk, welches Niederlassungen darauf zu gründen versuchte, war das französische im Jahre 1642.

Madagaskar liegt südöstlich von Afrika, von welchem Welttheile es blos durch den 75 Meilen breiten Kanal von Mocambique getrennt ist, erstreckt sich von dem 12. bis zu dem 25. Grade südlicher Breite und von dem 40. bis zu dem 48. Grade östlicher Länge, und ist nach Borneo die größte Insel der Welt. Ihr Flächeninhalt beträgt ungefähr 10.000 geographische Quadrat-Meilen. Die Bevölkerung wird sehr verschieden angegeben, von einigen auf 1½ bis 2 Millionen, von anderen bis auf 6 Millionen.

Die Insel besitzt unübersehbare Waldungen, ausgedehnte Ebenen, Thäler und Schluchten, viele Flüsse und Seen und große Gebirgszüge, deren Spitzen sich 10 bis 12.000 Fuß und noch höher erheben.

Die Vegetation ist überaus üppig, das Klima sehr heiß, letzteres an den Küsten, wo es viele Moräste gibt, für Europäer höchst ungesund, in dem Innern des Landes weniger. Die vorzüglichsten Produkte sind: Eigenthümliche Balsame und Harze, Zucker, Tabak, Seide, Reis, Indigo und Gewürze. Die Wälder liefern herrliche Hölzer für Bauten und Einrichtungen, die Fruchtbäume beinahe alle Früchte der tropischen Zone. Unter den vielen Palmen-Gattungen ist die schöne Wasserpalme sehr häufig. Aus dem Thierreiche besitzt Madagaskar ebenfalls einige eigenthümliche Gattungen, so die Familie der „Makis" oder Halb-Affen und den schwarzen Papagei, außerdem zahlreiches Hornvieh, Ziegen, Schafe und viele schöne Vögel. In den Wäldern und in den Savanen Hausen wilde Ochsen und Schweine, wilde Hunde und Katzen, aber sonst keine gefährlichen Thiere. Die Schlangen sind unschädlich; andere Reptilien gibt es sehr wenig, und giftige Thiere sind blos der Tausendfuß und eine kleine schwarze Spinne, welche unter der Erde lebt und deren Stich tödtlich sein soll; sie kommt jedoch nur selten vor. Auch an Metallen, besonders an Eisen, und an Steinkohlen soll die Insel sehr reich sein; natürlich sind ihre mineralischen Schätze noch wenig erforscht.

Die Bevölkerung besteht aus vier verschiedenen Racen. Auf der Südseite leben die Kaffern, auf der Westseite die Neger, während auf der Nordseite die arabische Race und auf der Ostseite und im Innern die malaische vorherrschend ist. Diese Haupt-Racen zerfallen in viele Stämme, von welchen gegenwärtig jener der Hovas, zur malaischen Race gehörend, der zahlreichste und civilisirteste auf der ganzen Insel ist. Die Hovas bevölkern den größten Theil des Innern und bildeten schon zur Zeit der Entdeckung Madagaskars ein mächtiges Reich, dessen Hauptstadt „Tananariva", in der Mitte einer großen Hochebene in dem Bezirke Emir gelegen, aus einer Vereinigurg vieler Dörfer besteht.

Am wenigsten bekannt, oder besser gesagt, gänzlich unbekannt ist die Südwestküste, deren Bewohner für die ungastlichsten und für die erklärtesten Feinde der Europäer gelten. Alle diese verschiedenen Racen und Stämme sind wie die meisten primitiven Völker sehr träge, neugierig, abergläubisch und charakterlos.

Die Franzosen haben, wie oben erwähnt wurde, seit dem Jahre 1642 versucht, sich auf Madagaskar festzusetzen; sie eroberten einige Landstriche, errichteten hie und da Comptoirs und kleine Forts, konnten dieselben aber nie behaupten. Alle ihre Unternehmungen verunglückten einerseits durch das ungesunde Klima und in Folge der Strenge und Grausamkeiten, mit welchen sie die Eingeborenen behandelten, andererseits dadurch, daß sie von der Heimath nie zur rechten Zeit mit Geld und Truppen unterstützt wurden.

Sowohl die französische Regierung, als die *Société de l' Orient* kamen in Beziehung auf diese Insel nie zu einem festen Entschlusse. Bald wollten sie dieselbe erobern, bald wieder ganz fallen lassen. Zu verschiedenen Malen sandten sie Schiffe und Truppen, überließen letztere dann ihrem Schicksale, und auf diese Weise gingen viele Menschenleben und große Summen Geldes verloren, ohne daß irgend etwas erreicht wurde.

Die letzte jener Unternehmungen fand im J. 1773 unter dem Oberbefehl des polnischen Grafen Benjowsky statt, welcher schon im voraus den Titel „Gouverneur von Madagaskar" erhielt.

Graf Benjowsky soll ein sehr fähiger und unternehmender Mann gewesen sein, und da er über eine größere Macht zu verfügen hatte, als dieß bei den früheren Expeditionen der Fall war, so hätte es ihm vielleicht geglückt, Madagaskar für immer an Frankreich zu bringen, oder doch wenigstens eine bleibende und wichtige Kolonie darauf zu gründen. Leider erging es ihm aber wie seinen Vorfahrern, ja noch schlechter, denn es blieb nicht nur die versprochene Unterstützung aus, sondern er fand auch gerade in dem Gouverneur von Bourbon, welcher ihn unterstützen sollte, den gefährlichsten Feind. Letzterer, anstatt ihm Truppen und Geld zu schicken, bot im Gegentheil aus Eifersucht alles auf, seine Macht zu schwächen und so kam es, daß trotz der ersten Erfolge Graf Benjowsky bald kaum mehr im Stande war, einige unbedeutende Forts und Comptoirs zu behaupten. Nach seinem Tode gingen auch diese verloren und im Jahre 1786 verließen die Franzosen Madagaskar gänzlich; von allen ihren früheren Eroberungen behielten sie blos das kleine Inselchen St. Maria.

Zu Anfang des 19ten Jahrhundertes versuchten es auch die Engländer, Niederlassungen auf Madagaskar zu gründen, aber ebenfalls ohne Erfolg; sie bemächtigten sich der Häfen von Tamatavé und Foulpointe, behaupteten sie jedoch nur kurze Zeit.

Unterdessen hatte sich im Innern des Landes das Reich der Hovas sehr vergrößert. Dianampoiene, der Chef von Tananariva, führte glückliche Kriege gegen die kleineren Chefs und fügte deren Staaten den seinigen bei. Er soll ein sehr thätiger und verständiger Mann gewesen sein und seinem Volke gute Gesetze gegeben haben. Unter seiner Regierung war der Genuß der Liqueurs und des Tabakes verboten. Dianampoiene starb im Jahre 1810 und hinterließ das bereits mächtige Reich seinem Sohne Radama. Dieser zählte nicht mehr als 18 Jahre, als er zur Regierung kam; er war wie sein Vater intelligent, rechtschaffen und sehr ehrgeizig. Er liebte die Europäer und suchte in deren Umgange seine Kenntnisse auszubilden.

Die Engländer benützten dieß sehr geschickt und wußten sich bei ihm in große Gunst zu setzen; er wurde bald dergestalt von ihnen eingenommen, daß er sie auf jede Art auszeichnete, und sogar zuweilen englische Uniform trug. Auch ging er einen Vertrag mit England ein, durch welchen er sich verpflichtete, dem Sklavenhandel nach dem Auslande zu entsagen. Als Entschädigung erhielt er dafür Geld und Geschenke, deren Werth ungefähr 2000 Pfd. Sterl. betrug, und die englische Regierung versprach überdieß, zehn junge Leute aus Madagaskar in England, und zehn andere in Mauritius in den verschiedenen Handwerken und Künsten unterrichten zu lassen.

Radama hielt den Kontrakt strenge ein, nicht so aber der englische General Hall, welcher dem Mr. Farqhar auf Mauritius als Gouverneur gefolgt war. General Hall mochte wohl meinen, daß die Wilden gar keine Menschen seien; er schämte sich nicht, öffentlich zu erklären, daß ein Kontrakt mit einem Chef von Wilden geschlossen nicht die geringste Willigkeit habe und brach ihn auf alle Art. Eine natürliche Folge dieser Handlungsweise war, daß Radama den Sklavenhandel wieder freigab und auf Kosten der Engländer die Franzosen zu begünstigen anfing, welche bei dieser Gelegenheit einen kleinen Landstrich an der Bai von Venatobé erwarben.

Die Engländer versuchten lange Zeit vergebens ihre einflußreiche Stellung wieder zu erlangen. Sie hatten sich nicht blos bei Radama, sondern auch bei dem Volke so verhaßt gemacht, daß man alles, was für falsch oder lügenhaft gehalten wurde, „englisch" nannte. Trotzdem gelang es ihnen am Ende doch den Vertrag zu erneuern und sogar noch mehr Begünstigungen zu erhalten. Es wurde ihnen erlaubt Missionäre einzuführen, Schulen zu errichten und die Bibel zu verbreiten. Ihre Schiffe durften gegen eine Abgabe von 1 Prozent in alle Häfen einlaufen, und im Jahre 1825 gestattete Radama den Engländern auch das Recht, sich auf der Insel niederzulassen, Häuser zu bauen, Handel zu treiben, die Erde zu kultiviren und industrielle Unternehmungen zu gründen.

Radama starb am 27. Juli 1828 im 36. Jahre. Die ehrgeizigen Pläne seines Vaters verfolgend, war es ihm gelungen, seine Herrschaft über den größten Theil der Insel auszubreiten und sich zum Könige von Madagaskar aufzuwerfen. Seinem Szepter gehorchten außer dem Lande der Hovas auf der Nordwest-Küste das Land der Seklaven mit der Hauptstadt Bombetok, auf der Westküste Mozangaye und auf der Nordküste die Länder der Antawaren und der Betimsaras; die Südwest-Küste allein und das auf der Südost-Küste gelegene Land der Anossy hatten ihre Unabhängigkeit behauptet.

Radama besaß ein großes Redner-Talent, und liebte sehr es zu zeigen. Er war überhaupt sehr eitel und für Huldigungen im höchsten Grade empfänglich. Sein Volk mußte ihm Ehren erweisen gleich einem Gott, und daß die englischen Missionäre unter seiner Regierung zu Einfluß gelangten, verdankten sie wohl größtentheils den Lobeserhebungen und Schmeicheleien, mit welchen sie ihn überschütteten. Sie verglichen ihn mit Napoleon dem Ersten, von dessen Großthaten ihm die Franzosen erzählt hatten und welchen er sich zum Vorbilde genommen zu haben schien. So ganz unrichtig kann man übrigens diesen Vergleich nicht nennen und den Titel „Radama des Großen" mag man ihm gerne zugestehen, wenn man bedenkt, was er in der kurzen Zeit seiner Regierung geleistet hat. Die Eroberung eines großen Theiles der Insel, die Abschaffung der Todesstrafe für viele Verbrechen, das Verbot des Sklavenhandels nach dem Auslande, die Gründung eines ziemlich gut geschulten Heeres, die Einführung vieler europäischen Handwerke — dieß alles war sein Werk. Er hat, der erste auf Madagaskar, der Civilisation die Thüre geöffnet, unter seiner Regierung wurden die ersten öffentlichen Schulen errichtet und die lateinischen Buchstaben für die Landessprache angenommen. Auf alle Art auf die materielle und geistige Verbesserung seines Reiches bedacht, machte er nur mit einem Gegenstande eine Ausnahme — von dem Baue guter Straßen wollte er nichts hören. Er meinte, gleich den meisten Fürsten halbwilder Völker, daß die schlechten Wege seine besten Festungen gegen die Europäer seien. Während der letzten Jahre seines Lebens ergab er sich leider großen Ausschweifungen, die wohl seinen frühen Tod verursacht haben mögen; viele behaupten, er sei vergiftet worden.

Mit Radama's Tode hörte nicht nur der englische, sondern jeder europäische Einfluß auf. Seine erste Frau Ranavola folgte ihm auf dem Throne und legte ihrem Namen den königlichen Titel Manjaka bei.

Dieses grausame, blutdürstige Weib begann die Regierung mit der Hinrichtung von sieben der nächsten Verwandten des verstorbenen Königs, ja nach den Berichten des Missionärs, Herrn Wilhelm Ellis, wurde nicht nur alles getödtet, was zu Radama's Familie gehörte, sondern auch jene Adeligen, welche dem Throne nahestanden und von welchen Ranavola befürchtete, daß sie Ansprüche darauf machen könnten.

Den Vertrag, welchen Radama mit den Engländern geschlossen hatte, hob sie sogleich auf. Ihr Haß gegen letzteres Volk war so groß, daß er sich auf alles erstreckte, was von England kam, selbst auf die von dort eingeführten Thiere. Alle jene, welche rein englischen Ursprunges waren, mußten getödtet oder wenigstens aus ihren Staaten entfernt werden. Aber auch die Franzosen fanden keine Gnade vor ihren Augen — sie wollte überhaupt nichts von Civilisation wissen und bestrebte sich, alle Keime derselben zu ersticken. Sie vertrieb die Missionäre, verbot das Christenthum und erschwerte jeden Verkehr mit den Europäern. Ihre Unterthanen, besonders jene, welche nicht dem Stamme der Hovas, aus dem sie entsprossen war, angehörten, behandelt sie mit der größten Strenge und Grausamkeit. Für die geringsten Vergehen unterwirft sie dieselben den härtesten Strafen und täglich ließ und läßt sie Todesurtheile vollziehen.

Einem Einzigen von den Blutsverwandten des Königs Radama, dem Prinzen Ramanetak, war es geglückt, durch zeitige Flucht das Leben zu retten. Dieser Prinz konnte gerechte Ansprüche auf den Thron erheben, und da sich die Königin Ranavola durch ihre harte und blutdürstige Regierung bei dem Volke sehr bald verhaßt gemacht hatte, so würde es ihm mit Hilfe der Franzosen gewiß gelungen sein, eine Revolution zu bewirken und sich des Thrones zu bemächtigen. Auch wäre dieß für die Franzosen jedenfalls von großem Nutzen gewesen, denn Prinz Ramanetak war ganz für diese Nation eingenommen. Die Regierung Frankreichs blieb aber der seit zwei Jahrhunderten gegen Madagaskar befolgten Politik getreu, und die großmüthige Hilfe, welche sie dem Prinzen anbot bestand in — 60 Flinten und 20 Fäßchen Pulver.

Wie ich zu Anfang meiner Reise erzählt habe, wurden die Franzosen in der Folge von der Königin Ranavola auch aus dem Landstriche vertrieben, welchen ihnen Radama an der Bai von Vanatobé eingeräumt hatte. Ob Frankreich Genugthuung verlangen und den übermüthigen Beherrschern Madagaskars einmal ernstlich die Macht eines europäischen Volkes zeigen, oder ob es diese Gelegenheit eben so unbenutzt vorübergehen lassen wird, wie die früheren, wage ich nicht zu bestimmen. Die nächste Zukunft muß es lehren.

9. Kapitel.

Abreise von Mauritius. — Die alte Kanonen-Schaluppe. — Ankunft in Madagaskar. — Mademoiselle Julie. — Beschreibung von Tamatavé. — Die Eingeborenen. — Komischer Kopfputz. — Erster Besuch in Antandroroho. — Gastfreundschaft der Malegaschen. — Die Europäer in Tamatavé. — Der Pariser Malegasche. — Familien-Verhältnisse.

Am 25. April 1857 verließ ich Mauritius. Durch Herrn Gonnet's Vermittlung gaben mir die Eigenthümer der Brigg „Triton" eine freie Ueberfahrt nach dem Hafen von Tamatavé auf Madagaskar (480 Seemeilen).

Das Schiff, eine alte ausgediente Kanonen-Schaluppe, welche ihre Jugendkraft in der Schlacht von Trafalgar entfaltet hatte (im Jahre 1805), war tief gesunken von der früheren Herrlichkeit. Es wurde in seinen alten Tagen dazu verwendet, während der günstigen Jahreszeit Ochsen von Madagaskar nach Mauritius zu verschiffen. Bequemlichkeiten bot es durchaus nicht, da alle Räume für die Unterbringung der Ochsen eingerichtet waren, und was seine Sicherheit anbelangte, so gab mir der Kapitän die tröstliche Nachricht, daß es auch nicht dem kleinsten Sturme mehr widerstehen könnte.

Meine Sehnsucht Mauritius zu verlassen, war jedoch so groß, daß mich dieß alles nicht abschreckte. Ich überließ mich meinem guten Sterne, schiffte mich frohen Muthes ein und hatte es nicht zu bereuen. So schlecht das Schiff war, so gut war der Kapitän, Herr Benier. Obwohl durchaus nicht von hoher Abkunft (der Farbe nach gehörte er zu den Halb-Kreolen) benahm er sich mit einer Höflichkeit und Aufmerksamkeit, die dem best erzogenen Manne Ehre gemacht hätte. Er räumte mir sogleich seine Kabine ein, den einzigen Platz auf dem Schiffe, welcher nicht den vierbeinigen Passagieren bestimmt war, und bot alles auf, mir die Reise so bequem als möglich zu machen.

Während der ersten drei Tage ging unsere Fahrt ziemlich rasch von statten, der Wind war uns günstig; er blies aus Osten, wie dieß in diesen Meeren vom Monate April bis Ende Oktober beständig der Fall ist, so daß ein schnellsegelndes Schiff in den drei Tagen die Reise vollbracht hätte. Nicht so unser alter Invalide, der gar mühselig seine Bahn verfolgte. Wir waren noch weit von unserem Ziele entfernt, als zu unserem Schrecken sich in der Nacht vom dritten auf den vierten Tag ein starker Gegenwind erhob. Der tröstlichen Nachricht gedenkend, die mir der Kapitän von der Sicherheit des Schiffes gegeben hatte, war ich jeden Augenblick auf eine Katastrophe gefaßt; aber glücklich verging die Nacht und auch der folgende Tag, nur daß der fortwährende widrige Wind uns zwang, gegen Abend vor der Insel „Prunes" vor Anker zu gehen. Am fünften Tage gelangten wir wohl bis Tamatavé, konnten aber nicht einlaufen. Erst am sechsten Tage warfen wir in dem Hafen Anker.

Heftige, oft wiederholte Regengüsse hatten das ihrige dazu beigetragen, mir die Reise zu verleiden; Bücher führte ich nicht mit, und des guten Kapitäns Bibliothek bestand — aus einem Kochbuche nebst einem englisch-französischen Wörterbuche. Doch derlei Unannehmlichkeiten vergessen sich rasch, um so mehr, wenn man so glücklich ist, sein vorgestecktes Ziel zu erreichen. Und dieß war ja mit mir der Fall — das Land, das ich seit Jahren mit so großer Sehnsucht zu sehen wünschte, lag vor meinen Augen.

Ich wollte sogleich das Schiff verlassen; die Königin Ranavola hat aber trotz ihrer Verachtung der Civilisation und der europäischen Gebräuche, gerade jene angenommen, welche für uns Europäer selbst die lästigsten sind: Polizei und Douane. Eben so wie in Frankreich oder irgend einem anderen europäischen Lande mußte ich warten, bis die Inspektions-Offiziere an Bord kamen, bei welcher Gelegenheit sie das Schiff und mich sehr sorgfältig in Augenschein nahmen. Da ich die allerhöchste Erlaubniß der Königin besaß, ihr Reich zu betreten, so wurde weiter keine Schwierigkeit gemacht, und ich konnte an's Land gehen. Hier nahmen mich sogleich einige madagaskarische Zoll-Beamten in Empfang und führten mich nach der Douane, wo mein sämmtliches Reisegepäck aufgerissen und durchwühlt wurde. Nicht der geringste Gegenstand entging ihren Augen, nicht das kleinste in Papier gehüllte Päckchen wurde übersehen — die Leute entwickelten eine echte Spürhunds-Natur, und verdienten es, den geschicktesten deutschen oder französischen Douaniers an die Seite gestellt zu werden.

Gestohlen wurde mir glücklicher Weise nichts, ich ergötzte mich daher an dieser Szene, die mich an mein theures Heimathsland erinnerte.

In Tamatavé sollte ich Herrn Lambert treffen, welcher von der Reise, die er im Auftrage der französischen Regierung nach der Küste Afrika's unternommen hatte, nicht wieder nach Mauritius, sondern direkt hieher zu kommen gedachte.

Herr Lambert war noch nicht angelangt; er hatte mir aber schon in Mauritius gesagt, daß ich in diesem Falle bei Mademoiselle Julie absteigen sollte, welche er von meiner Ankunft unterrichten lassen würde.

Meine Leserinnen werden sich wahrscheinlich unter Mademoiselle Julie eine, durch weiß Gott was für romantische Schicksale auf diese Insel verschlagene Europäerin vorstellen. Leider muß ich sie enttäuschen; Mademoiselle Julie ist eine echte Malegaschin und noch dazu Witwe und Mutter von mehreren Kindern. In Madagaskar herrscht nämlich die sonderbare Sitte, jedes weibliche Wesen „Mademoiselle" zu nennen, selbst wenn es ein Dutzend Sprößlinge aufzuweisen hat, oder ein Halb-Dutzendmal verheirathet gewesen ist.

Mademoiselle Julie ist aber jedenfalls eine ganz außergewöhnliche Erscheinung und ohne Zweifel eine der interessantesten Personen nicht bloß Tamatavés, sondern ganz Madagaskars. Sie wurde ungefähr vor acht Monaten Witwe, führt aber die Geschäfte ihres Mannes fort und zwar, wie man mir sagte, mit besserem Erfolge als der Verstorbene. Sie besitzt Zucker-Pflanzungen, eine Rhumbrennerei, treibt Handel u.s.w. Ihre Umsicht und Thätigkeit würden überall Anerkennung finden und sind wirklich erstaunenswerth in einem Lande wie Madagaskar, wo das weibliche Geschlecht so unwissend, träge und von gar keiner Bedeutung ist.

Mademoiselle Julie genoß einen Theil ihrer Erziehung in Bourbon; sie spricht und schreibt vollkommen gut französisch. Schade daß sie einige der Sitten oder vielmehr der Unsitten ihres Geburtslandes beibehalten hat. Ihr größtes Vergnügen besteht z. B. darin, stundenlang ausgestreckt auf dem Boden zu liegen, den Kopf auf den Schooß einer Freundin oder Sklavin gestützt, und sich von gewissen kleinen Thierchen befreien zu lassen. Es ist dieß übrigens eine Lieblings-Unterhaltung der madagaskarischen Frauen, und sie besuchen sich oft nur zu dem Zwecke, sich ihr so recht *con amore* hinzugeben. Auch zog es Mademoiselle Julie vor, sich zum Essen ihrer Finger anstatt des Eßbesteckes zu bedienen; dieß that sie aber nur, wenn sie sich unbemerkt glaubte.

Mademoiselle Julie nahm mich gerade nicht auf das zuvorkommendste auf; sie besah mich von oben bis unten, erhob sich gemächlich und führte mich nach einem ganz nahe gelegenen kleinen Häuschen, das noch schlechter eingerichtet war als die Pavillons auf Mauritius. Das einzige Zimmer enthielt nichts weiter als eine leere Bettstelle. Die edle Dame fragte mich barsch nach meinem Bettzeuge. Ich sagte ihr, ich hätte keines mitgebracht, da mich Herr Lambert versicherte, daß ich bei ihr alles Nöthige finden würde. „Ich kann ihnen keines geben", entgegnete sie ganz kurz, und obwohl sie, wie ich später sah, an Bettzeug genügenden Vorrath besaß, um nicht mir allein, sondern einem halben Dutzend Reisenden auszuhelfen, so hätte sie mich alte Frau auf der nackten Bettstelle schlafen lassen. Glücklicher Weise war gerade eine Frau, Madame Jacquin, zugegen. Diese bot mir sogleich Bettzeug an und warf Mademoiselle Julie mit ziemlich starken Ausdrücken ihr Benehmen vor. Ich bin Frau Jacquin für ihr freundliches Anerbieten sehr dankbar; ich hätte mir sonst wahrscheinlich bis zur Ankunft Herrn Lambert's mit meinem Mantel und einem Kopfkissen, das ich immer mitführe, aushelfen müssen.

Von anderen Bequemlichkeiten war natürlich gar nicht die Rede und alles, was ich benöthigte, mußte ich mir selbst verschaffen.

Mein Aufenthalt in Tamatavé währte einige Wochen, da Herr Lambert viel später eintraf, als er beabsichtigt hatte.

Der Hafen von Tamatavé ist der beste auf der ganzen Insel, und hieher kommen in der guten Jahreszeit (April bis Ende Oktober) sehr viele Schiffe von Mauritius und Bourbon, um Ochsen zu laden, von welchen jährlich zwischen 10 und 11.000 Stück ausgeführt werden. Ungefähr zwei Drittheile davon gehen nach Mauritius und nur ein Drittheil nach Bourbon, obwohl, was die Größe der Bevölkerung anbelangt, zwischen diesen beiden Inseln nicht viel Unterschied herrscht. Man muß aber bedenken, daß auf Mauritius viele Engländer leben, und daß die Engländer größere Verehrer der Rostbeefs sind als die Franzosen. Sonderbar ist es, daß die Königin Ranavola die Ausfuhr der Kühe nicht gestattet. In ihrer tiefen Weisheit meint sie, wenn sie den Leuten erlauben würde, Kühe auszuführen, so könnten auch anderwärts Ochsen herangebildet und dadurch die Ausfuhr aus Madagaskar geschmälert werden. Sie weiß natürlich nicht, daß jene beiden Inseln aus ihren Zucker-Pflanzungen viel größeren Nutzen ziehen, als wenn sie ihre Gründe in Wiesen umwandelten und Viehzucht betrieben. Ein schöner Ochse, der auf Madagaskar 15 Thaler kostet, würde, auf Mauritius oder Bourbon gezogen, gewiß auf das Vier- oder Fünffache zu stehen kommen.

Außer den Ochsen werden Reis, Rabanetas und einiges Geflügel ausgeführt. Die Rabanetas sind eine Art Matten, auf welche der Zucker zum Trocknen ausgebreitet wird, wenn er aus der letzten Pfanne kommt. Man verwendet sie auch dazu, die Zimmerwände und Fußböden zu bedecken, und der ärmeren Klasse dienen sie häufig als Kleidung.

Während der günstigen Jahreszeit geht es in dem Hause der Mademoiselle Julie sehr lebhaft zu. Mitunter befinden sich sechs bis acht Schiffe zu gleicher Zeit im Hafen. Die Kapitäne sind durchgehends Freunde meiner Wirthin, welche sie ein für alle Mal zu Tische ladet und so zu sagen offene Tafel hält. Zur Zeit meiner Anwesenheit, die freilich in den Anfang der günstigen Stagione fiel, war der Verkehr nicht sehr bedeutend; ich sah nie mehr als zwei Schiffe zu gleicher Zeit im Hafen liegen.

Welch' wichtiger Platz kann Tamatavé einst werden, wenn diese schöne, fruchtbare Insel den Europäern offen stehen und der Handel allen Nationen erlaubt sein wird!

Jetzt gleicht Tamatavé einem ärmlichen, aber sehr großen Dorfe. Man schätzt seine Bevölkerung, die nahe Umgebung mit eingerechnet, auf 4 bis 5000 Seelen, darunter 800 Soldaten und ungefähr ein Dutzend Europäer und Kreolen von Bourbon. Außer den wenigen Häusern der letzteren und jenen einiger wohlhabender Hovas und Malegaschen sieht man nichts als kleine Hütten, die theils in beliebiger Unordnung umher liegen, theils mehrere enge Straßen bilden. Sie ruhen auf 6 bis 10 Fuß hohen Pfählen, sind von Holz oder Bambus gebaut, mit langem Grase oder mit Palmblättern gedeckt, und enthalten ein einziges Gemach, von welchem die Feuerstelle einen guten Theil einnimmt, so daß die Familie kaum Raum zum Schlafen findet. Fenster sind nicht vorhanden, dafür aber zwei Thören auf verschiedenen Seiten gelegen. Von diesen beiden Thüren wird jene auf der Wetterseite stets geschlossen.

Die Häuser der Wohlhabenden sind aus denselben Materialien gebaut wie jene der Aermeren, nur höher und größer. Sie enthalten ebenfalls nur ein Gemach, das jedoch durch niedrige Wände in drei bis vier kleinere Räume abgetheilt ist, und außer den Thüren gibt es auch Fenster, aber ohne Glasscheiben.

Der Bazar liegt mitten im Dorfe auf einem unebenen, abscheulichen Platze und zeichnet sich außer seiner Armuth auch noch durch seine Unsauberkeit aus. Etwas Ochsenfleisch, etwas Zuckerrohr, Reis, Rabanetas und einige Früchte sind gewöhnlich alles, was man da findet, und der ganze Kram eines der Verkäufer, die auf dem Boden kauern, ist oft nicht mehr als Piaster werth. Die Ochsen werden auf dem Bazar selbst geschlachtet und die Haut wird nicht abgezogen, sondern mit dem Stücke Fleisch verkauft; sie gilt nämlich für sehr schmackhaft. Das Fleisch kaufen die Leute nicht nach dem Gewichte, sondern der Größe, dem Aussehen nach.

Man muß, wenn man in diesem Lande etwas kaufen oder verkaufen will, stets eine kleine Geldwage mit sich führen, denn auf Madagaskar gibt es keine andere Münze als den spanischen Thaler, und nur seit zwei Jahren, als Herr Lambert das erste Mal hierher kam und Fünf-Frankenstücke mitbrachte, finden auch diese Abgang. In Ermangelung von Scheide-Münze werden die Thaler und Fünf-Frankenstücke in größere und kleinere Theile geschnitten, manchmal bis in mehr als Fünfhundert.

Ich vernahm zu meinem größten Erstaunen, daß die Eingeborenen trotz ihrer Wildheit und Unwissenheit die Thaler so gut nachzumachen verstünden, daß man sehr geübt sein und sie sehr genau besehen müsse, um sie von den echten zu unterscheiden.

Die Eingeborenen von Tamatavé sind zum größten Theile Malegaschen. Sie kamen mir noch wunderlicher vor als die Neger oder die Malaien, deren häßlichste Züge sich in ihrer Gesichtsbildung vereint finden. Sie haben einen großen Mund mit dicken Lippen, eine breitgedrückte Nase, ein weit hervorstehendes Kinn und derbe Backenknochen; ihre Hautfarbe ist schmutzigbraun in allen Abstufungen. Als einzige Schönheit besitzen Viele von ihnen regelmäßig geformte, blendend weiße Zähne und zuweilen auch hübsche Augen. Dagegen zeichnen sich ihre Haare durch ganz besondere Häßlichkeit aus. Sie sind zwar kohlschwarz, aber ganz wollig gekraust, wie bei dem Neger und ungleich stärker und länger; mitunter erreichen sie eine Länge von mehr als zwei Fuß. Wenn das Haar offen getragen wird, gewährt dieß einen über alle Maßen entstellenden Anblick. Das Gesicht verliert sich ganz in dem Urwalde der hohen gekrausten und weit abstehenden Haare. Glücklicher Weise tragen sie nur wenige auf diese Art. Die Männer lassen sie häufig auf dem Hinterkopfe ganz kurz abschneiden und vorne höchstens 6 bis 8 Zoll lang wachsen, was zwar auch höchst komisch aussieht, da die Haare gerade in die Höhe steigen und ein fein gekräuseltes Toupet bilden, aber doch nicht so abschreckend häßlich ist als der Urwald.

Die Weiber und mitunter auch Männer, welche auf ihre kostbare Wolle stolz sind, und sich nicht entschließen können, dieselbe abzuschneiden, flechten sie in viele dünne Zöpfe, welche bei den Einen rings um den Kopf herabhängen, während Andere daraus Schleifen oder Wülste bilden und damit den ganzen Kopf bedecken. Diese Art Kopfputz erfordert sehr viele Zeit und Arbeit, besonders bei den vornehmen Malegaschinnen, welche ihr Haar in unzählige ganz dünne Zöpfchen flechten lassen. An einer dieser bewunderungswürdigen Schönheiten zählte ich deren über sechzig. Die Sklavinnen der guten Dame hatten daran gewiß einen ganzen Tag vollauf zu thun gehabt. Dagegen braucht ein solcher Kopfputz nicht jeden Augenblick erneuert zu werden, er erhält sich acht und mehr Tage in voller Pracht.

Die Haare offen, in ihrer natürlichen Schönheit zu lassen, ist ein Zeichen der Trauer.

Was die Statur der Malegaschen anbelangt, so ist sie im Durchschnitte mehr als mittelgroß, und besonders unter den Männern sah ich viele hohe und kräftige Gestalten.

Ihre Kleidung ist ungefähr dieselbe wie bei allen halbwilden Völkern, die nicht ganz unbekleidet gehen. Die zwei Haupt-Kleidungsstücke, deren sich die Malegaschen bedienen, heißen: Sadik und Simbu. Ersterer ist beinahe so einfach wie Adam's Feigenblatt; er besteht aus einem Stückchen Zeug, eine halbe Elle breit, eine Elle lang, welches um die Lenden geschlagen und zwischen die Beine gezogen wird. Viele der Eingeborenen finden dieß genügend und beschränken darauf ihre ganze Garderobe. Der Simbu ist ein Stück Weißzeug von ungefähr vier Ellen Länge und drei Ellen Breite. In den Simbu hüllen oder drapiren sie sich wie die Römer in ihre Toga und oft wirklich mit vieler Grazie. Zuweilen rollen sie ihn, um ihre Bewegungen freier zu haben, etwas zusammen und schlagen ihn um den Oberkörper.

Die Kleidung der Weiber ist dieselbe wie jene der Männer, nur verhüllen sie sich mehr und fügen häufig dem Sadik und Simbu noch ein drittes Kleidungsstück bei, ein kurzes, sehr knapp anliegendes Jäckchen mit langen Aermeln, das sie Kanczu nennen. Männern und Weibern gibt der Simbu eine unaufhörliche Beschäftigung, er hängt immer lose und muß jeden Augenblick neu umgeschlagen werden; man kann sagen, daß die Leute hier nur eine Hand zum Arbeiten haben; die andere gehört ausschließend für den Simbu.

So einfach wie die Kleidung der Malegaschen ist, eben so einfach ist auch ihre Nahrung. Die Hauptbestandtheile eines Mahles bilden Reis und Anana. Anana ist eine Art Gemüse, das unserem Spinate ähnelt und ganz gut schmecken würde, bereitete man es nicht mit ranzigem Fette zu. Die Leute, die an den Flüssen oder an der Meeresküste leben, essen zuweilen auch Fische, aber sehr selten. Sie sind viel zu träge, um den Fischfang ordentlich zu betreiben. Fleisch oder Geflügel, obgleich in großem Ueberflusse und zu den billigsten Preisen vorhanden, werden nur bei besonderen Gelegenheiten genossen. Man hält gewöhnlich zwei Mahlzeiten, eine Morgens, die andere Abends. Das dabei übliche Getränk ist der Ranagung (Reiswasser), welcher auf folgende Art bereitet wird: Man kocht in einem Gefäße Reis und brennt ihn vorsätzlich an, so daß sich auf dem Boden des Gefäßes eine Kruste bildet; dann gießt man Wasser hinzu und läßt es aufkochen. Dieses Wasser erhält die Farbe eines sehr blassen Kaffee's und schmeckt für einen europäischen Gaumen, wie alles Angebrannte — ganz abscheulich; die Eingeborenen finden es aber köstlich und essen dazu mit dem größten Wohlbehagen auch die angebrannte Kruste.

Die Malegaschen halten viele Sklaven, die freilich hier von sehr geringem Werthe sind. Ein Sklave kostet 12 bis 15 Thaler, und zwar ohne Unterschied des Alters. Dessenungeachtet werden Kinder von 8 bis 10 Jahren viel lieber gekauft als Erwachsene, da man von der im allgemeinen ganz richtigen Ansicht ausgeht, daß man die Kinder nach Willen ziehen kann, während an einem Erwachsenen, der bereits schlechte Gewohnheiten angenommen hat, nicht leicht mehr etwas zu ändern ist. Erwachsene Männer sind nicht feil, ausgenommen solche, die frei waren, jedoch zur Strafe für irgend ein Verbrechen öffentlich versteigert werden, und von den Sklaven nur jene, die bei ihren Herren nicht gut thun. Die Sklavinnen stehen im Durchschnitt höher im Preis als die Sklaven, und einen sehr großen Werth legt man auf die Seide-Weberinnen, von welchen eine geschickte oft mit 200 Thalern bezahlt wird.

Die Lage der Sklaven ist hier wie bei allen wilden oder halbwilden Völkern ungleich besser als bei den Europäern und Kreolen. Sie haben wenig zu arbeiten, bekommen ungefähr die gleiche Nahrung, die ihre Herren genießen, und werden selten gezüchtigt, obgleich die Landesgesetze dieß durchaus nicht verbieten; im Gegentheil der Herr kann seinen Sklaven mit dem Tode bestrafen; nur darf der Stock, dessen er sich zur Züchtigung bedient, nicht mit Eisen beschlagen sein. In diesem Falle wird der Herr zu einer Geld- oder anderen Strafe verurtheilt.

Sehr entwickelt ist in Tamatavé der Diebstahls-Sinn, und zwar nicht allein bei den Sklaven, sondern so ziemlich bei der ganzen inländischen Bevölkerung — Offiziere und Beamten nicht ausgenommen. Ich machte die Erfahrung auf meine eigenen Kosten. In dem Häuschen, welches mir Mademoiselle Julie zur Wohnung angewiesen hatte, war an der Thüre kein Schloß vorhanden. Da es aber ihrem Wohnhause ganz nahe in dem Bezirke der übrigen Gebäude lag, und mich Mademoiselle Julie nicht von der Liebe ihrer Landsleute zu fremden Gegenständen unterrichtet hatte, kam es mir nicht in den Sinn, mißtrauisch zu sein. Eines Tages, als ich zu Tisch gerufen wurde, ließ ich zufällig meine Uhr — ein theures Andenken einer Freundin aus New York — auf dem Tische liegen. Abends als ich nach Hause kam, war sie verschwunden. Ich kehrte sogleich zu Mademoiselle Julie zurück, um sie davon in Kenntniß zu setzen und zu fragen, auf welche Art ich wieder zu dem Besitze meiner Uhr gelangen könnte; ich wäre gerne bereit, demjenigen, der sie mir wieder schaffe, einige Thaler zu geben. Mademoiselle Julie erwiderte mir mit der größten Gleichgiltigkeit, daß da nichts zu machen sei — die Uhr habe wahrscheinlich einer der Haus-Sklaven gestohlen; übrigens stehle hier Jedermann und ein anderes Mal möchte ich, wenn ich mein Häuschen verließe, den Fensterbalken und die Thüre verschließen. Sie gab sich nicht einmal die Mühe, einen oder den anderen ihrer Sklaven zu befragen, und das einzige, was der Verlust meiner Uhr bewirkte, war, daß ich mit vieler Mühe am dritten Tage ein Schloß an meine Thüre erhielt.

Die nahe Umgebung von Tamatavé besteht aus nichts als Sand; erst eine bis zwei Meilen landeinwärts fängt die Vegetation an. So weite Spaziergänge konnte ich aber nicht unternehmen, da es täglich regnete und der Europäer sich in diesem Lande weder dem Regen aussetzen, noch unmittelbar nach einem Regen in das Freie gehen darf; die geringste Feuchtigkeit zieht ihm sofort das Fieber zu.

Zufällig erfuhr ich von Mademoiselle Julie, daß sie Eigenthümerin zweier Besitzungen sei, welche sieben Meilen von der Stadt, ganz nahe an den Waldungen gelegen und von ihren Söhnen bewohnt seien. Ich hoffte daselbst schöne Spaziergänge machen zu können und große Schätze für meine Insekten-Sammlung zu finden, ich ersuchte daher Mademoiselle Julie, mich dahin bringen zu lassen.

Hier zu Lande bedient man sich zum Reisen eines leichten Tragstuhles, „Takon" genannt, welcher zwischen zwei Stangen befestigt und von vier Männern getragen wird. Selbst wenn man einen Weg von kaum einigen hundert Schritten zu machen hat, benützt man den Tragstuhl. Zu Fuß gehen blos die Sklaven und ganz arme Leute. Auf Reisen hat man statt vier Träger deren acht oder zwölf, die sich beständig ablösen.

Ich verließ Tamatavé früh Morgens; der Weg nach Antandroroho (so hieß eine der Besitzungen meiner Wirthin) war ganz gut, besonders als wir aus dem Sandgebiete in jenes der Vegetation kamen, wo es keine Hügel gab. Die Träger liefen mit mir, als wäre ich gar keine Last für sie gewesen, und wir legten die sieben Meilen in 1½ Stunden zurück. Auf Antandroroho lebte der jüngere Sohn von Mademoiselle Julie, ein junger Mann von 22 Jahren, der seine Erziehung theilweise in Bourbon genossen hatte. Ich hätte dieß wahrhaftig nie vermuthet, denn außer der europäischen Kleidung und der französischen Sprache hatte er nichts vor seinen Landsleuten voraus — er war durch und durch wieder Malegasche geworden.

Man wies mir in seinem Hause eine kleine reinliche Kammer an, mit Matten ausgelegt, aber ohne Möbel; ich setzte mich auf meinen Reisesack und erwartete das Frühstück. Mademoiselle Julie hatte mich nämlich mit leerem Magen abreisen lassen, und so war es natürlich, daß ich mich sehr nach irgend einer Stärkung sehnte; aber Stunde nach Stunde verging und niemand rief mich zu Tische. Ich schrieb dieses lange Ausbleiben des Frühstückes meiner Ankunft zu und schmeichelte mir, daß meinethalben irgend ein besonderes Gericht zubereitet, vielleicht gar ein Huhn geopfert und dadurch die Mahlzeit so verzögert würde. Nach langem Warten kam endlich ein Sklave und sagte mir einige malegaschische Worte, die ich zwar nicht verstand; desto besser verstand ich aber seine Winke, die mich einluden, ihm zu folgen.

Ich gelangte in eine andere Kammer, auch ohne Möbel, in deren Mitte eine Matte auf dem Boden gebreitet war. Auf der Matte lag ein großes Stück Blatt und rings herum mehrere kleinere, ersteres stellte die Schüssel, letztere die Teller vor. Für mich hatte man die Aufmerksamkeit gehabt, einen wirklichen Teller mit einem wirklichen Eßbestecke herbeizubringen und eben so auch einen Stuhl — meine Wirthe kauerten sich auf den Boden. Ein Sklave erschien mit einem Kessel voll Reis und schüttete dessen Inhalt auf die improvisirte Schüssel, dann brachte er noch gekochte Bohnen und in einem großen Topfe einen getrockneten, in Wasser wieder aufgekochten Fisch, der so übel roch, daß ich Mühe hatte an der Tafel zu bleiben. Das gehoffte Huhn blieb aus. Ich gedachte unwillkürlich der als so wild und grausam verschrieenen Dayaker auf Borneo. Die aßen auch nur ihren Reis, aber mir gaben sie jedesmal ein Huhn dazu, und hier bei einem halb-civilisirten Wirthe und in einem Lande, wo das Geflügel so häufig und so billig ist, mußte ich mich mit dem Reis und den Bohnen begnügen. Die Eingeborenen essen auf eine Art und Weise, welche nichts weniger als einladend ist. Sie bedienen sich statt des Löffels eines Blattes, das sie sehr geschickt zusammenfalten und mittelst welches sie nicht blos den Reis und die Bohnen zum Munde führen, sondern selbst flüssige Gegenstände aus Töpfen zu schöpfen verstehen. Dieser Blattlöffel ist sehr groß, sie sperren den Mund so weit als möglich auf, und schütten die Speise hinein. So weit wäre noch alles gut, das Unappetitliche besteht aber darin, daß auf dem Löffel, nachdem sie ihn zum Munde geführt haben, gewöhnlich ein kleiner Rest bleibt, und daß sie damit immer neuerdings aus der gemeinschaftlichen Blattschüssel fassen.

Neben dem Fischtopfe sitzt gewöhnlich ein Sklave, dessen Amt darin besteht, die Brühe aus dem Topfe zu schöpfen und über den Reis zu gießen, welchen die Leute auf ihre Löffel gefaßt haben. Der Fisch selbst wird stückweise in die Hand genommen und wie Brot gegessen.

Es nimmt mich nicht Wunder, daß der Malegasche, der nie sein Land verlassen, der nie etwas besseres gesehen hat, auf diese Weise lebt; aber wie der junge Mann, der seine Erziehung unter Europäern genossen, so ganz wieder die Gewohnheiten seiner Landsleute annehmen konnte, das begriff ich wahrlich nicht. Und nicht blos in der Art zu essen und zu trinken war dieß der Fall, sondern auch in allem übrigen. Stundenlang konnte er auf seinem Ruhestuhl sitzen, ohne sich mit einem Buche oder sonst etwas zu beschäftigen; ja der ganze Tag verging mit nichts als Ruhen, Tabakrauchen und der Unterhaltung mit seinen geistreichen Sklavinnen, die ihn fortwährend umgaben.

Mit wahrer Betrübniß hatte ich bereits in Tamatavé bemerkt, daß die wenigen Christen, die daselbst leben (einige Europäer und Kreolen aus Bourbon), anstatt durch anständiges Benehmen, durch reinen Sittenwandel den Eingeborenen ein gutes Beispiel zu geben, sie zu verbessern und zu sich zu erheben, im Gegentheil zu dem Volke herabgesunken sind und dessen unsittliche Gewohnheiten angenommen haben. So schließen sie z. B. keine Ehen, sondern gleich den Eingeborenen wechseln sie die Frauen nach Laune, halten wohl auch mehrere zu gleicher Zeit; auch lassen sie sich ausschließend von Sklavinnen bedienen.

Manche von diesen Leuten senden zwar ihre Kinder nach Bourbon, ja sogar nach Frankreich, aber zu welchem Zweck? — Hat der junge Mann wirklich etwas gelernt, hat er sich bessere Sitten angeeignet, sobald er nach Haus kommt, wird durch des Vaters schlechtes Beispiel nur zu rasch wieder alles verdorben.

Was ich aber ganz unbegreiflich finde, ist, daß ein Europäer, nachdem er sich hinlänglichen Reichthum erworben hat, um in seinem Vaterlande bequem leben zu können, freiwillig in diesem Lande bleibt. Und doch lernte ich ein solches Wunder in einem Herrn X… kennen. Dieser Mann hat im Handel ein bedeutendes Vermögen erlangt und war vor einigen Jahren nach seiner Heimath, nach Frankreich gereist, mit dem Vorsatze, dort zu bleiben. Der Umgang mit geistreichen Männern, mit gebildeten Frauen schien ihm aber keine Entschädigung zu bieten für das träge, rein thierische Leben auf Madagaskar — er kehrte bald wieder nach Tamatavé zu seinen Sklavinnen zurück und wird wohl da seine Tage beschließen. — Der Europäer ist doch wirklich ein sonderbares Wesen — in Europa findet er nicht leicht ein Mädchen nach seinem Geschmacke, da muß seine Auserwählte alle denkbaren guten Eigenschaften besitzen, und hier ist er bezaubert von schwarzen oder schmutzig braunen, plumpen Schönheiten, die ich wahrlich eher dem Affen- als dem Menschen-Geschlechte zuzählen möchte! Ich bedaure die Männer, die so tief sinken können, allen Geschmack am Schönen und Edlen, alle Erkenntnis; der menschlichen Würde zu verlieren. Möchten sie doch bedenken, welch' üblen Einfluß ihr böses Vorbild auf die Eingeborenen übt, wie sehr die Civilisation der letzteren dadurch gehemmt wird!

Doch zurück zu meinem liebenswürdigen Wirthe. Das prachtvolle Frühstück war vorüber, meine Hoffnung getäuscht. Doch gab ich mich nicht der Verzweiflung hin, ich baute neue Luftschlösser auf das Hauptmahl, welches immer Abends abgehalten wird. Mit größter Ungeduld erwartete ich die Stunde — — neue Enttäuschung! Es erschienen dieselben Gerichte wie bei dem Frühstück, nicht eines weniger, nicht eines mehr. Das fand ich doch gar zu arg. Zum Glück war der ältere Bruder meines Wirthes von der zweiten Besitzung herübergekommen, ebenfalls ein junger Mann, der nicht nur aus der Insel Bourbon, sondern sogar neun Jahre in Paris gewesen war. Obwohl er gleich seinem Bruder das Abendessen auf echt malegaschische Weise mittelst des Blatt-Löffels verzehrte, faßte ich doch mehr Zutrauen zu ihm und lud mich ohne Umstände für den nächsten Morgen zum Frühstück bei ihm ein — schlechter konnte es mir ja keinesfalls ergehen.

Abends machte man mir in meiner Kammer auf dem Boden ein recht gutes Bett zurecht, vergaß aber leider das Musquito-Netz. In Folge dessen konnte ich die ganze Nacht kein Auge schließen.

Bevor ich mich zur Ruhe begab, ersuchte ich meinen Wirth, mir Morgens eine Tasse Milchkaffee in mein Zimmer zu schicken. Was brachte man mir aber? Ein Waschbecken voll Milch und etwas Zucker, allein weder Kaffee, noch Tasse, noch Löffel. Das Waschbecken benahm mir natürlich alle Lust an der sonst ganz gut aussehenden Milch. Ich fragte nach dem Kaffee — da sah ich, daß man erst darnach suchte, daß er erst gebrannt werden sollte. Ich dankte für Milch und Kaffee, nahm Abschied von meinem gastfreundlichen Wirthe und begab mich abermals ohne Frühstück auf den Weg.

Wir fuhren in einem Kahn auf dem hübschen Flusse Joondro, der sich eine halbe Meile von hier in die See ergießt, nach der Behausung des Pariser Malegaschen. Er bewohnte ein hübsches Haus, kam mir schon von weitem entgegen und führte mich sogleich in den Speisesaal, wo ich zu meiner großen Freude den Tisch auf europäische Weise gedeckt und mit einem reichlichen guten Mahl besetzt fand.

Dieser junge Mann zeichnete sich überhaupt von jenen seiner Landsleute, die gleich ihm in Bourbon oder Europa gewesen waren, sehr vortheilhaft aus. Ich glaube, er ist der einzige, der sich nicht bestrebt, alles, was er in Europa gelernt hat, so rasch als möglich wieder zu vergessen. Ich fragte ihn, ob er Paris nicht vermisse, ob er kein Verlangen darnach habe, dort zu leben. Er erwiederte mir, daß er freilich gerne in einem civilisirten Lande leben möchte, daß aber andererseits Madagaskar sein Vaterland sei, und daß er seine ganze Familie hier habe, von welcher sich zu trennen er sich nicht entschließen könne.

Man sah es ihm an, daß dieß keine leeren Worte waren, daß er auch fühlte, was er sprach. Dieß überraschte mich sehr, denn im allgemeinen ist nichts lächerlicher, als wenn ein Malegasche von seiner Familie, von Familien-Banden spricht. Ich kenne kein sittenloseres Volk als das von Madagaskar, und wo ähnliche Sitten-Verderbniß herrscht, können die Familien-Bande nur höchst lose sein.

Meine Feder erlaubt mir nicht, eine Beschreibung zu geben von den vielen unsittlichen Gebräuchen, die nicht blos unter dem Volke, sondern in den höchsten Familien des Landes üblich sind, und welche den Leuten ganz natürlich erscheinen; ich kann nur sagen, daß die Keuschheit einer Frau hier nicht den geringsten Werth hat, und daß, was Ehen und Nachkommenschaft anbelangt, so sonderbare Gesetze herrschen, wie gewiß nirgends in der Welt. So kann sich z. B. der Mann von seinem Weibe scheiden lassen und ein anderes nehmen, so oft er will. Die Frau kann zwar auch mit einem anderen Manne leben, darf sich jedoch nicht wieder verheirathen; alle Kinder aber, die sie gebiert, nachdem sie von ihrem ersten Manne geschieden ist, werden dessenungeachtet als diesem angehörig betrachtet. Der eigentliche Vater hat nicht das geringste Recht auf sie, und die Mutter muß sie ihrem ersten Gatten auf dessen Verlangen augenblicklich ausliefern. Auch wenn der Mann stirbt, werden alle Kinder, die seine Witwe in der Folge gebiert, dem Verstorbenen zuerkannt. Diesem Gesetze zufolge kommt es, daß der Prinz Rakoto, Sohn der Königin Ranavola, obwohl erst lange Zeit nach König Radama's Tode geboren, dennoch als dessen Sohn gilt.

Sehr häufig geschieht es auch, daß Männer, die von ihren Frauen keine Kinder haben, sich mit Mädchen in gesegneten Umständen verheirathen, um ein Kind zu bekommen und es das ihrige nennen zu können. Diese Sucht nach Nachkommenschaft wird durch ein Gesetz veranlaßt, welches dem Staat das Vermögen jedes Mannes zuerkennt, der kinderlos stirbt.

Unter solchen Verhältnissen von Familien-Banden zu sprechen, klingt natürlich sehr komisch, und hätte ich nicht bei verschiedenen Gelegenheiten an meinem Wirthe eine wirklich seltene Gemächlichkeit beobachtet, so würde ich seinen Aeußerungen wenig Glauben geschenkt haben.

Ich unterhielt mich viel mit ihm und fragte ihn ferner, ob er denn gar kein Bedürfnis fühle nach einem geistreichen Umgange, nach jenen angenehmen gesellschaftlichen Verhältnissen, wie sie in Europa bestehen; ob es ihm nicht schwer fiele, beständig unter diesen rohen, unkultivirten Menschen zu leben? — Er gestand mir zu, daß der gänzliche Mangel an Bildung bei seinen Landsleuten ihm deren Gesellschaft nicht sehr angenehm mache, daß er aber seine Zerstreuung in Büchern suche, die er lese und studire. Er nannte mir einige sehr gute Werke, welche er von Frankreich mitgebracht hatte.

Mir that es um diesen jungen Mann wirklich leid. Ich will gerade nicht behaupten, daß er sich durch besonderen Geist und Scharfsinn auszeichnet; aber er besitzt hinreichendes Talent und verbindet damit so viel Herz und Gemüth, daß er sich in jedem Lande der Welt Freunde erwerben würde. Schade um ihn — hier, bei gänzlicher Entbehrung jedes besseren Umganges wird er wohl auch wieder nach und nach ganz zum Malegaschen werden.

Ich blieb bei Herrn Ferdinand Fiche, so ist sein Name, einen Tag; das Wetter war fortwährend so schlecht, daß ich weder Spaziergänge machen, noch mich mit dem Insekten-Fange beschäftigen konnte. Am folgenden Tage kehrte ich nach Tamatavé zurück.

10. Kapitel.

Das Bad der Königin. — Soldaten und Offiziere. — Festessen und Ball. — Abreise von Tamatavé. — Zweiter Besuch Antandroroho's. — Vovong. — Die Fieber. — Andororanto. — Land und Kultur. — Lage des Volkes. — Manambotre. — Die schlechten Wege und die Träger. — Ambatvarana.

Am 13. Mai kam endlich Herr Lambert an. Den 15. Mai sah ich die Vorfeier des großen Festes „Bad der Königin." ‚Es ist dieses das einzige Nationalfest auf Madagaskar, und es wird in allen dem Scepter der Königin unterworfenen Ländern auf das großartigste gefeiert.

Ich habe das Fest selbst nicht gesehen, kann daher meinen Lesern nur die Beschreibung wiederholen, welche mir mehrere Augenzeugen davon gemacht haben. Es findet an dem ersten Tage jedes Jahres statt und ist daher eigentlich das madagaskarische Neujahrsfest; jedoch folgen die Madagaskaren nicht unserer Zeitrechnung. Sie theilen zwar auch das Jahr in zwölf Monate ein; jeder Monat hat aber nur die Dauer des Mondes, und wenn sich letzterer zwölfmal erneuert hat, ist das Jahr zu Ende.

Am Vorabend des Festes erscheinen bei Hofe alle jene hohen Offiziere, Adeligen und Chefs, welche die Königin einladen läßt; sie versammeln sich in einem großen Saale, eine Schüssel voll Reis, mit Honig vermischt, wird umhergereicht und jeder der Gäste nimmt davon mit den Fingern eine Prise und ißt sie. Darauf beschränkt sich für diesen Abend die ganze Feier. Am folgenden Morgen erscheint dieselbe Gesellschaft in demselben Saale. Sobald alles vereint ist, tritt die Königin hinter einen Vorhang, welcher in einer Ecke des Saales angebracht ist, entkleidet sich und läßt sich mit Wasser überschütten. Nachdem man sie wieder angekleidet hat, tritt sie hervor, in der Hand ein Ochsenhorn haltend, welches einiges von dem über sie gegossenen Wasser enthält, schüttet einen Theil desselben über die hohen Gäste, begibt sich hierauf in eine Gallerie, die nach dem Hofe des Palastes sieht und gießt den Rest über das daselbst aufgestellte Militär.

An diesem glücklichen Tage gibt es in dem ganzen Lande nichts als Festessen, Tanz, Gesang und Jubel bis tief in die Nacht hinein.

Das Fest währt acht Tage, welche von dem Tage des Bades zählen. Es ist Sitte, an dem ersten Tage so viele Ochsen zu schlachten, als man in den folgenden sieben zu verzehren gedenkt; wer nur immer einige Ochsen besitzt, schlachtet zu diesem Feste wenigstens einen. Die Armen tauschen ein Stück Fleisch gegen Reis, süße Kartoffeln, Tabak u.s.w. ein. Das Fleisch ist noch am achten Tage ziemlich frisch; es wird in lange feine Streifen geschnitten, welche eingesalzen und fest aufeinander gelegt werden.

Die Vorfeier des Festes findet acht Tage früher statt und besteht in militärischen Umzügen. Die Vergnügungssüchtigen beginnen schon mit diesem Tage das Fest und belustigen sich also während vierzehn Tagen — eine Woche vor und eine Woche nach dem Feste.

Das Militär, welches ich bei dem Umzuge in Tamatavé sah, gefiel mir ganz gut: die Soldaten machten ihre Schwenkungen und Uebungen ziemlich regelrecht, und die Musik fand ich wider Erwartung nicht nur anhörbar, sondern wirklich harmonisch. Schon vor mehreren Jahren hat die Königin einen europäischen Musiklehrer nebst allen Instrumenten kommen und ihren ergebenen Unterthanen die musikalischen Kenntnisse wahrscheinlich einbläuen lassen. Es ist ihr gelungen, und viele der Schüler sind schon zu Lehrern geworden und unterrichten ihre Landsleute.

Die Soldaten waren einfach, nett und vollkommen gleich gekleidet. Sie trugen ein enge anliegendes Oberkleid von weißem Zeuge, das bis an die Brust und über einen Theil der Schenkel reichte. Die Brust selbst war unbedeckt und das glänzendweiße Riemzeug der Patrontasche stach grell von der schwarzen Hautfarbe ab, was einen ganz hübschen Effekt machte. Den Kopf hatten sie ebenfalls unbedeckt. Ihre Waffen bestanden aus einem Gewehre und aus der landesüblichen Lanze, „Sagaya" genannt.

Die Offiziere dagegen sahen höchst komisch aus; sie gingen in abgetragenen, europäischen Civil-Kleidern, die mich an die zur Zeit meiner Kindheit herrschenden Moden erinnerten. Zu diesen Kleidern denke man sich die häßlichen Gesichter, das wollig gekrauste Haar — es konnte wahrlich nichts Lächerlicheres geben, und ich bedauerte, kein Maler zu sein, denn ich hätte hier Stoff zu den drolligsten Karikaturen gefunden. Außer den Paraden und Uebungen gehen Offiziere wie Soldaten in der Tracht, die ihnen behagt. Die Soldaten wohnen in einer Art Kaserne, in deren Hofe die Uebungen und die Strafen abgehalten werden; der Eintritt in die Kaserne ist den Europäern auf das strengste untersagt.

Leicht kann die Königin von Madagaskar eine zahlreiche Armee besitzen. Es bedarf dazu blos ihres mächtigen Wortes, denn die Soldaten erhalten keinen Sold und müssen sich außerdem selbst nähren und kleiden. Sie verschaffen sich ihren Lebens-Unterhalt dadurch, daß sie mit Erlaubniß ihrer Vorgesetzten auf Arbeit, oder auch nach ihrer Heimath gehen, ihr Feld zu bebauen. Um aber die Erlaubniß des Offiziers für oft wiederholte Entfernungen zu erlangen, muß der Soldat diesem einen Theil seines Gewinnes, wenigstens einen Thaler pr. Jahr, abgeben. Die Offiziere sind nämlich meistens nicht viel reicher als die Soldaten; sie erhalten zwar, gleich den Civil-Beamten, für ihre Dienstleistungen eine Entschädigung von den Einkünften des Zolles; diese Entschädigung ist aber so gering, daß sie davon nicht leben können und gezwungen sind, ihre Zuflucht zu anderen Auswegen, leider nicht immer zu den ehrlichsten, zu nehmen.

Von den Einkünften des Zolles soll, dem Gesetze nach, ein ganz kleiner Theil auch auf den gemeinen Soldaten abfallen; wie man mir aber sagte, finden die Offiziere den Betrag, der durch ihre Hände geht, wahrscheinlich zu unbedeutend, um sich die Mühe zu geben, ihren Untergebenen davon Rechenschaft abzulegen, und sie behalten ihn lieber für sich selbst, so daß der arme Soldat, der keine Arbeit findet oder zu weit von seiner Heimath entfernt ist, um von Zeit zu Zeit dahin gehen zu können, im buchstäblichen Sinne des Wortes Gefahr läuft Hungers zu sterben. Er muß sich mit Kräutern und Wurzeln, mit allen denkbaren, oft sehr ekelhaften Dingen zu ernähren suchen und sich glücklich schätzen, wenn er zeitweise eine Handvoll Reis empfängt. Er wirft diesen in ein großes mit Wasser gefülltes Gefäß, trinkt des Tages über das magere Reiswasser und erlaubt sich nur Abends eine Handvoll Körner zu genießen. Dagegen entschädigt er sich im Kriege, sobald er auf feindlichem Boden ist, für die erlittenen Entbehrungen. Da wird alles geraubt und geplündert, die Dörfer werden in Asche verwandelt und die Bewohner getödtet oder gefangen mitgeschleppt und als Sklaven verkauft.

Nach der Parade zogen die Offiziere in Begleitung der Musik vor unserem (oder besser gesagt, vor Mademoiselle Julie's) Hause auf, um Herrn Lambert zu begrüßen, und im Namen der Königin zu einem Festessen einzuladen. Dieß ist die einzige Ausgabe, welche die Königin für Personen macht, die sie auszeichnen will.

Herr Lambert bewirthete die Offiziere mit guten Weinen, worauf sie unter Abspielung der Volkshymne, die wirklich ganz musikalisch klang, wieder abzogen.

Am 17. Mai fand das feierliche Mittagessen in dem Hause des ersten Richters statt. Die Stunde war für 3 Uhr gegeben, aber erst um 5 Uhr kam man, uns abzuholen. Wir begaben uns nach dem Hause, welches in der Mitte eines umzäunten großen Platzes oder Hofes lag. Von dem Eingange des Hofes bis an die Thüre des Hauses bildeten die Soldaten Spalier und während unseres Durchzuges spielte das Musikcorps die Volkshymne. Man führte uns unmittelbar nach dem Speisesaale, vor dessen Thüre zwei Schildwachen mit gekreuzten Gewehren standen, was jedoch keineswegs verhinderte, daß jeder, der nur irgend Lust dazu hatte, ganz ruhig aus- und einging.

Die Gesellschaft, aus ungefähr dreißig Personen bestehend, war bereits versammelt, um den Hauptgast, Herrn Lambert, gebührend zu empfangen.

Der erste Gouverneur, zugleich Kommandant von Tamatavé, trug schwarze europäische Kleidung und über der Brust ein breites, rothes Atlas-Band, einem Ordens-Bande ähnlich (merkwürdiger Weise gibt es auf Madagaskar noch keine Orden); der zweite Gouverneur hatte eine alte europäische Uniform an von verschossenem, himmelblauen Seiden-Sammt und reich mit Gold gestickt. Die übrigen Herren waren alle ebenfalls auf europäische Art gekleidet.

Die Tafel prangte mit Fleischgerichten aller Art, mit zahmem und wildem Geflügel, mit Fischen und anderen See-Produkten; ich glaube nicht zu übertreiben, wenn ich behaupte, daß es über vierzig große und kleine Schüsseln gab. Das Haupt-Schaustück war der Kopf eines ziemlich groß gewachsenen Kalbes, den man aber von Fleisch so entblößt hatte, daß er vollkommen einem Todtenschädel glich, was gerade keinen appetitlichen Anblick gewährte. Auch Getränke gab es in Menge: französische und portugisische Weine, englische Biere u.s.w. Nach den Fleischgerichten wurde schlecht zubereitetes kleines Backwerk aller Art servirt und zum Schlusse Früchte und Champagner-Wein, letzterer in solchem Ueberflusse, daß man ihn gleich aus den Wassergläsern trank.

Soviel ich bemerken konnte, waren sämmtliche Gäste mit ausgezeichnetem Appetit versehen, vergaßen aber über dein Essen keineswegs des Trinkens, was die unzähligen Toaste bewiesen.

Wenn die Gesundheit des Kommandanten, des zweiten Gouverneurs, oder eines abwesenden Prinzen ausgebracht wurde, ging jedesmal einer der Offiziere vor die Thüre und schrie den im Hofe aufgestellten Soldaten aus voller Kehle zu, wessen Gesundheit es galt. Die Musik begann dann zu spielen und sämmtliche Herren erhoben sich und tranken.

Das Diner währte vier volle Stunden. Erst um 9 Uhr Abends verließen wir die Tafel und begaben uns in ein anstoßendes Zimmer, wo abermals englisches Bier gereicht wurde. Hierauf führten zu meinem größten Erstaunen zwei der höchsten Offiziere eine Art Contre-Tanz auf — andere folgten ihrem Beispiele und tanzten eine Polka. Ich dachte im Anfang, diese Tanzlust sei eine Folge des genossenen Champagners, Herr Lambert belehrte mich jedoch eines besseren und sagte mir, daß diese Tänze zur Etiquette gehörten. So sonderbar mir dieser Gebrauch vorkam, so sehr belustigten mich die grotesken Figuren der Tänzer, und es that mir leid, daß sie dieses Vergnügen nicht länger fortsetzten.

Zum Schlusse der erhabenen Feierlichkeit wurde mit Anis-Liqueur unter Abspielung der Volkshymne ein Toast auf das Wohl der Königin ausgebracht. Nach dem königlichem Toaste darf nichts weiter unternommen werden, da dieß eine Entheiligung Ihrer Majestät wäre, die sich gleich ihrem verstorbenen Gemahle von dem Volke beinahe göttlich verehren läßt.

Wir brachen nun auf; als ich aber meinen Sonnenschirm nehmen wollte, den ich bei der Ankunft in eine Ecke des Speisesaales gestellt hatte, war er verschwunden — er hatte das Schicksal meiner Uhr getheilt.

Obwohl Diebstähle sehr strenge, ja häufig mit dem Tode bestraft werden und obgleich man jeden Dieb, den man auf der That ertappt, erschlagen kann, ohne sich bei dem Gerichte rechtfertigen zu müssen, so wird doch in Tamatavé mehr gestohlen als irgendwo.

Wie ich bereits erwähnt habe, gehört es nicht unter die seltenen Fälle, daß Offiziere und Beamte Antheil an nächtlichen Einbrüchen nehmen. Vor einigen Jahren wurde in Tamatavé ein ziemlich bedeutender Raub ausgeführt und die meisten der gestohlenen Gegenstände wurden bei einem Offiziere gefunden. Der Beraubte erhielt bei weitem nicht sein ganzes Gut, sondern nur einen Theil davon zurück und diesen mit dem Bedeuten, von dem Raube nicht zu sprechen, wenn er sich nicht den größten Unannehmlichkeiten aussetzen wolle. Damit war die Sache abgethan.

Es geht auch selten Jemand zu Gerichte, um einen Diebstahl anzuzeigen. Für Kleinigkeiten lohnt es sich nicht der Mühe, um so mehr als das Gericht nur selten den Dieb auffindet, und bei bedeutenderen Diebstählen sind gewöhnlich hochgestellte Personen im Spiele, gegen welche es gefährlich wäre, eine Klage zu führen.

Daß die Soldaten zu den größten Dieben gehören, ist bei ihrer armseligen Lage leicht zu begreifen. Der Offizier, der Beamte erhält freilich nur einen sehr geringen Sold; aber er erhält doch wenigstens etwas. Dabei ist er Kaufmann oder Landbesitzer, hat Sklaven, die für ihn arbeiten und zieht selbst aus den ihm untergebenen Soldaten Nutzen. Der arme gemeine Soldat dagegen erhält gewöhnlich gar nichts, und Hungers zu sterben kann man denn doch billiger Weise nicht von ihm verlangen.

Am 19. Mai traten wir endlich die Reise nach Tananariva, der Hauptstadt des Landes an. Die Reisegesellschaft bestand aus Herrn Lambert, Herrn Marius und mir. Herr Marius, ein geborner Franzose, lebt schon seit zwanzig Jahren auf Madagaskar; er machte die Reise aus Freundschaft für Herrn Lambert mit, und übernahm das Amt des Dolmetschers, so wie die Leitung der ganzen Reise — eine Gefälligkeit, die für uns von unberechenbarem Werthe war.

Schon den ganzen Tag zuvor und die Hälfte des heutigen Tages war man vollauf beschäftigt gewesen, alle Kisten und Koffer, welche die Geschenke für die Königin, für den Prinzen Rakoto und unser eigenes Gepäck enthielten, in große trockene Blätter einzuhüllen, um sie gegen den Regen zu schützen.

Herr Lambert hatte die Geschenke für die Königin und ihren Hof auf eigene Rechnung und nicht, wie man in Mauritius behauptete, mit französischem Gelde gekauft. Sie bestanden aus vollständigen und überaus kostbaren Toiletten für die Königin und für einige der ihr verwandten Prinzessinnen, aus sehr reichen, in Gold gestickten Uniformen für den Prinzen Rakoto und aus werthvollen Kunstgegenständen aller Art, darunter viele Spieluhren, mehrere Drehorgeln u.s.w. Diese Geschenke hatten Herrn Lambert mehr als 200.000 Franken gekostet. Man benöthigte zu ihrer Fortschaffung nach der Hauptstadt über 400 Menschen, welche für diese Arbeit dieselbe Bezahlung erhielten wie die Soldaten, das heißt: gar keine — es war Frohndienst. In allen Dörfern, den ganzen Weg entlang, hatte man den Transport bereits angesagt, und die armen Träger mußten sich auf den bestimmten Stationen zur bestimmten Zeit einfinden.

Die Leute, die uns selbst und unser Gepäck trugen, an zweihundert an der Zahl, wurden von Herrn Lambert bezahlt. Die Taxe für einen Träger von Tamatavé nach Tananariva (220 Meilen) ist nur ein Thaler und die Leute haben sich dafür selbst zu verköstigen. Herr Lambert versprach ihnen außer dem Thaler auch noch eine gute Nahrung, wofür sie durch großen Jubel und durch Freudengeschrei ihre Dankbarkeit zu erkennen gaben.

Wir machten den ersten Tag nur sieben Meilen und übernachteten in Antandroroho, der Besitzung des jüngeren Sohnes von Mademoiselle Julie.

Hier sah es ganz anders aus, als an dem Tage, an welchem ich allein gekommen war. Ich bin gewiß weit davon entfernt, so albern und eingebildet zu sein, um zu erwarten, daß man mich auf dieselbe Art aufnehme, wie Herrn Lambert, den mächtigen Freund der Königin; aber ich fand den Unterschied denn doch etwas gar zu groß. Heute ging es ganz auf europäische Weise zu, und der Tisch war beinahe zu klein, alle Gerichte zu fassen.

So geht es bei allen Völkern der Welt — reiche Leute finden überall die freundlichsten Gesichter, die größte Zuvorkommenheit und Bereitwilligkeit; vor dem Unbemittelten jedoch wird die Maske abgenommen, und wer so reiset wie ich, der lernt die Menschen in ihrer wahren Natur kennen, die leider nur selten zu ihrem Lobe spricht.

Wie verschieden von der meinigen würde die Beschreibung einer Reise von der Feder des Herrn Lambert klingen? Welche Lobsprüche würde er der Gastfreundschaft derselben Bewohner ertheilen, von denen mir oft nur ein kalter unfreundlicher Empfang zu Theil geworden!

Der Achtung, mit welcher mich Herr Lambert behandelte, hatte ich es wahrscheinlich zu verdanken, daß ich diese Nacht ein Musquito-Netz über mein Bett erhielt.

20. Mai. Heute fuhren wir den ganzen Tag auf Seen und Flüssen. Von den ersteren war der größte der Nosive-See; er mag ungefähr elf Meilen lang und fünf Meilen breit sein. Von nicht viel geringerem Umfang sind der Nossamasay und der Rassaby. Als wir einem kleinen Inselchen in dem letzteren nahe kamen, fingen unsere Bootsleute plötzlich aus Leibeskräften zu schreien und zu schimpfen an. Ich dachte, es sei irgend ein Unglück vorgefallen; wie mir Herr Marius erzählte, war indeß die Ursache des Lärmens folgende: Vor vielen Jahren soll in der Nähe dieses See's ein Wunder weiblicher Schönheit gelebt haben, aber auf nichts weniger als tugendhafte Art. Diese madagaskarische Messaline gelangte zu einer großen Berühmtheit, durch welche sie sich sehr geschmeichelt fand. Sie starb jung und, um ihr Andenken der Nachwelt zu bewahren, bat sie auf dem Todtenbette ihre zahlreichen Verehrer, sie auf diesem Inselchen zu begraben, und jedesmal, wenn sie vorüberführen, ihr zur Erinnerung so laut zu schreien und zu schimpfen, als sie könnten.

Ihre Verehrer thaten es und nach und nach wurde daraus eine allgemeine Sitte.

Die anderen Seen, die wir noch zu durchfahren hatten, waren sehr klein, eben so die Flüsse. Viel Zeitverlust wurde dadurch verursacht, daß von diesen verschiedenen Wasserstraßen nur wenige in unmittelbarer Verbindung mit einander standen. Beinahe zwischen jedem See und Flusse lag eine kleine Strecke festen Landes von 100 bis 1000 Schritten, so daß unsere Boote jedesmal ausgeladen und weiter getragen werden mußten. Es war dieß ein hartes Tagewerk für unsere Leute. Doch hatten sie wenigstens auf dieser Reise die Entschädigung einer guten Nahrung. Herr Lambert sorgte wirklich väterlich für sie — es gab immer frisches Fleisch und Reis im Ueberfluß.

Unser Weg führte unweit der Meeresküste hin, so daß wir die Brandung beinahe beständig hörten. Das Land war flach und einförmig, aber nichts destoweniger anziehend durch die reiche Vegetation; wir sahen sehr schöne Waldungen und eine Menge von Wasserpalmen.

Das Nachtquartier wurde in dem Dorfe Vovong in einem der Regierung zugehörigen Hause aufgeschlagen. Auf dem Wege von Tamatavé nach der Hauptstadt gibt es in vielen Dörfern ähnliche Häuser, welche jedem Reisenden offen stehen. Das Innere ist mit reinlichen Matten belegt, welche die Dorfbewohner zu liefern haben; eben so müssen sie für die gute Erhaltung und Ausbesserung der Häuser sorgen.

21. Mai. Auch heute fuhren wir zu Wasser, erst eine kurze Strecke auf dem Flusse Monsa, dann trugen unsere Leute das Boot gewiß eine halbe Meile weit, worauf wir uns wieder einschifften, und zwar auf einem ganz schmalen, von kleinen Bäumchen, von Gesträuchen und Wasserpflanzen so enge eingefaßten Flüßchen, daß wir mit dem Boote oft kaum hindurchkamen. Mich erinnerte diese Fahrt an ähnliche, die ich in Singapore und Borneo gemacht hatte, nur mit dem Unterschiede, daß es dort durch großartige Urwälder ging. Nach wenig Meilen gelangten wir in einen breiteren Fluß, dessen Wasser sich durch eine ganz besondere Reinheit und Durchsichtigkeit auszeichnete; die Gegenstände spiegelten sich so klar und vollkommen darin ab, wie ich es noch nie gesehen.

In diesen Niederungen und mit wenigen Ausnahmen auf dem ganzen Küstenlande Madagaskars ist das Klima höchst ungesund und höchst gefährlich wegen der Fieber. Der Hauptgrund mag darin zu suchen sein, daß das Land tief liegt, und die Flüsse an den Mündungen versanden. In der Regenzeit ergießt sich das Wasser widerstandslos über die weiten Ebenen und bildet Sümpfe und Moräste, durch deren Ausdünstungen in der heißen Jahreszeit, von November bis Ende April, der böse Fieberstoff entsteht. Selbst die Eingeborenen, welche im Innern der Insel in den gesunden Landstrichen leben, sind, wenn sie in der heißen Jahreszeit nach den Niederungen kommen, dem Fieber eben so unterworfen wie die Europäer. Von letzteren lernte ich in Tamatavé einige kennen, welche, obwohl schon seit drei oder vier Jahren daselbst lebend, immer noch während des Sommers von dem Fieber befallen wurden.

Unsere heutige Tagereise betrug höchstens acht bis neun Meilen. Wir hielten früh Nachmittags in dem Dorfe Andororanto an, um unser Gepäck zu erwarten, welches auf einem anderen Wege zu Land befördert worden war.

22. Mai. Diesen Morgen reisten wir noch drei Stunden zu Wasser auf dem Flusse Jark, welcher unweit des Dorfes, wo wir übernachtet hatten, in die See mündet. Dieser Fluß ist sehr breit, hat aber geringe Tiefe, seine Ufer sind abwechselnder als die der übrigen Flüsse, welche wir bisher beschifften. Die einförmigen Flächen fangen an, von kleinen Hügelparthien unterbrochen zu werden und im fernen Hintergrunds zeigt sich eine niedrige Gebirgskette.

An einer großen Biegung verließen wir den Fluß, die Boote blieben zurück, und es begann die eigentliche Landreise. Wir legten diesen Tag noch acht Meilen landeinwärts gegen Osten zurück. Der Weg war ziemlich gut, ausgenommen in der Nähe von einigen armseligen Dörfern, an welchen wir vorüberkamen.

So viel ich bisher von dem Lande gesehen habe, ist es, einige kleine Sandstrecken abgerechnet, überaus fruchtbar. Ueberall schießt das schönste Futtergras in Fülle auf. Die etwas höher gelegenen Ebenen sollen auch ganz vorzüglich zu Zuckerpflanzungen, und die an den Flüssen gelegenen zum Reisbau geeignet sein. Und doch lag alles brach. Die Bevölkerung ist so dünn gesäet, daß wir kaum alle drei bis vier Meilen ein unbedeutendes kleines Dörfchen zu Gesicht bekamen.

Freilich kann dieß nicht anders sein bei einer Regierung, deren ganze Bemühung dahin gerichtet scheint, das Land zu veröden und zu entvölkern. Auf Madagaskar besitzt beinahe Niemand Grund und Boden, als die Königin und der hohe Adel. Der Bauer kann zwar die Erde bearbeiten und besäen, wo er unbebautes Land findet, ohne um die Erlaubniß dazu anzufragen; er gewinnt aber dadurch kein Eigenthumsrecht, und der Besitzer kann ihm das Land, nachdem es bebaut ist, wieder abnehmen. Unter diesen Umständen und bei der allen wilden Völkern angeborenen Trägheit ist es nicht zu wundern, wenn der Bauer nur so viel Land bearbeitet als er zu seinem Unterhalt bedarf. Die Abgaben sind nicht drückend, der Bauer hat an die Regierung im Jahr ungefähr einen Centner Reis zu liefern. Desto drückender sind dagegen die Frohndienste und anderweitige Einrichtungen, durch welche der Bauer abgehalten wird, seinen Arbeiten gehörig obzuliegen.

Die Hauptkultur auf Madagaskar ist der Reisbau, welcher zweimal im Jahre stattfindet und wozu die Regierung jedes Mal einen Monat Zeit ausschreibt. Für ein thätiges Volk wäre dieß allerdings genug, um mit der Ernte und der neuen Pflanzung fertig zu werden; leider sind aber die Eingeborenen Madagaskars weit davon entfernt, thätig zu sein, es kommt daher häufig vor, daß der Monat verstrichen und die Arbeit nicht vollendet ist.

Nach Ablauf der vorgeschriebenen Zeit nimmt die Regierung die Männer in Anspruch, und zwar für alle denkbaren Dienste von mehr oder minder großer Wichtigkeit, wie dieß gerade der Königin oder den von ihr aufgestellten Beamten beliebt. Am schlechtesten sind jene daran, die an den Straßen wohnen, welche von den Seehäfen nach der Hauptstadt führen. Diese armen Leute haben so viele Frohndienste als Träger zu leisten, daß ihnen für den Landbau beinahe keine Zeit übrig bleibt. Viele verließen ihre Hütten und Felder, flohen landeinwärts, um dem lästigen Dienste zu entgehen, und die Dörfer fingen an menschenleer zu werden. Um dieß zu verhindern, verurtheilte die Königin jeden Flüchtling zur Todesstrafe, enthob dagegen die Bewohner der an den Straßen gelegenen Dörfer des Militärdienstes, welcher dem Volke von allen der verhaßteste ist. Einige kleine Dörfer wurden auch mit königlichen Sklaven bevölkert, die keine andere Verpflichtung haben, als Lasten zu tragen. Hätten die Leute blos die königlichen Güter und Waaren zu transportiren, so würde ihr Dienst keineswegs ein schwerer sein. Aber jeder Adelige, jeder Offizier verschafft sich Anweisungen auf ähnliche Dienstleistungen oder zwingt die Leute dazu auch ohne Anweisung. Klagen können sie nicht, denn wo würde ein Bauer in diesem Lande gegen einen Offizier oder Adeligen Recht erhalten? Sie verleben daher den größten Theil des Jahres auf der Straße.

In den Gegenden, wo keine Waaren und Güter zu tragen sind, werden sie zu anderen Arbeiten verwendet, und gibt es gerade keine, so beruft man sie (und in diesem Falle nicht blos die Männer, sondern auch Weiber und Kinder) nach diesem oder jenem Orte, um einem „Kabar" beizuwohnen. Man nennt so die öffentlichen Gerichts-Sitzungen, Berathungen, Verhöre, Aburtheilungen, Versammlungen des Volkes, um neue königliche Befehle und Gesetze zu vernehmen und dergleichen mehr.

Die Kabars werden manchmal an entfernten Orten abgehalten, so daß die armen Leute einige Tagereisen dahin zu machen haben. Auch werden die Gesetze nicht immer gleich verkündigt, sondern man verschiebt dieß oft von Tag zu Tag und hält die Berufenen mitunter wochenlang auf. Gar manche sterben bei solchen Gelegenheiten aus Hunger und Noth. Sie hatten sich nicht auf so lange Zeit mit Reis vorgesehen, Geld besitzen sie nicht; sie müssen also mit Wurzeln und Kräutern ihr Leben zu fristen suchen. Aber eben, daß sie zu Grunde gehen, das ist es, was die Königin, wie es scheint, bezwecken will, denn sie haßt sämmtliche Völker, die nicht ihres Stammes sind, und ihr größter Wunsch wäre wohl, sie alle mit einem Streiche vernichten zu können.

Was die Kultur des Landes anbetrifft, so gäbe es auf Mauritius und Bourbon Leute genug, welche bereit wären, große Pflanzungen anzulegen. Einige haben es auch versucht und weite Strecken Landes urbar gemacht und mit Zuckerrohr bepflanzt; sie stießen aber dabei auf die größten Schwierigkeiten. Da, wie ich bereits bemerkt habe, beinahe aller Grund und Boden der Königin oder den Adeligen gehört, so mußten sie sich vorerst mit einem der letzteren in's Einverständniß setzen, das heißt durch Geldgeschenke Protektion und die Erlaubniß erkaufen, auf fremdem Grunde eine Pflanzung anzulegen. Außerdem forderte ihnen die Regierung zehn Prozent von den Erträgnissen ab, und trotz dieser drückenden Opfer fanden sie keine Sicherheit und waren nicht viel besser daran, als die Eingeborenen, denn bei der Gerechtigkeit, die auf Madagaskar herrscht, konnte der Eigenthümer den mit dem Pflanzer gemachten Vertrag jeden Augenblick brechen und den Pflanzer fortjagen.

Manche haben auch in einer anderen Weise einen Vertrag mit der Königin selbst abgeschlossen. Sie lieferte den Grund, die Arbeitsleute, Holz, Eisen, mit einem Worte alles zu einer Pflanzung Nöthige. Der Pflanzer seinerseits verpflichtete sich, die Unternehmung in Gang zu bringen und die Arbeiter zu ernähren; der Ertrag sollte zu gleichen Theilen getheilt werden. Die Königin ist mehrere ähnliche Kontrakte eingegangen, hat sie aber nie eingehalten.

Zu König Radama's Zeiten war das Land, wie man mir sagte, ungleich stärker bevölkert. Unter der Regierung der jetzigen Königin sind nicht nur unzählige große Ortschaften bis auf einige wenige Hütten heruntergekommen, sondern viele sind ganz eingegangen — man zeigte uns häufig Plätze, wo einst schöne Dörfer existirt haben sollen.

Wir blieben in Manambotre über Nacht. Eine kurze Strecke von diesem Dorfe kamen wir an einer Stelle vorüber, auf welcher hie und da große Felsstücke lagen — eine Erscheinung, die uns in dieser Gegend sehr befremdete, denn der Boden bestand weit und breit blos aus Erde, in welcher auch nicht der kleinste Stein zu finden war.

Herr Lambert ließ diesen Abend für unser Gefolge zwei Ochsen schlachten. Man zog sie an Stricken, die man ihnen um die Hörner geschlungen hatte, vor unsere Hütte; mehrere Männer schlichen sich, mit Messern bewaffnet, von rückwärts an sie an und schnitten ihnen die Sehnen der Hinterfüße durch. Die armen Thiere sanken kraftlos zusammen und konnten ohne Gefahr getödtet werden. Wie ich schon bemerkt habe, zieht man ihnen die Haut nicht ab; sie wird mit dem Fleische gebraten, ja die Eingeborenen ziehen sie sogar letzterem vor, weil das meiste Fett daran sitzt. Die Ochsen sind groß und schön und sehr zahmer Natur, sie gehören zu dem Geschlechte der Buckelochsen.

23. Mai. Heute begannen die schlechten Wege. Mich erschreckten sie nicht, denn auf meinen vielen Reisen, z. B. auf Island bei der Besteigung des Hekla, in Kurdistan, in Sumatra und in anderen Ländern habe ich noch ungleich schlechtere angetroffen; aber meinen Reisegefährten schienen sie Entsetzen einzuflößen. Das Land ist hier nämlich in einer Weise wellenförmig gestaltet, daß es aus lauter hohen, ziemlich steilen Hügeln besteht, welche enge aneinander geschoben sind und kaum einige hundert Fuß breites ebenes Land Zwischenraum haben. Die Wege, anstatt längs der Seiten der Abhänge hin zu führen, gehen senkrecht auf und nieder und der Boden ist weiche Lehmerde, welche, wenn es regnet, so schlüpfrig und glatt wird wie Eis. Dabei fehlt es nicht an tiefen Löchern, die von Tausenden aus dem Innern kommender Ochsen gemacht werden.

Ich konnte nicht genug unsere Träger bewundern. Es gehört wirklich ungewöhnliche Kraft und Geschicklichkeit dazu, auf solchen Wegen schwere Lasten zu tragen. Jene, welche meine kleine, magere Person fortzuschaffen hatten, waren noch die Glücklichsten. Ich wurde ihnen beinahe böse — sie spazierten mit mir Berg auf, Berg ab, als wäre ich eine Person ohne alles Gewicht, und das ist denn doch nicht so ganz der Fall. Nun erst, wenn es in der Fläche fortging! Da rannten sie förmlich, und ich suchte vergebens, sie durch alle denkbaren Zeichen zu bewegen, ihr Feuer ein wenig zu mäßigen, denn die langen und raschen Doppelschritte, die sie machten, waren so unangenehm, wie der Trab eines stark stoßenden Gaules.

Die Hügel standen voll schönen Grases, einige waren auch mit Gehölzen bedeckt. Unter letzteren gab es viel Bambusrohr, dessen zarte Blätterbüschel von saftig-lichtgrauer Farbe in einer Frische prangten, wie ich es noch nirgends gesehen. Gleich Licht und Schatten in einem Bilde stand neben dem hellen Bambusrohr die Rafia-Palme mit ihren federartigen, 15 Fuß langen, dunklen Blättern. Diese Palme ist für die Eingeborenen von großem Werthe, denn aus den Fasern ihrer Blätter flechten sie die Rabanetas, jene groben Matten, deren ich in Tamatavé erwähnt habe.

Von der Wasserpalme sah ich einige prachtvolle Exemplare. Sie gedeiht hier im Innern des Landes viel besser als an der Meeresküste. Ich erinnere mich in einigen Beschreibungen gelesen zu haben, daß diese Palmen nur an Orten vorkämen, wo es an Wasser fehle und daß man sie Wasserpalme oder auch Palme der Reisenden nenne, weil zwischen jedem Blatte und dem Stamme sich etwas Wasser ansammle, welches dem vom Durste gequälten Reisenden zu großer Erquickung diene. Die Eingeborenen behaupten im Gegentheile, daß diese Palme nur auf feuchtem Grunde wachse und daß immer Wasser in ihrer Nähe zu finden sei. Ich hatte leider nicht Gelegenheit, näher zu untersuchen, welche von diesen beiden Behauptungen die richtige ist; doch wird hoffentlich einmal eine Zeit kommen, in der die Botaniker nach Herzenslust die große Insel durchforschen und nicht blos diese, sondern auch viele andere naturhistorische und geographische Fragen werden entschieden werden.

Eine Palme, die auf Madagaskar ebenfalls vorzüglich gedeiht, ist die Sago-Palme. Sonderbarer Weise verachten die Eingeborenen ihr Mark, obgleich sie sonst in der Wahl der Lebensmittel durchaus nicht schwierig sind, denn sie verzehren nicht blos Kräuter und Wurzeln, sondern auch Insekten und Würmer.

Die Zeit verging mir heute sehr rasch; auf jedem Hügel, jedem Berge genoß man neue schöne Ansichten. Die Bevölkerung aber wurde immer dünner; wir kamen im Laufe des Tages nur an sehr wenigen und ganz unbedeutenden Ortschaften vorüber.

Die Nacht brachten wir in dem Dorfe Ambatoarana zu. Ueberall war man von der Ankunft Herrn Lambert bereits unterrichtet, und da man wußte, daß er bei der Königin in sehr hohem Ansehen stand, so empfingen ihn die Bewohner jedes Dorfes mit den größten Ehrenbezeigungen und beeiferten sich die Gunst des einflußreichen Mannes zu gewinnen. Auch hier machte uns der Vorsteher sogleich seine Aufwartung und beschenkte Herrn Lambert im Namen seiner Gemeinde mit zwei Ochsen nebst einer großen Menge Reis und Geflügel. Herr Lambert nahm diese Gaben an, machte aber Gegengeschenke, die den Werth jener weit übertrafen.

11. Kapitel.

Feier des National-Festes. — Gesang und Tanz. — Beforona. — Die Hochebene Ankay. — Das Gebiet von Emir. — Feierlicher Empfang. — Ambatomango. — Das Sikidy. — Der Triumphzug. — Ankunft in Tananariva.

24. Mai. Seit 24 Stunden hatte es nicht geregnet und in Folge dessen fanden wir die Wege etwas besser als gestern, auch waren die Hügel minder hoch und steil.

Wir theilten unsere Tagereise gewöhnlich in zwei Abtheilungen ein: mit Tagesanbruch machten wir uns auf den Weg, nach drei- bis vierstündigem Marsche hielten wir an, um das Frühstück einzunehmen, welches aus Reis und Hühnern bestand, gewöhnlich aber durch einige Stücke wilden Geflügels, darunter sehr häufig schwarze Papageien und andere wunderschöne Vögel, vermehrt wurde, die Herr Lambert unterwegs schoß. Nach ungefähr zweistündiger Rast ging es an die zweite Abtheilung, die meistens der ersten gleich war.

Heute blieb es aber bei der ersten Abtheilung, und zwar dem großen National-Feste zu Ehren, das mit diesem Tage begann. Die Königin hatte ohne Zweifel am selben Morgen das glückbringende Neujahrs-Bad genommen. Herr Lambert wollte unsere Leute nicht des Vergnügens berauben, sich an der Feier dieses Festes zu betheiligen, wir hielten daher schon um 10 Uhr Morgens in dem Dorfe Ampatsiba an.

Das erste Geschäft war: die Ochsen zu schlachten. Es wurden zwar nicht, wie es die Regeln des Festes eigentlich verlangen, so viele geschlachtet als für den Fleischbedarf dieses und der folgenden sieben Tage nöthig gewesen wären. Die Leute hätten einen so großen Vorrath nicht mitschleppen können; fünf der schönsten Thiere wurden aber dennoch dem Feste geopfert, denn Herr Lambert bewirthete nicht nur unsere Leute, sondern das ganze Dorf. Abends versammelten sich gewiß 4 bis 500 Menschen, Männer, Weiber und Kinder, vor unseren Hütten, und um die Freuden des Festes vollständig zu machen, ließ ihnen Herr Lambert ihr Lieblings-Getränk „Besa-Besa" kredenzen. Dieses für meinen Gaumen nichts weniger als schmackhafte Getränk besteht aus dem Safte des Zuckerrohres, aus Wasser und aus der bitteren Rinde Afatraina. Man schüttet erst das Wasser in den Zuckerrohrsaft, läßt dieses Gemisch gähren, gibt dann die Rinde hinzu und wartet eine abermalige Gährung ab. Der festliche Tag und wohl mehr noch der Genuß des Besa-Besa erregte in dem Völkchen eine so fröhliche Stimmung, daß es uns aus eigenem Antriebe seine Gesänge und Tänze zum besten gab; leider waren die einen so abgeschmackt als die anderen.

Einige der Mädchen schlugen mit kleinen Stäbchen aus voller Kraft auf ein großes Bambusrohr, andere sangen, oder besser gesagt, heulten dazu so stark sie konnten — es war ein wahrhaft höllischer Lärm. Zwei dieser schwarzen Schönheiten tanzten, das heißt, sie bewegten sich auf einem kleinen Raume langsam hin und her, hoben die Arme halb in die Höhe und drehten die Hände bald nach außen, bald nach innen.

Von den Männern ließ sich nur einer herbei, uns sein Talent als Tänzer zu zeigen. Wahrscheinlich war er der „Lion" des Dorfes. Er trippelte ungefähr auf dieselbe Art umher, wie seine reizenden Vorgängerinnen, nur etwas lebendiger. So oft er sich einem der Weiber oder Mädchen näherte, erlaubte er sich trotz unserer Gegenwart höchst ausdrucksvolle Geberden, welche, wie dieß freilich auch bei den öffentlichen Bällen in Paris der Fall ist, von der gesammten Gesellschaft mit dem größten Beifalle aufgenommen und mit schallendem Gelächter belohnt wurden.

Ich sah bei dieser Gelegenheit, daß sich die Eingeborenen nicht des Rauch-, sondern des Schnupf-Tabakes bedienen. Sie führen aber die Prise nicht nach der Nase, sondern nach dem Munde. Männer und Weiber genießen den Tabak auf diese Weise.

Wenn ich behauptet habe, daß das Bad der Königin das einzige Fest auf Madagaskar sei, so habe ich insofern Recht, als es das einzige ist, welches allgemein gefeiert wird; die Eingeborenen halten aber auch noch bei einer anderen Gelegenheit große Festlichkeiten ab, und zwar bei der Beschneidung ihrer Kinder. Die Beschneidung findet in größeren Ortschaften statt, welche von der Regierung dazu bezeichnet werden und nach welchen zu einer bestimmten Zeit im Jahre die Eltern ihre Kinder zu bringen haben. Die glücklichen Väter laden zu diesem Feste ihre Verwandten und Freunde ein und erlustigen sich an Musik und Tanz, Essen und Trinken, so lange es die mitgebrachten Vorräthe an Ochsenfleisch, Reis und Besa-Besa gestatten.

25. Mai. Nach dem fröhlichen Tage von gestern hatten unsere Träger heute einen desto härteren; die Hügel waren sehr steil und bedeutend höher als bisher (5 bis 600 Fuß). Glücklicherweise hatte es nicht geregnet und auf den trockenen Wegen ging das Klettern noch so ziemlich.

Sämmtliche Hügel und Berge waren von Urwald bedeckt. Doch suchte ich vergebens nach jenen hohen, kräftigen Bäumen, wie ich sie in den Urwäldern Sumatra's oder Borneo's und selbst Amerika's gesehen hatte. Die dicksten Stamme mochten kaum 4 Fuß Durchmesser, die höchsten Bäume nicht mehr als 100 Fuß Höhe haben. Auch an Blumen, besonders Orchideen und an Schlingpflanzen herrschte nur geringer Reichthum, und das einzige, was diese Wälder auszeichnet, waren die kräftigen und mannigfaltigen Farrenkräuter, die Madagaskar mit Mauritius gemein hat. Man sagte mir, daß in der Nähe der Straße alle hohen Bäume bereits umgehauen worden seien, daß es aber tiefer im Innern der Wälder überaus schöne Exemplare gebe, und auch nicht an Schlingpflanzen, Orchideen u.s.w. fehle.

Von einigen der höheren Berge, die wir bestiegen, genoßen wir herrliche Ansichten ganz eigener Art; noch habe ich keinen so großen Landstrich gesehen, der gleich diesem aus nichts als Hügeln, Bergen und schmalen Schluchten besteht und keine einzige Fläche aufzuweisen hat. Zweimal erblickten wir die See in weiter Ferne.

Diese Gegend müßte sich trefflich zum Kaffeebau eignen, denn der Kaffeebaum gedeiht am besten auf steil abfallenden Hügeln. Auch für Viehzucht, besonders Schafzucht, soll sie sehr geeignet sein. In künftigen Zeiten mögen hier vielleicht die schönsten Pflanzungen entstehen und Leben und Abwechslung in diese prachtvolle Landschaft bringen — heutzutage ist leider alles öde und menschenleer, kaum daß wir hie und da eine elende Hütte, halb im Gebüsche verborgen, entdeckten. Wir schliefen in dem Dorfe Beforona.

26. Mai. Die heutige Reise ist eine vollständige Wiederholung der gestrigen, nur mit der Abwechselung, daß wir in einem steil aufsteigenden Hohlwege einem Triebe Ochsen begegneten. Es war grausig anzusehen, wie die Thiere herunterkletterten; beinahe auf jedem Schritte glitten sie aus, und jeden Augenblick meinte ich, sie müßten auf uns herabstürzen. Mit Mühe fanden wir ein Plätzchen, wo wir uns so viel an die Seite drücken konnten, um sie vorüberzulassen.

Ziemlich spät Nachmittags erreichten mir unsere Nachtstation, ein ganz kleines Dörfchen mit einem desto größeren Namen, es hieß: Alamajaotra.

27. Mai. Die Hügel waren minder hoch und steil, die Schluchten und Thäler etwas breiter und die Wege besser. Einige Meilen vor der Nachtstation, auf dem einzigen höheren Berge, über welchen unser heutiger Weg führte, hörte die waldige Region plötzlich auf und eine wunderschöne Landschaft entfaltete sich vor unseren Blicken. Im Vordergrunde erhob sich in wellenförmigen Linien von Norden nach Süden eine Hügelkette, welche wir von unserem hohen Standpunkte vollkommen gut übersehen konnten, und hinter dieser die herrliche Hochebene Ankay, deren Breite wenigstens 15 Meilen beträgt und deren Länge von Norden nach Süden noch viel bedeutender ist. Gegen Osten im Hintergrunde schloßen zwei niedrige Gebirgsketten den Horizont. Unsere Nachtstation hieß: Maramaya.

28. Mai. Wir erstiegen die Hochebene Ankay, auf welcher wir ziemlich gute Wege fanden, so daß unsere Reise sehr rasch von statten ging; dagegen verloren wir viel Zeit mit dem Uebersetzen des Flusses Mangor. Es waren zur Ueberfahrt nur einige ausgehöhlte Baumstämme vorhanden, deren jeder kaum drei oder vier Personen faßte; es währte daher einige Stunden, bis unser zahlreiches Gefolge und sämmtliches Gepäck überschifft war. Die Flüsse, die ich bisher auf Madagaskar gesehen habe, den Mangor mit eingeschlossen, sind mitunter sehr breit, haben aber keine Tiefe — die größten könnte ein Schiff von 50 Tonnen nicht befahren. Die Gewässer sind sehr bevölkert, aber leider weniger von Fischen als von Kaimans.

Wir überstiegen die niedrige Gebirgskette Efody, dann schlängelte sich der Weg bis an das Dorf Ambodinangano, wo wir die Nacht verbrachten, durch niedliche kleine Thäler.

Schon an mehreren Orten hatte ich aufrechtstehende große Steine bemerkt, die stets einige Meilen von den Ortschaften entfernt errichtet waren. Die einen dienen, wie man mir sagte, als Grabes-Monumente, die anderen, um die Stellen zu bezeichnen, an welchen die wöchentlichen Märkte abgehalten werden. Es scheint wirklich, als wären die Bewohner Madagaskar's besonders darauf bedacht, alles anders zu machen, als die übrigen Menschen. So halten sie auch die Märkte anstatt in ihren Dörfern auf einsamen öden Plätzen, die meilenweit von jeder menschlichen Wohnung entfernt liegen.

29. Mai. Heute hatten meine Reisegefährten vollkommen Recht mit ihren Klagen über die Wege; letztere waren so schlecht, daß ich trotz meiner in dieser Beziehung gemachten Erfahrungen zugeben mußte, nicht viel ähnliche gesehen zu haben. Es handelte sich um die Uebersteigung der zweiten kleinen Gebirgskette von Efody, deren Auf- und Niedergang über alle Maßen steil war. Selbst meine Träger schienen es heute zu fühlen, daß mein Körper etwas irdischer Natur und nicht aus Luft zusammengesetzt ist. Sie schleppten mich gar mühsam über die schroffen Höhen, und von Zeit zu Zeit erlaubten sie sich sogar einen kurzen Halt, um Athem zu schöpfen und neue Kräfte zu sammeln.

Nach dem Uebergange dieser Gebirgskette betraten wir das Gebiet von Emir, das Stammland der Hovas, in dessen Mitte die Hauptstadt der ganzen Insel liegt.

Das Gebiet von Emir besteht aus einer großen herrlichen Hochebene, die sich an 4000 Fuß über die Meeresfläche erhebt. Viele vereinzelte Hügel steigen aus ihr empor. Die Waldungen hören nun auf; dagegen beginnt, je mehr man sich der Hauptstadt nähert, einige Kultur, das heißt Reisbau. Wo es keine Reisfelder gibt, ist der Boden mit dem kurzen bitterschmeckenden Grase bedeckt, dessen ich viel auf Sumatra gefunden, und welches leider nicht von dem geringsten Nutzen ist, da es das Vieh nicht liebt.

Sehr bevölkert scheint das Gebiet von Emir auch nicht zu sein, und ich suchte, selbst in der Nähe der Reisfelder, oft vergebens nach Ortschaften; sie mochten wohl hinter den Hügeln verborgen liegen.

In den wenigen Dörfern, durch welche wir kamen, bemerkte ich, daß die Hütten oder Häuser nicht wie in Tamatavé und wie in den waldigen Gegenden, die wir bisher durchzogen hatten, von Bambusrohr oder Holz, sondern von Erde und Lehm gebaut waren; auch sind sie größer und geräumiger und mit sehr hohen Dächern versehen, die mit einem schilfartigen Gras, das hier an allen Flüssen reichlich wächst, sehr nett gedeckt werden. Die innere Eintheilung ist aber ganz dieselbe. Gewöhnlich enthält jede Hütte nur ein einziges Gemach; in sehr wenigen wird eine kleine Stelle durch eine Wand von Strohmatten abgetheilt. An Einrichtung fehlt es ganz und gar — der größte Theil der Bewohner Madagaskars besitzt nichts als einige Strohmatten, den kahlen Boden zu bedecken, und einige Töpfe von Eisen oder Thon, den Reis zu kochen; nirgends sah ich Betten, ja nicht einmal hölzerne Kisten zur Aufbewahrung der Kleider oder anderer Gegenstände. Freilich haben sie weder der einen noch der anderen nöthig, denn ihr Lager ist der Boden und ihr ganzer Reichthum an Kleidern beschränkt sich meistens auf einen einzigen Simbu, den sie bei Nacht über den Kopf ziehen. Jene, die den Luxus auf das höchste treiben, bedecken sich noch mit einer der Strohmatten, die sie selbst verfertigen. Einen so gänzlichen Mangel an jeder Bequemlichkeit des Lebens habe ich nur bei den Wilden in Nord-Amerika, im Oregon-Gebiete gefunden.

Manche der kleinen Dörfer, so wie auch einzelne Häuser, waren mit Erdwällen umgeben, ein Gebrauch, der noch aus der Zeit herrührt, in welcher die Bevölkerung in unzählig viele kleine Stämme getheilt war, die sich stets bekriegten. Wie ich bereits in dem geographischhistorischen Ueberblick von Madagaskar erzählt habe, machten die beiden großen Chefs, Dianampoiene und Radama diesen Fehden dadurch ein Ende, daß sie die meisten Stämme ihrer Herrschaft unterwarfen.

Einige Meilen von dem Dorfe Ambotomango, unserer heutigen Nachtstation, kam uns ein großer Zug Menschen, mit Begleitung militärischer Musik, entgegen; es war eine Art Deputation, welche Prinz Rakoto, der Sohn der Königin Ranavola und künftige Thronerbe, zum

Empfang des Herrn Lambert sandte, um diesem Liebe und Achtung zu beweisen. Die Deputation bestand aus zwölf der Ergebenen des Prinzen, aus vielen Offizieren, Soldaten und einem ganzen weiblichen Sängerchor.

Die Ergebenen Rakoto's, vierzig an der Zahl, sind junge Adelige, welche diesen Prinzen so lieben und verehren, daß sie sich durch einen Schwur verbunden haben, ihn bei jeder Gefahr bis auf den letzten Mann zu vertheidigen. Sie wohnen alle in seiner Nähe, und auf seinen Ausflügen ist er stets wenigstens von einem halben Dutzend dieser Getreuen umgeben, obwohl er durchaus nicht einer solchen Art Leibwache bedarf, da er bei der ganzen Bevölkerung, bei dem Adel wie bei dem Volke, sehr beliebt sein soll.

Herr Lambert wurde von dieser Deputation mit Ehrenbezeigungen empfangen, wie ein Prinz der königlichen Familie — eine Auszeichnung, die bisher auf Madagaskar keinem der hohen Adeligen des Reiches, um so viel weniger einem Weißen zu Theil geworden ist.

So oft unser Zug an einem Dorfe vorüberkam, eilte die ganze Bevölkerung herbei, uns Fremdlinge zu sehen, ja viele schlossen sich dem Zuge an, so daß er gleich einer Schnee-Lavine immer mehr anschwoll. Die guten Leute mochten ganz erstaunt sein, Weiße mit solchen Ehrenbezeigungen behandelt zu sehen. Keiner von ihnen wußte diese Auszeichnung zu deuten, denn niemand hatte ähnliches erlebt.

In dem Dorfe Ambatomango wurde Herr Lambert durch einen neuen Liebesbeweis von Seiten des Prinzen Rakoto überrascht —wir fanden hier dessen einziges fünfjähriges Söhnlein vor. Durch eine Unpäßlichkeit der Königin daran verhindert, selbst Herrn Lambert bis Ambatomango entgegenzukommen, sandte der Prinz ihm sein Kind, welches Herr Lambert während seines ersten Aufenthaltes in Tananariva adoptirt hatte.

Es herrscht auf Madagaskar die Sitte, Kinder zu adoptiren. In den meisten Fällen geschieht dieß, um wirklich ein Kind zu besitzen, in gewissen anderen aber ist es ein großer Freundschafts-Beweis, welchen der Vater des Kindes dem Manne geben will, der das Kind adoptirt. Die Adoptirung wird bei der Regierung angezeigt, die dem neuen Vater mittelst einer schriftlichen Bestätigung volle Rechte über das angenommene Kind ertheilt, welches den Namen des Adoptiv-Vaters erhält, gänzlich in dessen Familie übergeht und die gleichen Rechte mit seinen wirklichen Kindern besitzt.

Prinz Rakoto hatte Herrn Lambert bei der ersten Bekanntschaft so lieb gewonnen, daß er ihm den größten Beweis seiner Achtung und Freundschaft geben wollte und ihm sein theuerstes Gut, sein einziges Kind, antrug. Herr Lambert adoptirte es, benützte jedoch nicht alle Rechte eines Adoptiv-Vaters; er gab dem Kinde seinen Namen, ließ es aber bei seinen wirklichen Vater.

Dieses Kind ist von Geburt kein Prinz, da seine Mutter eine Sklavin war. Sie heißt Maria, ist aber ungeachtet dieses Namens keine Christin. Sie soll sehr verständig, sehr gutmüthig und doch dabei von festem Charakter sein. Der Prinz liebt sie über alle Maßen, und um sie stets um sich sehen zu können, hat er sie scheinbarer Weise einem seiner Getreuen zum Weibe gegeben.

Bis spät in die Nacht ging es bei uns sehr munter her; es wurde ein großes Mahl bereitet, welches wir nach Landessitte auf der Erde sitzend einnahmen. Getrunken wurde dagegen auf echt europäische Weise und auf das Wohl aller denkbaren Personen; heitere Musik und lautes Jubelgeschrei begleiteten jede ausgebrachte Gesundheit.

Der Chor der Sängerinnen, welchen der Prinz Rakoto zur Verherrlichung unseres Empfanges entgegengesandt hatte, bestand aus zwanzig Mädchen, die sich in eine Ecke des Saales kauerten und unser Trommelfell mit ihren kreischenden Stimmen erschütterten. Sie schrieen und heulten gerade so wie die Weiber und Mädchen in dem Dorfe, in welchem wir das Fest des Bades der Königin feierten. Sie hatten einen Mann zum Vorsänger und Lehrer, der aber Frauenkleider trug und noch dazu europäische. Da die Gesichtszüge beider Geschlechter wenig von einander verschieden sind und ihre Schönheit oder Häßlichkeit ungefähr dieselbe ist, würde ich unter dieser Karikatur gewiß keinen Mann vermuthet haben, hätte mich nicht Herr Lambert besonders darauf aufmerksam gemacht.

30. Mai. Diesen Morgen kam eine Gesandtschaft der Dorfbewohner, um Herrn Lambert zu einem Stiergefechte einzuladen, welches man ihm zu Ehren geben wollte. Wir machten erst das

wichtige Geschäft des Frühstückes ab, dann gingen wir nach dem Schauplatze, fanden jedoch, daß die Anstalten zu dieser Festlichkeit wenig vorgeschritten waren und es noch geraumer Zeit zu ihrer Beendigung bedürfte. Wir dankten den Leuten für ihre Aufmerksamkeit, zogen es aber vor mit ihrem guten Willen vorlieb zu nehmen; denn es war uns darum zu thun, so schnell als möglich nach der nur mehr eine halbe Tagereise entfernten Hauptstadt zu gelangen, und dieß um so mehr, als wir die Nachricht erhalten hatten, daß das Sikidy (der Orakel-Spruch) den heutigen Tag als einen glücklichen für unseren Einzug in Tananariva bezeichnet habe und daß die Königin wünsche, Herr Lambert möchte diesen günstigen Moment nicht versäumen.

Auf ganz Madagaskar, aber vorzugsweise bei Hofe, ist es gebräuchlich, für alle Unternehmungen, für die wichtigsten wie für die geringfügigsten, das Orakel Sikidy zu befragen. Es geschieht dieß auf folgende, höchst einfache Art: Eine gewisse Anzahl von Bohnen und kleinen Steinen wird durcheinandergemengt und aus den Figuren, die sie bilden, lesen die mit diesem Talente begabten Personen den günstigen oder ungünstigen Erfolg. Dergleichen Orakel-Sprecher oder Deuter sind bei Hofe allein mehr als zwölf angestellt und die Königin zieht sie für die unbedeutendste Kleinigkeit zu Rath. Sie unterwirft sich den Aussprüchen des Sikidy dergestalt, daß sie in vielen Dingen ihrem eigenen Willen gänzlich entsagt und sich in dieser Beziehung zur größten Sklavin in demselben Lande macht, welches sie andererseits so despotisch regiert. Will sie z. B. irgend wohin einen Ausflug unternehmen, so muß erst das Orakel befragt werden, an welchem Tage, zu welcher Stunde dieß geschehen soll. Ohne den Ausspruch des Sikidy zieht sie kein Kleidungsstück an, genießt von keiner Speise — ja selbst hinsichtlich des Trinkwassers muß das Sikidy entscheiden, von welcher Quelle es zu holen sei.

Noch vor wenig Jahren herrschte allgemein die Sitte, bei der Geburt eines Kindes sogleich das Sikidy zu befragen, ob die Geburtsstunde eine glückliche gewesen sei. In dem Falle einer verneinenden Antwort legte man das arme Kind in die Mitte eines jener Wege, über welche die großen Ochsenzüge getrieben werden. Gingen die Thiere an dem Kinde vorsichtig vorüber, ohne es zu beschädigen, so war dadurch der böse Zauber des Orakels gebrochen und das Kind wurde im Triumphe wieder nach dem väterlichen Hause gebracht. Natürlich hatten aber nur wenige das Glück, diese gefährliche Probe zu bestehen, die meisten verloren dabei ihr Leben. Eltern, die ihre Kinder der Probe nicht unterwerfen wollten, setzten sie aus, besonders wenn es Mädchen waren, und bekümmerten sich nicht weiter um sie. Die Königin hat sowohl die Probe wie die Aussetzung verboten; es ist dieß vielleicht das einzige menschenfreundliche Gesetz, welches sie in ihrem ganzen Leben gegeben hat.

Alle Reisenden, die nach der Hauptstadt kommen wollen, müssen bei der Königin um die Erlaubniß dazu ansuchen und in der Entfernung von wenigstens einer Tagereise den Ausspruch des Sikidy erwarten, welches bestimmt, an welchem Tage und zu welcher Stunde sie ihren Einzug machen können. Tag und Stunde sind auf das strengste einzuhalten, und sollte der Reisende in der Zwischenzeit plötzlich erkranken und sich in die Unmöglichkeit versetzt sehen, zur vorgeschriebenen Zeit an die Thore der Stadt zu gelangen, so muß er eine neue Botschaft an die Königin senden und ein zweites Mal den Ausspruch des Sikidy abwarten, worüber nicht blos mehrere Tage, sondern oft einige Wochen verloren gehen.

Wir waren in dieser Hinsicht sehr glücklich — das Sikidy hatte die Liebenswürdigkeit, uns auch nicht einen einzigen Tag warten zu lassen und gerade denjenigen als einen glücklichen zu bezeichnen, an welchem wir, der Einrichtung unserer Reise zufolge, die Hauptstadt erreichen konnten.

Ich vermuthe sehr, daß dießmal die Neugierde der Königin einigermaßen auf den Ausspruch des Orakels einwirkte. Die gute Dame mochte es wohl kaum erwarten können, in den Besitz all' der Schätze zu kommen, welche, wie sie wußte, Herr Lambert für sie mitbrachte.

Unsere heutige Tagereise glich einem fortgesetzten Triumphzuge. Voran ging das militärische Musikcorps, diesem folgten viele Offiziere, von welchen einige sehr hohen Ranges, dann kamen wir, umgeben von den Getreuen des Prinzen, und den Schluß bildeten der weibliche Sängerchor, Soldaten und Volk. So wie gestern, drängte sich in jedem Dorfe, durch das wir kamen, Alt und

Jung herbei; alle wollten die langerwarteten Fremdlinge sehen und viele schloßen sich dem Zuge an und begleiteten uns meilenweit.

Der Weg führte beständig durch die schöne Hochebene von Emir. Welches Aussehen würde dieses herrliche Stück Land gewinnen, wenn es ordentlich kultivirt und bevölkert wäre! Man sieht zwar ungleich mehr Felder und Dörfer als in den übrigen Gegenden, durch welche uns der Weg bisher geführt, aber doch sehr wenig im Verhältniß zu der Fruchtbarkeit des Bodens und der glücklichen Lage. Einen besonderen Reiz verleihen dieser Hochebene die vielen Hügel, die sie von allen Seiten durchkreuzen, und von welchen die meisten frei aufsteigen und in gar keiner Verbindung unter einander stehen. An Wasser fehlt es ebenfalls nicht, und wenn man auch keinen mächtigen Strom sieht, so gibt es doch unzählige viele kleine Flüsse und Teiche.

Vor ungefähr 40 Jahren soll die ganze Hochebene von Emir noch mit Waldungen bedeckt gewesen sein; jetzt ist sie ungefähr 30 englische Meilen ringsumher so baumlos, daß nur die reichen Leute Holz als Brennmaterial gebrauchen können, welches sie von ihren Sklaven herbeitragen lassen. Die Aermeren nehmen ihre Zuflucht zu einer Art kurzen Savannengrases, mit welchem Hügel und Ebenen reichlich bedeckt sind, und das eine starke, aber natürlich nicht lange anhaltende Flamme gibt. Glücklicherweise bedürfen die Leute des Feuers blos zu der Bereitung ihrer Mahlzeiten. Heizung können sie entbehren, obgleich der Thermometer in den Wintermonaten bis auf drei oder vier, ja manchmal sogar bis auf einen Grad Reaumur fällt. Die Häuser sind von ziemlich dicken Lehmwänden erbaut, die Dachungen dicht mit langem Grase bedeckt, daher ist es, trotz der Kälte von außen, im Innern ziemlich warm.

Die Wege waren vortrefflich; unsere Träger liefen, als hätten sie nichts zu tragen. Schon von weitem sahen wir Tananariva, die Hauptstadt des Landes, die beinahe in der Mitte der Hochebene auf einem der schönsten Hügel liegt, und früh am Nachmittag gelangten wir an die Vorstädte, welche die eigentliche Stadt von allen Seiten umgeben.

Diese Vorstädte waren ursprünglich Dörfer, welche sich nach und nach vergrößert haben und am Ende zu einem Ganzen vereiniget wurden. Von den Häusern ist die Mehrzahl aus Erde oder Lehm aufgeführt, jene dagegen, die in dem wirklichen Stadtgebiete liegen, müssen von Brettern oder wenigstens von Bambus gebaut sein. Ich fand sie durchgehends größer und geräumiger, als die in den Dörfern und auch viel reinlicher und in besserem Stande erhalten. Die Dächer steigen steil auf, sind sehr hoch und an den Endspitzen mit langen Stangen geziert. Auch hier bemerkte ich, daß einzelne Häuser, oder mitunter drei bis vier gemeinschaftlich von niedrigen Erdwällen umgeben waren, die jedoch keinen anderen Zweck haben, als die Hofräume von jenen der Nachbarhäuser abzusondern. Straßen und Plätze gibt es nur ganz unregelmäßige; die Häuser sind nämlich nicht in Reihen gebaut, sondern liegen gruppenweise theils um den Fuß des Hügels, theils an dessen Abhängen — der königliche Palast steht auf der höchsten Spitze. Der Theil der Vorstädte, durch welchen wir kamen, war zu meiner größten Verwunderung sehr rein gehalten, und zwar nicht nur die Straßen und Plätze, sondern auch die Hofräume. Nur in den engen Gäßchen zwischen den Erdwällen sah es bisweilen etwas schmutzig aus.

Noch mehr aber als diese Reinlichkeit überraschte mich die große Menge Blitzableiter; beinahe jedes größere Haus war damit versehen. Sie wurden von Herrn Laborde eingeführt, einem Franzosen, der schon seit langen Jahren in Tananariva lebt und dessen abenteuerliche Lebensgeschichte mir Herr Marius während der Reise erzählte; ich werde meine neugierigen Leserinnen sehr bald mit diesem merkwürdigen Manne bekannt machen.

Wie man mir sagte, gibt es vielleicht keinen Ort auf der ganzen Welt, wo die Gewitter so furchtbar sind und der Blitz so häufig einschlägt wie hier. In Tananariva sollen durchschnittlich jedes Jahr an 300 Personen vom Blitze getödtet werden, und im vergangenen Jahre stieg deren Zahl sogar bis auf 400. In einem Hause allein tödtete derselbe Strahl 10 Personen. Diese heftigen Gewitter haben von Mitte März bis Ende April statt.

Wir waren unterdessen an das Stadtthor gelangt, vor welchem wir ein Piket Soldaten mit gekreuzten Gewehren aufgestellt fanden, die uns auf das höflichste den Eingang verwehrten. Es scheint an diesem Hofe Sitte, alles mit einer Art despotischer Feier zu umgeben, da jeder

Fremdling, der nach der Hauptstadt kommen will, um die Erlaubniß dazu bei der Königin anhalten muß und sie daher von der Reise schon lange vorher unterrichtet ist. Ungeachtet dessen,
daß der Reisende eine oder zwei Tagereisen von der Hauptstadt entfernt, abermals verpflichtet
ist, einen Boten abzusenden, um von dem Sikidy die Nachricht einzuholen, an welchen Tage
er seinen Einzug zu halten habe, so muß er dennoch wieder an dem Stadtthore anhalten, der
Königin seine Ankunft melden und um Einlaß bitten. Ist die Königin gerade übler Laune, so
läßt sie den Armen oft stundenlang in der glühendsten Sonnenhitze oder bei Sturm und Regen
der Antwort harren.

Wir waren so begünstigt, die Erlaubniß zum Eintritt in die Stadt schon nach einer halben
Stunde zu erhalten.

In dem Innern der Stadt sieht es ungefähr eben so aus, wie in den Vorstädten, nur mit dem
Unterschiede, daß dem Gesetze zufolge, von welchem ich bereits gesprochen habe, die Häuser
alle aus Brettern oder Bambus gebaut sind.

Wir stiegen bei Herrn Laborde ab, der ein sehr warmer Freund Herrn Lambert's und ein
großer Beschützer jedes Europäers ist, welcher nach Tananariva kommt.

12. Kapitel.

Herr Laborde. — Der Prinz Rakoto, — Züge aus seinem Leben. — Das Sambas-Sambas. — Maria. — Die Heeresschau auf dem Marsfelde. — Der madagaskarische Adel — Der geheime Vertrag. — Die englische Missions-Gesellschaft und der englische Missionär Herr W. Ellis.

Die Lebensgeschichte unseres Wirthes, des Herrn Laborde ist folgende:

Er wurde in Frankreich geboren und ist der Sohn eines wohlhabenden Sattlers. In seiner Jugend diente er mehrere Jahre als Kavallerist in der französischen Armee, gab aber, da ihn stets Sehnsucht quälte, etwas mehr von der Welt zu sehen, nach dem Tode seines Vaters den Dienst auf, stellte einen Ersatzmann und ging nach Ostindien. Er legte in Bombay verschiedene Fabriken an, besserte Dampfmaschinen aus, verfertigte Waffen, errichtete eine Sattlerei und machte dabei ganz gute Geschäfte. Sein unruhiger Geist ließ ihn jedoch nicht lange an demselben Orte weilen; er übergab seine Werkstätten einem Freunde und schiffte sich im Jahre 1831 nach dem indischen Archipel ein. Das Schiff wurde von einem Sturme verschlagen und litt an der Küste von Madagaskar Schiffbruch; Herr Laborde verlor dabei nicht nur Hab und Gut, sondern auch seine Freiheit; denn, wie bekannt, werden auf dieser gastfreundlichen Insel alle Schiffbrüchigen zu Sklaven gemacht. Man brachte ihn nebst einigen seiner Unglücksgefährten nach Tananariva, um ihn daselbst zu verkaufen. Glücklicherweise erfuhr die Königin, daß er Waffen und andere Gegenstände zu verfertigen verstünde; sie ließ ihn nach Hofe kommen und versprach ihm die Freiheit, wenn er ihr fünf Jahre lang treu dienen wolle. Herr Laborde that dieß; er legte eine Werkstätte an und lieferte der Königin alle Arten von Waffen, sogar kleine Kanonen, sowie auch Pulver und andere Dinge. Trotz ihres Hasses gegen die Europäer, gewann die Königin Zutrauen und legte bald so viel Werth auf ihn, daß sie bei manchen wichtigen Unternehmungen seinen Rath einholte — ja nicht selten gelang es ihm, sie von Todesurtheilen abzuhalten.

Aber nicht nur bei der Königin allein steht Herr Laborde so gut angeschrieben, sondern auch beim Adel und Volk. Seine trefflichen Eigenschaften haben ihn überall beliebt gemacht und alle jene, die irgend eines Rathes, irgend einer Hilfe bedürfen, kommen zu ihm, und nie vergebens; er ist ihr Arzt, ihr Vertrauter und ihr Helfer.

Aus den fünf Jahren, welche Herr Laborde im Dienste der Königin bleiben sollte, wurden zehn Jahre; seine Beschützerin gab ihm Haus und Hof, Ländereien und Sklaven, und da er sich mit einer Eingeborenen verheirathet und einen Sohn von derselben hat, so bleibt er wohl für immer im Lande, obgleich er schon lange frei und unabhängig ist und die Insel verlassen kann, wann es ihm beliebt.

Nebst der Waffen- und Pulver-Fabrik hat dieser industriöse Mann auch eine Glashütte, eine Indigo-Färberei, eine Seifen- und Kerzen-Siederei, und eine Rhum-Brennerei angelegt. Er lehrte den Leuten das Zuckerrohr geregelt pflanzen und versuchte mit gutem Erfolge den Wein- und Getreidebau. Auch mit europäischen Früchten und Gemüsen wollte er die Insel beschenken, und der größte Theil von ihnen gedieh vortrefflich; allein leider blieben seine Bemühungen ohne Nachahmung. Die Eingeborenen zogen es vor, in ihrer angewohnten Trägheit fortzuleben und nichts als Reis und von Zeit zu Zeit ein Stück Ochsenfleisch zu essen.

Gelang es aber Herrn Laborde mit seinen Unternehmungen nicht, jeden Zweck zu erreichen, den er beabsichtigte, so haben sie jedenfalls dazu gedient, die Kulturfähigkeit dieses schönen Landes zu beweisen.

Wir waren gegen 4 Uhr Nachmittags in Herrn Laborde's Hause angelangt.

Unser freundlicher Wirth stellte uns sogleich zwei Europäern vor, den einzigen, welche sich zu der Zeit in Tananariva aufhielten. Es waren zwei Herren vom geistlichen Stande, von welchen der eine schon seit zwei Jahren, der andere seit sieben Monaten bei Herrn Laborde wohnte. Es schien nicht an der Zeit, als Missionäre aufzutreten, und sie verbargen diese Eigenschaft auf das sorgfältigste. Nur der Prinz und wir Europäer wußten um das Geheimniß. Den einen hielt man für einen Arzt und der andere galt für den Lehrer des Sohnes Herrn Laborde's, welcher vor zwei Jahren von Paris zurückgekommen war, wohin ihn sein Vater zur Erziehung gesandt hatte.

Ein herrliches Mahl versammelte uns alsbald um die Tafel, die ich ganz auf europäische Weise gedeckt und geordnet fand, nur mit der Eigenthümlichkeit, daß sämmtliche Teller und Schüsseln von gediegenem Silber waren; selbst statt der Trinkgläser prangten silberne Pokale. Ich äußerte scherzweise zu Herrn Laborde, daß ich ähnlichen Luxus noch an keiner Tafel gesehen und am allerwenigsten in Tananariva erwartet hätte. Er erwiederte mir, daß dieser Luxus bereits in jedem reichen Hause herrsche (deren es freilich nur sehr wenige gäbe), und daß er selbst ihn eingeführt habe, aber keineswegs aus Verschwendung, sondern im Gegentheil aus Sparsamkeit — Porzellan-Geschirr müßte nämlich jeden Augenblick erneuert werden, weil die Sklaven ganz vorzüglich darin geschickt seien, alles in kürzester Zeit in Stücke zu brechen, und käme daher viel theurer zu stehen.

Wir waren noch lange nicht mit unserem fröhlichen Mahle zu Ende, eben wurde Champagner gereicht und die Toaste fingen an, als ein Sklave in größter Hast herbeigelaufen kam, uns die Ankunft des Prinzen Rakoto zu melden. Wir sprangen rasch vom Tische auf, hatten aber nicht mehr Zeit ihm entgegen zu gehen. In seiner Ungeduld Herrn Lambert zu sehen, war er dem Sklaven auf dem Fuße gefolgt. Lange hielten sich die beiden Männer umschlossen, lange fand keiner von ihnen ein Wort, seine Freude auszudrücken. Man sah es ihnen an, daß sie wirklich tiefe Freundschaft für einander fühlten. Wir alle, die wir umherstanden, konnten uns bei diesem Anblicke einer wahrhaft feierlichen Rührung nicht erwehren. Der Prinz Rakoto, oder wie sein ganzer Name lautet: Rakodond-Radama, ist ein junger Mann von 27 Jahren. Er besaß gegen meine Erwartung durchaus kein unangenehmes Aeußere. Seine Statur ist klein und gedrungen, das Gesicht und dessen Farbe entspricht keiner der vier Racen, welche Madagaskar bewohnen. Es hat ganz den Typus der moldauischen Griechen. Das schwarze Haar ist kraus, aber nicht wollig, die dunklen Augen sind voll Feuer und Leben, und schöne Zähne zieren den wohlgeformten Mund. Seine Züge drücken eine so wahrhaft kindliche Güte aus, daß man sich sogleich zu ihm hingezogen fühlt. Er geht häufig europäisch gekleidet.

Dieser Prinz ist bei Hoch und Nieder gleich geliebt und geachtet, verdient aber, wie mir die Herren Lambert und Laborde versicherten, diese allgemeine Liebe und Achtung in vollem Maße. So grausam die Königin, seine Mutter, ist, so gutherzig ist der Sohn, und so sehr erstere das Blutvergießen liebt, einen so unüberwindlichen Abscheu hat letzterer dagegen; sein größtes Streben und Trachten ist dahin gerichtet, die harten Strafen, die vielen Hinrichtungen, welche die Königin über ihre Unterthanen verhängt, zu mildern oder zu verhindern. Zu jeder Stunde ist er bereit, die Unglücklichen anzuhören und ihnen zu helfen, und seinen Sklaven hat er auf das strengste verboten, jemanden mit dem Bescheide abzuweisen, daß er schliefe oder sein Mahl einnähme. Dieß wissend kommen oft Leute mitten in der Nacht und wecken den Prinzen aus dem Schlafe, um seine Hilfe für ihre Verwandten zu erflehen, die am frühen Morgen hingerichtet werden sollen. Kann er ihre Begnadigung bei seiner Mutter nicht bewirken, so geht er wie zufällig denselben Weg zur Zeit, zu welcher die Armen mit Stricken gebunden nach dem Richtplatze geführt werden, durchschneidet deren Bande und heißt sie entweder fliehen oder ruhig nach Hause gehen, je nachdem die Gefahr für sie größer oder geringer ist. Wenn man der Königin dann berichtet, was ihr Sohn gethan, macht sie darüber nie eine Bemerkung. Nur sucht sie die nächsten Verurtheilungen so viel als möglich geheim zu halten und deren Vollstreckung zu beschleunigen. Urtheil und Ausführung folgen deshalb so rasch aufeinander, daß, wenn der Prinz zufällig von der Stadt abwesend ist, die Botschaft zu spät an ihn gelangt, um Hilfe schaffen zu können.

Sonderbar ist es bei dieser gänzlichen Verschiedenheit der Charaktere, daß sich Mutter und Sohn auf das zärtlichste lieben. Der Prinz ist der Königin mit der größten Zuneigung ergeben. Er sucht die grausamen Handlungen derselben auf alle mögliche Art zu entschuldigen, und nichts ist ihm schmerzlicher, als der Gedanke, daß sie weder geliebt noch geachtet sein kann.

Der edle Charakter des Prinzen ist um so mehr zu bewundern, als er von frühester Kindheit an das böse Beispiel seiner Mutter vor Augen hatte, aus deren Bereich er nie kam, und daß für seine Erziehung auch nicht das geringste gethan wurde. In hunderten von ähnlichen Fällen würde der Sohn gewiß die Vorurtheile und bösen Eigenschaften der Mutter angenommen haben.

Außer einigen Worten der englischen Sprache hat man ihm keine Kenntnisse beizubringen gesucht — was er ist und weiß, verdankt er sich selbst. Was hätte aus diesem Prinzen werden können, wenn durch eine zweckmäßige Bildung sein Geist und sein Talent entwickelt worden wären!

Ich hatte häufig Gelegenheit, ihn zu sehen und zu beobachten, denn selten verging ein Tag, an welchem er nicht Herrn Lambert besuchte — ich habe keine anderen Fehler an ihm bemerkt, als zu wenig Selbstständigkeit und Vertrauen in seine Fähigkeit und das einzige, was ich befürchte, sollte die Regierung einst in seine Hände gelangen, ist, daß er zu wenig energisch auftreten und seine gewiß ganz guten Absichten nicht durchgreifend ausführen dürfte.

Ich will nur einige Thaten dieses Mannes erzählen, aus welchen man am besten seinen Edelmnth kennen lernen kann.

Es geschieht häufig, daß die Königin Hunderten ihrer Unterthanen befiehlt, für diesen oder jenen Großen des Landes monatelang die schwersten Arbeiten zu verrichten, z. B. Bauholz zu fällen, es 30 Meilen weit zu schleppen. Steine zu behauen u.dgl.m., und zwar, ohne daß die Leute die geringste Entschädigung dafür anzusprechen haben. Wenn dieß der Prinz erfährt, läßt er sich in die Gegend spazieren tragen, in welcher die Leute arbeiten, begegnet ihnen anscheinend zufälliger Weise und erkundigt sich, für wen sie diese Arbeit verrichten. Auf ihre Antwort fragt er sie weiter, ob sie auch Nahrung bekämen (von Lohn ist natürlich nie die Rede). Da zeigt es sich gewöhnlich, daß sie nicht nur keine Nahrung erhalten, sondern oft schon die eigenen mitgebrachten Lebensmittel aufgezehrt haben und ihren Hunger mit Wurzeln und Kräutern zu stillen suchen. Der Prinz läßt dann sogleich, je nach der Zahl der Arbeiter, auf Kosten des Arbeitgebers einen oder zwei Ochsen schlachten und mehrere Centner Reis herbeischaffen und unter die Leute vertheilen. Kommt der Große, über eine solche Zumuthung ganz erstaunt, zu dem Prinzen, um sich darüber zu beschweren, so wird er mit dem Bescheid abgefertigt: „Wer für Euch arbeitet, den müßt Ihr billiger Weise auch ernähren, und wollt Ihr es selbst nicht thun, so werde ich Euren Schatzmeister machen.“

Vor einigen Jahren ging an der Küste Madagaskars ein Schiff mit dem größten Theil der Mannschaft zu Grunde; fünf Matrosen, die sich aus dem Schiffbruch gerettet hatten, wurden, wie dieß gebräuchlich ist, nach der Hauptstadt gebracht, um daselbst als Sklaven verkauft zu werden. Der Prinz begegnete ihnen auf einem Ausfluge, den er gerade machte, ungefähr eine Tagreise von Tananariva und als er bemerkte, daß einer der Matrosen keine Schuhe anhatte, und mühselig den andern nachhinkte, zog er seine eigenen aus und gab sie ihm. Außerdem sorgte er dafür, daß sie reichlich genährt wurden. Herr Laborde kaufte diese fünf Matrosen, bekleidete sie, gab ihnen Reisegeld und Empfehlungsschreiben und half ihnen wieder nach ihrem Vaterlande. Der Prinz ist selten in der Lage, dergleichen Handlungen vollführen zu können. Er besitzt kein Geld oder nur sehr wenig; sein ganzer Reichthum beschränkt sich auf Sklaven, Reisfelder und Ochsen, die ihm seine Mutter gibt.

Ein anderes Mal sah der Prinz einen Europäer, welchen mehrere Malegaschen als Gefangenen nach der Hauptstadt brachten. Der Arme wurde gleich einem Thiere von seinen Wächtern mit Hieben und Stößen getrieben; er war von der weiten Reise, von den schlechten Wegen so ermüdet und abgemattet, daß er sich kaum mehr fortschleppen konnte. Der Prinz verwies den Wächtern ihre Grausamkeit, stieg von seinem Takon (so wird, wie bereits bemerkt, der Tragstuhl genannt), und hieß den Gefangenen seinen Platz einnehmen.

Auch an einem unserer Träger fand der Prinz Gelegenheit seine Großmuth auszuüben. Dieser Unglückliche hatte, den Gewohnheiten seiner Landsleute getreu, in der Nähe der Hauptstadt einen Ochsen gestohlen und nach einem der Märkte getrieben, wo er ihn verkaufen wollte; er wurde jedoch dabei ertappt und nach der Hauptstadt gebracht. In ähnlichen Fällen geht die Justiz auf Madagaskar mit unglaublicher Schnelligkeit zu Werke; noch denselben Tag sprach sie das Todesurtheil über ihn aus, und gegen Abend sollte er in der landesüblichen Weise mit der Lanze (Sagaya) hingerichtet werden. Herr Laborde erfuhr dieß und sandte nach allen Orten und

Enden, um den Prinzen aufzusuchen und seine Hilfe in Anspruch zu nehmen. Der Prinz wurde zum Glück noch zu rechter Zeit gefunden, ging kaum eine halbe Stunde vor der Hinrichtung nach dem Gefängniß, öffnete dem Verbrecher die Thüre, und rieth ihm, so eilig als möglich nach seiner Heimath zu fliehen.

Aehnlicher Thaten hörte ich viele von dem Prinzen erzählen, und wenige Tage sollen vergehen, an welchen er nicht Menschenleben rettet oder auf sonst eine Weise Wohlthaten ausübt. Häufig gibt er seinen letzten Thaler her und theilt alle seine Vorräthe an Reis und Lebensmitteln aus, und doppelte Freude gewährt es ihm, wenn er einem Unglücklichen helfen kann, ohne daß dieser erfährt, von wem die Hilfe kommt.

Kräftiger und schöner als meine schwache Feder reden zum Lob dieses edlen Mannes folgende Worte, die ich selbst aus seinem Munde vernahm. Er sagte: daß es ihm einerlei sei, ob Frankreich oder England, oder was immer für eine Nation die Insel in Besitz nehme, wenn nur das Volk gut regiert werde. Er verlange für sich weder Thron noch Königstitel und sei jederzeit bereit, seinen Rechten schriftlich zu entsagen und irgendwo einfach als Privatmann zu leben, könne er dadurch das Wohl seines Landes bezwecken.

Ich muß gestehen, diese Aeußerung rührte mich tief und flößte mir so hohe Achtung für den Prinzen ein, wie ich sie noch für wenige Menschen gefühlt. In meinen Augen ist ein Mann mit einer solchen Denkungsweise größer als der ausgezeichnetste unter den herrschsüchtigen und ruhmesstolzen Monarchen Europa's.

31. Mai. Diesen Morgen sandte die Königin einen der Würdenträger des Reiches, um sich nach unserem Befinden zu erkundigen und uns einzuladen, den nächsten Tag um 2 Uhr das Sambas-Sambas in dem Hause der Dame Rasoaray einzunehmen.

Sie schickte bei dieser Gelegenheit Herrn Lambert als Zeichen ihres Wohlwollens ein Geschenk, das aus einem prachtvollen, gemästeten Ochsen, wie ich deren selbst in Europa wenig gesehen, aus sehr schönem gemästeten Geflügel jeder Art und aus einem Korbe voll Eiern bestand. Die Geschenke der Königin erstrecken sich nie auf andere Gegenstände und gewöhnlich beschränken sie sich auf Geflügel und Eier; Ochsen werden nur beigefügt, wenn sie jemanden ganz besonders auszeichnen will.

Das Sambas-Sambas ist ein Gericht, welches aus feinen, in Fett gerösteten Streifchen Rindfleisch und Reis bereitet wird. Es herrscht die Sitte, in dem ersten Monate des hiesigen neuen Jahres, wenn sich Freunde oder Verwandte besuchen, mit diesem Gerichte die Gäste zu bewirthen. Jedermann nimmt davon eine Prise zwischen zwei Finger, erhebt sich von seinem Sitze, wendet sich links und rechts und sagt: „Möge die Königin noch tausend Jahre leben." Er kann dann von der Speise nach Belieben genießen, oder auch nicht, das ist einerlei. Diese Feierlichkeit hat ungefähr dieselbe Bedeutung wie bei uns der Neujahrswunsch.

Da wir gerade in dem ersten Monate des Jahres angekommen waren und die Königin Herrn Lambert alle möglichen Aufmerksamkeiten erweisen wollte, lud sie ihn zu diesem Feste ein; meiner geringen Person und den übrigen Europäern wurde diese Ehre als Freunde Herrn Lambert's zu Theil.

Alle dergleichen Festessen, zu welchen Fremde gezogen werden, finden jedoch nicht in dem königlichen Palaste statt, sondern bei der Dame Rasoaray, die von sehr hoher Geburt ist und deren große, reich eingerichtete Wohnung sich am besten dazu eignet. In dem Palaste der Königin oder gar in ihrer Gesellschaft zu essen, wäre für einen Fremden eine zu große Ehre; so weit geht die Herablassung dieser hochmüthigen, eingebildeten Person nicht.

Ich benützte den heutigen Tag, die Stadt zu besehen, von welcher ich jedoch nichts weiter zu sagen finde, als daß sie sehr belebt und ungemein ausgebreitet ist, besonders wenn man die Vorstädte dazu rechnet. Man behauptet, sie enthalte mit der nächsten Umgebung 50.000 Häuser, oder wie man hier sagt „Dächer" und 100.000 Bewohner. Diese Angabe mag Wohl sehr übertrieben sein; aber ungewöhnlich groß ist die Häuserzahl wirklich und dieß aus der einfachen Ursache, weil die Häuser selbst sehr klein sind, — keines besteht aus mehr als einem, höchstens zwei Gemächern. Ist die Familie groß, so werden neben dem Stammhause zwei oder drei andere eben so kleine gebaut; die Küche befindet sich bei den nur einigermaßen Wohlhabenden ebenfalls unter einem eigenen Dache, und die Sklaven sind natürlich auch in mehrere Häuschen vertheilt. Dessenungeachtet glaube ich kaum, daß es in Tananariva mehr als 15 oder höchstens 20.000 Häuser geben mag. Herr Laborde z. B. besitzt neun Häuschen, in welchen sieben freie Leute und ungefähr 30 Sklaven wohnen; hier wäre also das Verhältniß der Bewohner zur Häuserzahl wie 4 zu 1. Herr Laborde ist aber ein Europäer und wohnt mit seinen Leuten nicht so enge und gedrängt, wie die Eingeborenen; bei letzteren kann man gewiß sechs oder wenigstens fünf Personen auf jedes Häuschen rechnen.

1. Juni. Um 2 Uhr Nachmittags begaben wir uns nach dem Hause der Dame Rasoaray. Man führte uns in einen großen Saal, dessen Wand mit europäischen Tapeten bekleidet und dessen Boden mit schönen Matten belegt war. Eine höchst elegant gedeckte Tafel, deren sich kein Fürst in Europa zu schämen gehabt hätte, stand in der Mitte. Die übrige Einrichtung war einfach, aber geschmackvoll. Eine Engländerin hätte freilich den größten Verstoß gegen Anstand und Sitte darin gefunden, daß in demselben Saale, in welchem das Mahl eingenommen wurde, zwei Betten und zwar sehr schöne Betten mit reichen, schwer seidenen Vorhängen standen. Da ich aber keine Engländerin, sondern eine schlichte Deutsche bin, nahm ich kein Aergerniß daran und der Anblick der beiden Betten hinderte mich nicht im geringsten, ganz wohlgemuth meine Portion Reis und Fleisch zu verzehren. Außer diesen Gerichten gibt es bei dem Sambas-Sambas nichts zu essen, und von Getränken erhält man nur Wasser.

Ich bewunderte sehr zwei silberne Vasen in Relief gearbeitet, welche auf dem Tische standen und meine Bewunderung stieg auf das höchste, als ich erfuhr, daß sie von inländischen Gold- und Silberschmieden verfertigt worden seien. Sie hätten gewiß selbst in Europa Beifall gefunden. Die Eingeborenen besitzen gleich den Chinesen eine große Geschicklichkeit im Nachahmen; dagegen fehlt ihnen Erfindungsgeist.

Unter den hohen Personen, welche nebst uns zu diesem Mahle geladen worden waren, gab es verschiedene, welche englisch oder französisch sprachen; mehr jedoch englisch. Die Kenntniß dieser Sprache rührt noch aus der Zeit des Königs Radama her, unter dessen Regierung englische Missionäre nach Madagaskar gekommen und eine gewiße Anzahl junger Leute nach Mauritius oder England zur Erziehung geschickt worden sind.

Die Feierlichkeit des Sambas-Sambas war sehr bald beendet, und wir kehrten früh nach Hause zurück, wo wir Abends von einem Besuche des Prinzen Rakoto überrascht wurden. Er kam in Begleitung der Mutter seines fünfjährigen Sohnes, um sie mir vorzustellen. Wie ich schon bemerkt habe, konnte der Prinz diese Frau, da sie eine Sklavin war, nach den hiesigen Gesetzen nicht ehelichen, und ihr Sohn hat durchaus keinen Anspruch auf des Vaters Rang. Dessenungeachtet beehrt man sie beide mit dem prinzlichen Titel. Freilich haben in diesem Lande die Gesetze, dem Regenten gegenüber, wenig zu bedeuten; sie hängen einzig und allein von dessen Willkür ab, und sobald Prinz Rakoto auf den Thron gelangt, kann er sie nach Belieben umstoßen und die einstmalige Sklavin zur Königin und ihren Sohn zum Kronprinzen machen.

Des Charakters dieser Frau habe ich erwähnt. Was ihre Schönheit anbelangt, so muß man dieselbe natürlich nicht mit europäischen Augen betrachten, oder man muß sehr lange unter diesem Volke gelebt haben und an dessen häßliche Züge gewöhnt sein, um die minder häßlichen schön zu finden.

2. Juni. Heute sahen wir eine große Heerschau auf, dem Marsfelde, einer schönen Wiese, die sich an dem Fuße des Hügels vor der Stadt ausbreitet. In Tananariva sollen stets 10 bis 12.000 Mann versammelt sein; diese Angabe ist aber wahrscheinlich gleich jener von der Häuserzahl um die Hälfte übertrieben. Das bei der erwähnten Gelegenheit aufgestellte Militär betrug keinesfalls mehr als 4500 bis 5000 Mann. Die Soldaten bildeten ein großes Doppelviereck, in dessen Mitte die Offiziere nebst der Musikbande standen.

Eine solche Heerschau wird alle 14 Tage, an dem dritten Tage jeder zweiten Woche abgehalten, um zu prüfen, ob die dienstpflichtigen Soldaten gegenwärtig, ob sie gesund, und ob ihre Kleider und Waffen in Ordnung sind. Man ruft die Namen auf und wenn bei einer Compagnie nur wenige Leute fehlen, dann kommt der Kapitän mit einem Verweise davon; fehlen aber gar zu viele, so wird er gleich an Ort und Stelle mit einem Dutzend oder mehr Hieben bestraft. Der letztere Fall soll sich ziemlich oft ereignen, denn unter einer so großen Anzahl von Soldaten gibt es viele, deren Heimath mehrere Tagreisen von der Hauptstadt entfernt ist, so daß sie von einer Heerschau zur anderen nicht Zeit genug finden, dahin zu wandern, ihr Feld zu bestellen, sich mit Lebensmitteln zu versehen und wieder zurückzukommen.

Militärische Uebungen wurden nicht gemacht, und wie man mir sagte, wird der Krieg ohne System und ungefähr in derselben Art geführt, wie bei den ganz wilden Völkern. Wenn sich eine Truppe verloren glaubt, hört die Subordination augenblicklich auf, und die Leute fliehen nach allen Seiten.

Schrecklich ist das Loos der Kranken und verwundeten Soldaten, und zwar nicht nur auf der Flucht (da bekümmert sich natürlich niemand um sie), sondern selbst auf den gewöhnlichen Märschen. Ihre Kameraden sind wohl verpflichtet, für sie zu sorgen, sie zu tragen und zu ernähren; wie kann man aber dieß von Leuten verlangen, die an allem Mangel leiden, die durch ausgestandenen Hunger, durch Mühseligkeiten jeder Art oft selbst so geschwächt sind, daß sie nur mit Mühe ihre eigene Person und ihre Waffen weiterschleppen! Gar häufig geschieht es, daß man sich der Armen gewaltsam zu entledigen sucht. Man schlägt sie nicht gerade todt, was beinahe unter diesen Verhältnissen eine Wohlthat für sie wäre; aber man schleift sie auf dem Boden fort, reicht ihnen keine Lebensmittel, ja nicht einmal einen Labetrunk aus der nahen Quelle, und wenn sie kein Lebenszeichen mehr von sich geben, läßt man sie am Wege liegen, ohne zu untersuchen, ob sie wirklich todt sind.

Auf den Märschen gehen unglaublich viel Menschenleben zu Grunde. In dem letzten Kriege z. B., welchen die Königin vor zwei Jahren mit den Seklaven führte, wurden 10.000 Mann in's Feld gesandt; von diesen starb mehr als die Hälfte während des Marsches aus Mangel an Nahrung, viele liefen davon, und als das Heer auf dem Kriegsschauplatze anlangte, zählte es kaum etwas mehr als 3000 Mann.

Die Gefangenen sind viel besser daran, denn für sie wird Sorge getragen, weil man aus ihrem Verkaufe Nutzen zieht; ja selbst als Sklaven sind sie bei weitem nicht in einer so unglücklichen Lage, wie die Soldaten oder Bauern. Ihre Herren kleiden, nähren und beherbergen sie, und mit Arbeit werden sie auch nicht überladen, denn in diesem Falle setzt sich der Eigenthümer der Gefahr aus, seinen Sklaven durch Davonlaufen zu verlieren, und von flüchtigen Sklaven wird selten einer eingebracht, da es weder Polizei noch eine sonstige Aufsicht im Lande gibt. Der Herr kann freilich, wie ich schon früher gesagt habe, seinen Sklaven mit dem Tode strafen, die Regierung bekümmert sich darum nicht; doch hält ihn natürlicher Weise sein eigenes Interesse davon ab. Viele Sklaven geben ihren Herren eine jährliche kleine Abgabe an Geld und leben wie freie Leute — manche halten sogar selbst wieder Sklaven, die sie für sich arbeiten lassen.

Nach der Heerschau zog das Offizier-Corps mit der Musik an unserem Hause vorüber, um Herrn Lambert zu bewillkommnen.

Die Offiziere waren wie jene in Tamatavé größtentheils auf europäische Art gekleidet und sahen nicht minder komisch und lächerlich aus. Der eine trug einen Frack, dessen Schöße bis an die Fersen reichten, ein anderer einen Rock von geblümtem Kammertuch, ein dritter eine halbverbleichte rothe Jacke, die einst einem englischen Marine-Soldaten gedient haben mochte. Eben so verschiedenartig und gewählt war die Kopfbedeckung. Da gab es Stroh- und Filzhüte von allen Größen und Farben, Mützen und Kappen von nie gesehenen Formen. Die Generale trugen gleich den europäischen, zweieckige Hüte und waren beritten.

Die militärischen Grade sind hier ganz den europäischen nachgebildet; sie bestehen aus dreizehn Abstufungen, von dem gemeinen Soldaten bis zu dem Feldmarschall.

Auch die Titel des europäischen Adels war ich so glücklich in Madagaskar vorzufinden; es wimmelte von Baronen, Grafen und Fürsten, wie an den deutschen Höfen.

Die ganze Bevölkerung Madagaskar's ist in elf Kasten eingetheilt. Zu der elften Kaste gehören die regierenden Häupter, zu der zehnten die Abkömmlinge der königlichen Familie. In dieser Kaste allein dürfen sich Geschwister heirathen, vermuthlich, um einer zu großen Nachkommenschaft königlichen Blutes vorzubeugen. Die folgenden sechs Kasten, von der neunten bis einschließend vierten, begreifen die Adeligen höheren und niederen Ranges. Zur dritten Kaste gehört das Volk, zur zweiten Kaste die weißen Sklaven, unter welchen man alle jene versteht, die früher freie Leute waren und als Kriegsgefangene oder aus Strafe für begangene Verbrechen verkauft wurden, und zur ersten Kaste die schwarzen Sklaven, daß heißt jene, welche als Sklaven geboren sind.

Ein Adeliger kann sich eine Frau nicht nur aus seiner eigenen Kaste wählen, sondern auch aus den zwei Kasten, die unter ihm stehen, nie aber aus einer höheren. Mit einer Sklavin darf er sich auf keinen Fall verheirathen, und das Gesetz gestattet nicht einmal ein Liebesverhältniß zwischen einem Adeligen und einer Sklavin. (In dieser Beziehung könnte Madagaskar den von Weißen beherrschten Ländern, in welchen Sklaverei eingeführt ist, zum Vorbilde dienen.) Jenes Gesetz soll in früheren Zeiten sehr strenge beobachtet worden sein, und entdeckte man ein derartiges Verhältniß, so wurde der Adelige als Sklave verkauft und die Sklavin geköpft. Hatte eine adelige Frau ein Verhältnis; mit einem Sklaven, so wurden beide getödtet. In der neueren Zeit hat jedoch diese Strenge sehr abgenommen. Wäre dieß nicht der Fall, so müßte bei der allgemeinen Sittenlosigkeit, die heutzutage in diesem Lande herrscht, bei weitem der größere Theil der Würdenträger und Adeligen hingerichtet werden, und was würde dann aus dem Hofe werden?! Aber etwas Gutes bewirkt jenes Gesetz doch immer, denn wenn ein Adeliger seinen Umgang mit einer Sklavin der Gefahr der Entdeckung ausgesetzt sieht, so muß er ihr die Freiheit geben, um der Strafe zu entgehen.

Da die Polygamie hier eingeführt ist, so kann jedermann so viele Frauen nehmen, als er will; bei den Adeligen hat jedoch nur eine gewisse Anzahl der Frauen Anspruch auf den rechtmäßigen Gattin-Titel, und die erste Frau behält immer Vorrechte über die nach ihr genommenen. Sie allein wohnt in dem Hause ihres Gemahles, es wird ihr größere Achtung erwiesen, und auch ihre Kinder haben den Vorzug vor jenen der übrigen Frauen. Letztere wohnen jede einzeln in eigenen Häuschen, gleich den Nebenweibern. Der König kann zwölf rechtmäßige Gattinnen nehmen, die aber alle aus den höchsten Familien sein müssen. Die regierende Königin, eben so wie deren Schwester und Töchter, haben das Recht ihre Gatten zu verabschieden und neue zu nehmen, so oft es ihnen beliebt.

Unser Frühstück war eben zu Ende und ich hatte mich in mein Zimmerchen zurückgezogen, als Herr Lambert kam, um mir zu melden, daß uns die Königin zur Vorstellung oder Audienz rufen ließe. Diese Ehre wird den Fremden gewöhnlich erst acht oder zehn Tage nach ihrer Ankunft bewilligt; die Königin schien aber Herrn Lambert vor allen Europäern, welche ihren Hof bisher besucht hatten, auszeichnen zu wollen, und so ward uns schon am vierten Tage das Glück zu Theil, vor ihrer hohen Person erscheinen zu dürfen.

Alle diese Ehrenbezeigungen und Auszeichnungen überraschten Herrn Lambert sehr. Schon auf Mauritius hatte er mir gesagt, daß er an dem Hofe der Königin zwar sehr viele Freunde, aber auch einige höchst gefährliche Feinde besäße, welche seine Abwesenheit benützt haben dürften, ihn sowohl bei der Königin als auch bei dem Prinzen Rakoto auf das ärgste zu verleumden. Was mir aber Herr Lambert damals nicht vertraute und erst hier gestand, war, daß auch von einer anderen Seite versucht worden war, die Königin gegen ihn einzunehmen, und daß er in Folge dessen zu erwarten hatte, wenn nicht gerade schlecht, so doch immer mit einigem Mißtrauen empfangen zu werden.

Ich bekam bei dieser Gelegenheit den ersten wirklichen Einblick in Herrn Lambert's Pläne und Absichten, die freilich nichts weniger als geeignet waren, der Königin eine besondere Neigung für ihn einzuflößen. Als Herr Lambert im Jahre 1855 zum ersten Male nach Tananariva kam und sah, mit welch' unerhörter Grausamkeit die Königin regierte, erwachte in ihm der Wunsch, das unglückliche Volk von dieser Tyrannin zu befreien. Es gelang ihm, die Freundschaft des Prinzen Rakoto zu erwerben, den das Elend seines Volkes ebenfalls tief berührte und der schon damals zu Herrn Lambert sagte, daß es ihm gleich sei, wer sein Volk regiere, wenn es nur gut und gerecht regiert werde.

Die beiden Männer verständigten sich bald; Herr Lambert schloß mit dem Prinzen Rakoto einen Vertrag ab, und nahm sich vor, bei der französischen oder englischen Regierung Unterstützung zu suchen.

Im Jahre 1856 ging er nach Paris, schilderte dem Kaiser in einer Privat-Audienz das namenlose Elend des Volkes auf Madagaskar und suchte ihn zu bewegen, sich dieses unglücklichen Landes anzunehmen. Aber wo blos Philanthropie und sonst keine anderen Interessen im Spiele sind, da ist es schwierig die Theilnahme einer europäischen Regierung zu erregen. Die Audienz blieb ohne Erfolg, eben so jene, welche Herr Lambert in demselben Jahre in London bei dem Premier-Minister Lord Clarendon nahm, und anstatt Vortheile durch diese Schritte zu erlangen, erwuchsen daraus für Herrn Lambert nur Schwierigkeiten und Hindernisse.

Die englische Missions-Gesellschaft erfuhr nämlich alles, was Herr Lambert in Bezug auf Madagaskar gethan hatte. Sie befürchtete, daß, wenn Frankreich die Insel in Besitz nähme, die römisch-katholische Religion allein eingeführt und erlaubt werden dürfte — ein Unglück, das natürlich für die Bewohner viel größer wäre, als jenes von einem so grausamen Weibe regiert zu werden, wie die Königin Ranavola, das nach Laune mit Menschenleben spielt und sie opfert. Die Gesellschaft faßte deshalb den edlen Entschluß, Herrn Lambert auf alle Art entgegenzuarbeiten und sandte sogleich einen ihrer Auserwählten, den Missionär Herrn William Ellis, nach Tananariva, um der Königin mitzutheilen, was Herr Lambert gegen sie unternommen habe.

Herr William Ellis bewies leider bei dieser Gelegenheit, daß auch englische Missionäre, wenn es sich darum handelt, irgend etwas durchzusetzen, verstehen, Wahrhaftigkeit und Aufrichtigkeit bei Seite zu lassen und sich jesuitischer Kunstgriffe zu bedienen.

Die ganze Reise des Herrn Ellis bestand, wie meine Leser sehen werden, aus einem Gewebe von „Unwahrheiten" (um nicht Lügen zu sagen) und von Erfindungen.

In Mauritius, welche Insel Herr Ellis auf der Reise nach Madagaskar berührte, erzählte er, daß ihn die Königin Ranavola nach Tananariva berufen habe (erste Unwahrheit).

In Tananariva angelangt, sagte er der Königin, daß er von der englischen Regierung an sie gesandt worden sei (zweite Unwahrheit), um ihr zu versichern, daß England nichts sehnlicher wünsche, als mit ihrem Lande fortwährend in demselben freundschaftlichen Verhältnisse zu stehen, wie dieß unter Georg dem Vierten der Fall gewesen war. Er theilte der Königin ferner alles mit, was Herr Lambert in Frankreich und England gegen sie unternommen habe, schilderte diesen als einen sehr gefährlichen Mann, als einen Spion der französischen Regierung und behauptete, er würde in kurzer Zeit mit französischen Truppen (dritte Unwahrheit) kommen, um die Königin zu Gunsten ihres Sohnes zu entthronen.

Hätte diesen verschiedenen Lügen noch ein edler Zweck zu Grunde gelegen, so könnte man sie mit dem ebenfalls jesuitischen Grundsatz entschuldigen: „Der Zweck heiliget die Mittel," — hier aber handelte es sich im Gegentheil darum, eine Unternehmung, die das Wohl eines ganzen Volkes betraf, ein rein christliches, menschenfreundliches Werk zu erschweren oder gar unmöglich zu machen. Eine Missions-Gesellschaft sollte die Nächstenliebe wahrlich besser verstehen, die Gebote der Religion nicht so weit vergessen und bedenken, daß sie mit Politik nichts zu schaffen hat.

Der Beruf eines Missionärs ist der schönste, den es geben kann. Nicht leicht bietet ein anderer so viel Gelegenheit, Edles und Gutes zu wirken; aber es ist ein Unglück, daß die meisten Missionäre sich mehr um die Welthandel als um die Verbesserung der Menschen bekümmern, und statt Milde, Eintracht und Duldung zu lehren und auszuüben, ihren Anhängern nichts eifriger predigen, als jede andere Sekte zu hassen, zu verachten und wo möglich zu verfolgen. (Ich verweise meine Leser auf das, was ich schon in meinen früheren Werken über Missionäre, besonders über die englischen und nordamerikanischen, geschrieben habe.)

So kam auch Herr Ellis, anstatt mit dem Oelzweige, mit dem Schwerte nach Tananariva. Bei der Königin verrieth und verleumdete er Herrn Lambert, und dem Prinzen Rakoto hielt er eine lange Predigt über dessen unerhörtes Vergehen, sich gegen seine edle Mutter empören zu wollen. Er sagte dem Prinzen, daß der englische Hof, als er davon gehört habe, so betrübt gewesen sei, daß er Trauer angelegt habe (vierte, höchst lächerliche Unwahrheit).

Der Prinz war so herablassend, sich diesem Manne gegenüber zu entschuldigen und erwiederte ihm, daß, wenn er seine Mutter blos in der Absicht von dem Throne zu entfernen suchte, um sich selbst hinauf zu schwingen, er (der Missionär) mit seinen Vorwürfen vollkommen Recht hätte. Dieß sei jedoch nicht der Fall und sein einziger Wunsch bestehe darin, daß der Königin nur die Macht benommen würde, Grausamkeiten zu begehen; alles übrige gönne er ihr gerne, und für sich selbst verlange er nicht daß geringste.

Sowohl in Tananariva wie in Mauritius erzählte Herr Ellis, daß Herr Lambert den Prinzen um die Unterschrift des Kontraktes betrogen habe (fünfte Unwahrheit), der Prinz sei durchaus nicht geneigt dazu gewesen, einen Privat-Vertrag mit Herrn Lambert einzugehen; letzterer habe ihn zu einem großen Mahle geladen, betrunken gemacht und in diesem Zustande zur Unterzeichnung vermocht. Als der Prinz am folgenden Tage davon in Kenntniß gesetzt worden sei, habe ihn diese hinterlistige Handlungsweise so sehr gegen Herrn Lambert aufgebracht, daß er ihn für immer aus seiner Gegenwart verwiesen. Dieser poetischen Erdichtung fügte Herr Ellis in Mauritius noch bei, daß er Herrn Lambert nicht rathen möchte, je wieder nach Madagaskar zu gehen, denn er hätte von dem Haß und von der Verachtung sowohl der Königin wie des Prinzen Rakoto das ärgste zu befürchten.

In Tananariva erzählte mir der Prinz selbst die Geschichte von der Unterzeichnung des Vertrages. Er ließ mich denselben lesen, und gab mir die Versicherung, daß die Geschichte von der Berauschung erfunden, daß er in vollkommener Kenntniß von dem gewesen sei, was er unterzeichnet habe, und daß er diesen Schritt nicht im geringsten bereue. Ich wollte, Herr Ellis hätte gesehen, mit welcher Erbitterung, mit welcher Verachtung der Prinz bei dieser Gelegenheit seiner gedachte.

Auch der sechsten und letzten Unwahrheit, die dieser Herr bei seiner Rückkehr von Madagaskar nach Mauritus mitbrachte, muß ich widersprechen. Er rühmte sich überall der guten Aufnahme, die er in Tananariva gefunden und der großen Gunst, in welcher er bei der Königin und bei dem Prinzen gestanden. Diese Gunst war so groß, daß er nach kaum vierwöchentlichem Aufenthalte von Tananariva fortgeschafft wurde. Er suchte um die Erlaubniß an, länger bleiben zu dürfen, und führte als Grund an, daß die Zeit des Fiebers nicht vorüber sei, daß es im Gegentheil in den Niederungen noch sehr stark herrsche, daß er Frau und Kinder habe — die Königin möge dieß berücksichtigen und ihn nicht der Gefahr des Todes aussetzen. Alles aber war umsonst, er mußte Tananariva verlassen. Die Königin war höchst aufgebracht gegen ihn, weil er mehrere Bibeln ausgetheilt, und der Prinz Rakoto, weil er Herrn Lambert so verleumdet hatte.

Doch genug von diesen Intriguen und Unwahrheiten, die leider weder der englischen Missions-Gesellschaft noch Herrn Ellis Ehre machen.

13. Kapitel.

Vorstellung bei Hofe. — Das Manasina. — Der königliche Palast. — Die Hovas, — Gräuelszene aus der Regierung der Königin. — Hinrichtungen. — Das Tanguin. — Verfolgung der Christen. — Eine Reise der Königin. — Haß gegen die Europäer. — Das Grabmal des Stieres.

Unsere Vorstellung bei Hofe fand, wie oben bemerkt, am 2. Juni statt. Gegen 4 Uhr Nachmittags ließen wir uns nach dem Palaste tragen, über dessen Eingangs-Pforte ein großer vergoldeter Adler mit ausgebreiteten Flügeln schwebt. Wir überschritten die Schwelle der Etikette gemäß zuerst mit dem rechten Fuße, und eben so jene einer zweiten Pforte, die nach einem großen Hofraume vor dem Palaste führte. Hier sahen wir die Königin, auf dem Balkon des ersten Stockwerkes sitzend; wir mußten uns in dem Hofe ihr gegenüber in einer Reihe aufstellen. Unter dem Balkon standen Soldaten, welche einige Exercitien machten, deren letztes unendlich komisch aussah — es bestand darin, daß sie den rechten Fuß plötzlich hoch aufzogen, als hätte sie die Tarantel gestochen.

Die Königin war nach der Landessitte in einen weiten seidenen Simbu gehüllt, und als Kopfschmuck trug sie eine ungeheure goldene Krone. Obwohl sie im Schatten saß, wurde doch über ihrem Haupte ein sehr großer, hochrothseidener Schirm aufgespannt gehalten; es gehört dieß zum königlichen Prunke. Sie ist von ziemlich dunkler Hautfarbe, von kräftigem Körperbau, und obwohl bereits 75 Jahre alt, zum Unglück des armen Landes noch rüstig und munteren Geistes. Einst soll sie dem Trunke sehr ergeben gewesen sein, sie hat aber diesem Laster schon seit Jahren entsagt.

Auf der rechten Seite der Königin stand ihr Sohn, der Prinz Rakoto, auf der linken ihr Adoptiv-Sohn, der Prinz Ramboasalama; hinter ihr saßen und standen einige Nichten, Neffen, nebst anderen Verwandten männlichen und weiblichen Geschlechtes und mehrere Große des Reiches. Der Minister, der uns nach dem Palaste geführt hatte, hielt eine kurze Rede an die Königin, nach welcher wir uns dreimal verbeugen und die Worte sagen mußten: *„Esaratsara, tombokoë‟*, was so viel heißt, als: „Wir begrüßen dich bestens.“ — Sie antwortete darauf: *„Esaratsara,“* das ist: „schon gut.“ Wir schwenkten uns dann links, um das Grabmal des Königs Radama, welches einige Schritte seitwärts liegt, mit denselben drei Verbeugungen zu begrüßen, worauf wir wieder auf unseren früheren Platz vor den Balkon zurückkehrten und abermals drei Verbeugungen machten. Herr Lambert hielt bei dieser Gelegenheit ein Goldstück von 50 Franken in die Höhe und legte es in die Hand des uns begleitenden Ministers. Diese Gabe, welche jeder Fremdling, wenn er das erste Mal bei Hofe vorgestellt wird, geben muß, heißt: „Manasina“; sie braucht aber nicht aus einem Fünfzig-Frankenstücke zu bestehen, die Königin begnügt sich auch mit einem spanischen Thaler oder einem Fünf-Frankenstücke. Herr Lambert hatte übrigens schon bei der Gelegenheit des Sambas-Sambas ein Fünfzig-Frankenstück gegeben.

Nach der Ablieferung des Goldstückes fragte die Königin Herrn Lambert, ob er ihr etwas zu sagen habe oder etwas wünsche, worauf dieser mit „Nein“ antwortete. Auch an mich geruhten sich ihre Majestät zu wenden und mich zu fragen, ob ich gesund sei und das Fieber nicht bekommen habe. Dem Wechselfieber entgeht der Fremde selbst in der guten Jahreszeit höchst selten. Herr Lambert bekam davon schon am zweiten Tage nach unserer Ankunft in Tananariva einen leichten Anfall und in der Folge setzte es uns beiden gar arg zu. Nach der Beantwortung dieser Frage blieben wir noch einige Minuten stehen und betrachteten uns gegenseitig — dann gingen die Verbeugungen und Begrüßungen wieder von vorne an; auch von dem Grabmale Radama's mußten wir Abschied nehmen und im Hinausgehen wurden wir abermals darauf aufmerksam gemacht, ja nicht etwa mit dem linken Fuße die Schwelle zuerst zu überschreiten.

Auf diese Art ertheilt die stolze Königin von Madagaskar Fremdlingen Audienzen; sie dünkt sich viel zu groß und zu erhaben, Fremde gleich das erste Mal in ihre unmittelbare Nähe kommen zu lassen. Hat man das hohe Glück, ihr ganz besonders zu gefallen, so wird man später wohl in den Palast selbst eingeführt, nie aber bei der ersten Audienz.

Der königliche Palast ist ein sehr großes hölzernes Gebäude aus einem Erdgeschoße und zwei Stockwerken bestehend und mit einer ungewöhnlich hohen Bedachung versehen. Die Stockwerke sind mit breiten Gallerien umgeben. Rings um das Gebäude erheben sich hölzerne, 80 Fuß hohe Säulen, die das Dach tragen, welches zeltartig noch 40 Fuß höher steigt, und dessen Mittelpunkt auf einer Säule ruht, die nicht weniger als 120 Fuß Höhe mißt. Alle diese Säulen, jene im Mittelpunkte nicht ausgenommen, bestehen aus einem einzigen Stamm, und wenn man bedenkt, daß die Wälder, in welchen es Bäume gibt, die groß genug sind, um ähnliche Säulen zu liefern, 50 bis 60 englische Meilen von der Stadt entfernt liegen, daß die Wege durchaus ungebahnt und theilweise beinahe ungangbar sind, und daß alles ohne Beihilfe eines Lastthieres oder einer Maschine herbeigeschleppt, mit den einfachsten Werkzeugen bearbeitet und aufgestellt wurde, so muß man die Aufführung dieses Palastes ein wahres Riesenwerk nennen, das man den Wundern der Welt beizählen könnte. Mit der Herbeischaffung der höchsten Säule allein waren 5000 Menschen beschäftigt, und zu ihrer Aufstellung benöthigte man zwölf Tage.

Alle diese Arbeiten verrichtete das Volk als Frohndienst, ohne dafür Lohn oder Kost zu bekommen. Wie man mir sagte, sind während des Baues 15.000 Menschen der schweren Arbeit und dem Mangel an Lebensmitteln erlegen. Das kümmert jedoch die Königin sehr wenig, und die halbe Bevölkerung mag zu Grunde gehen, wenn nur ihre hohen Befehle vollführt werden.

Vor dem Hauptgebäude ist ein schöner Hofraum freigelassen, um welchen mehrere hübsche Häuser stehen, alle ebenfalls von Holz. In dem Hauptgebäude selbst wohnt niemand; es enthält blos große Prunk- und Festgemächer, und die eigentlichen Wohn- und Schlafzimmer der Königin befinden sich in einem der Seitengebäude, welches mit dem Palaste durch eine Gallerte in Verbindung steht.

Auf der linken Seite schließt sich an das Hauptgebäude der „silberne Palast" an, so genannt, weil alle Kanten der Wölbungen, mit welchen dieses Gebäude verziert ist, so wie Thüren- und Fenster-Rahmen mit unzähligen silbernen Glöckchen behangen sind. Dieser Palast ist die Residenz des Prinzen Rakoto, der ihn jedoch nur sehr selten benützt. Gewöhnlich bewohnt er sein Haus in der Stadt.

Neben dem silbernen Palaste steht das Grabmal des Königs Radama, ein ganz kleines hölzernes Häuschen ohne Fenster, welches aber eben durch den Mangel an Fenstern und dadurch, daß es auf ein Piedestal gebaut ist, den Anstrich eines Monumentes gewinnt.

Auf Madagaskar herrscht der sonderbare Gebrauch, daß, wenn ein König stirbt, man ihm seinen ganzen Schatz an Gold, Silberzeug und anderen Kostbarkeiten mit in das Grab legt. Freilich kann der Erbe den Schatz im Fall der Noth wieder beheben, und so viel ich in Erfahrung bringen konnte, soll dieß auch jedesmal geschehen sein.

Radama's Schatz wird nur auf 50.000 Piaster geschätzt, dagegen jener seines Vaters auf eine Million. Der Schatz oder das Vermögen der jetzt regierenden Königin beläuft sich, wie man mir sagte, auf 5 bis 600.000 Thaler, und ihre jährlichen Einkünfte betragen 30 bis 40.000 Thaler. Letztere Summe kann sie beinahe ohne den geringsten Abzug ihrem Schatze beifügen, da sie weder für ihre Regierung noch für ihre Person irgend eine Ausgabe zu machen hat; denn was die Regierung anbelangt, so muß das Volk alle Dienste umsonst leisten, sowie jede Staatsausgabe auf dasselbe vertheilt wird, und was die königliche Person betrifft, so ist sie Eigenthümerin des Landes und besitzt eine Unzahl von Sklaven, die für alle Bedürfnisse ihres Haushaltes zu sorgen haben. Selbst die Kleider, welche sie trägt, sind zum größten Theile aus Stoffen verfertigt, die im Lande selbst erzeugt und von ihren Sklaven und Sklavinnen gewebt und verarbeitet werden.

Unter den Eingeborenen soll es in Tananariva einige geben, welche ein Vermögen von mehr als 100.000 Thalern besitzen; sie halten aber ihren Reichthum geheim, denn bekäme die Königin Nachricht von dem Vorhandensein eines solchen Schatzes, so könnte leicht die Lust in ihr erwachen, denselben zu heben. Der ganze Reichthum der Insel an baarem Golde wird auf höchstens 3,000.000 Thaler geschätzt. Den Schatz, den die Königin besitzt, gönne ich ihr gerne; aber das größte Glück für Madagaskars Bevölkerung wäre es, wenn er recht bald begraben würde, natürlich in Gesellschaft ihrer eigenen hohen Person. Sie ist unstreitig eines der grausamsten und stolzesten Weiber auf dem ganzen Erdenrunde, und ihre Geschichte liefert nichts als Gräuelthaten und Blutscenen. Gering gerechnet verlieren auf Madagaskar jährlich zwischen 20 und 30.000 Menschen ihr Leben, theils durch Hinrichtungen und Vergiftungen, theils durch vorsetzlich auferlegte harte Arbeiten, durch Kriege u.s.w. — Wenn die Regierung dieses Weibes noch lange dauert, so wird die schöne Insel am Ende ganz entvölkert; schon jetzt soll die Bevölkerung um die Hälfte geringer sein, als sie es zu König Radama's Zeiten war, und Tausende von Dörfern sind bereits spurlos von der Erde verschwunden.

Hinrichtungen und Metzeleien finden oft im großen statt und treffen hauptsächlich die Seklaven, welche der Königin am verhaßtesten zu sein scheinen; aber auch mit den Malegaschen und den übrigen Nationen geht sie nicht viel glimpflicher um, und die einzige Race, die einigermaßen Gnade in ihren Augen findet, ist, wie bereits bemerkt, die der Hovas, aus welcher sie selbst stammt.

Einst waren die Hovas von allen Völkern Madagaskars das am meisten verachtete und verabscheute; man betrachtete sie ungefähr so, wie in Indien die Paria's. Erst unter dem König Radama, und besonders unter der jetzigen Königin, hat sich dieses Volk hervorgethan und durch Tapferkeit, Intelligenz und Ehrgeiz den ersten Platz errungen. Leider ist es aber dadurch nicht edler geworden, und seine guten Eigenschaften werden von den schlechten stark überwogen, ja, wie mir Herr Laborde sagte, vereinigt der Hova sämmtliche Laster aller Völker der Insel. Lüge, Betrug und Verstellung sind bei ihm nicht nur herrschende, sondern so hochgeschätzte Laster, daß er sie seinen Kindern so früh als möglich beizubringen sucht. Unter sich leben die Hova's in immerwährendem Mißtrauen, und Freundschaft gehört bei ihnen zu den unmöglichen Dingen. Was ihre Schlauheit und List anbelangt, so soll sie das Unglaubliche leisten, und der geübteste Diplomat Europa's könnte bei ihnen noch in die Schule gehen.

Die Hovas sind malaischen Ursprungs und unstreitig minder häßlich als die übrigen Völker Madagaskars; ihre Züge haben weniger von dem Negertypus und sind selbst besser geformt als jene der Malaien auf Java und in dem indischen Archipel; ihr Körper ist größer und stärker gebaut. Die Haut spielt in alle Farben, vom Oliven-gelben bis in das Dunkel-rothbraune. Manche sind sehr licht; dagegen bemerkte ich viele, besonders unter den Soldaten, deren Hautfarbe so stark in das Röthliche geht, daß ich sie viel eher für Rothhäute gehalten hätte, als die Indianer-Nordamerika's, die man mit diesem Namen bezeichnet. Augen und Haare haben sie schwarz, letztere lang und wollig gekraust.

Aber selbst die Hovas, das Lieblingsvolk der Königin, werden mit eiserner blutiger Hand regiert und wenngleich nicht zu Hunderten und Tausenden hingerichtet, wie die übrigen Nationen, so doch auch für ganz unbedeutende Verbrechen mit dem Tode bestraft.

Blut und immer Blut, das ist der Wahlspruch der Königin Ranavola, und es scheint diesem bösen Weibe wohl jeder Tag verloren, an welchem es nicht wenigstens ein halbes Dutzend Todesurtheile unterzeichnen kann.

Damit meine Leser besser die Königin kennen lernen, deren sich die englische Missions-Gesellschaft in ihrer Nächstenliebe so warm angenommen hat, welcher der Missionär Herr Ellis das Wort zu sprechen wagte und die er auf dem Thron zu erhalten suchte, will ich einige der vielen Gräuelscenen anführen, welche auf ihren Befehl über das unglückliche Land verhängt worden sind, und von denen die erste allein genügen würde, den Namen Ranavola für ewig zu brandmarken.

Im Jahre 1831, zu einer Zeit, da das Heer noch gut geschult und die von dem König Radama eingeführte Disciplin noch nicht ganz vergessen war, eroberte die Königin einen großen Theil der östlichen Küste, deren Hauptbevölkerung aus Seklaven besteht. Sie befahl allen Männern des besiegten Landes, an einen bestimmten Ort zu kommen, um ihr zu huldigen. Als die Leute, 25.000 an der Zahl, versammelt waren, wurde ihnen befohlen, die Waffen niederzulegen, worauf man sie auf einen großen Platz führte und ganz mit Militär umstellte. Hier mußten sie niederknien, um auf diese Art ihre Unterwürfigkeit zu bezeugen; kaum war dieß jedoch geschehen, so fielen die Soldaten über die Unglücklichen her und metzelten sie alle nieder. Ihre Weiber und Kinder wurden als Sklaven verkauft.

Solches Loos trifft die Besiegten; aber viel besser ist jenes der Unterthanen auch nicht.

So wurde z. B. im Jahre 1837 der Königin von ihren Ministern berichtet, daß es unter dem Volke sehr viele Zauberer, Diebe, Grabesschänder und andere Verbrecher gäbe. Die Königin ließ sogleich einen Kabar (Gerichtssitzung) von sieben Wochen ausschreiben und zu gleicher Zeit dem Volke verkünden, daß sie allen jenen Verbrechern, die sich selbst angäben, das Leben schenken, dagegen jene, die dieß nicht thäten, mit dem Tode bestrafen würde. Es ergab sich eine Totalsumme von nahe an 1600 Personen; ungefähr 1500 hatten sich dem Gerichte freiwillig überliefert, 96 waren denuncirt worden. Von diesen 96 wurden 14 verbrannt, und die übrigen 82 theils über einen hohen Felsen gestürzt, der innerhalb des Stadtgebietes von Tananariva liegt und schon Tausenden das Leben gekostet hat, theils in eine Grube geworfen und mit kochendem Wasser übergossen, theils durch die Lanze hingerichtet oder vergiftet. Einige wurden geköpft, mehreren wurde ein Glied nach dem andern abgeschnitten; der qualvollste Tod aber traf den letzten, den man in eine Matte derart einnähte, daß nur der Kopf frei blieb — er mußte bei lebendigem Leibe verfaulen.

Diejenigen, welche sich selbst angegeben hatten, wurden zwar dem königlichen Versprechen gemäß nicht hingerichtet; allein es erging ihnen noch viel schlechter. als den zum Tode Verurtheilten. Die Königin erklärte, daß es zu gefährlich sei, eine so große Anzahl von Verbrechern freizugeben, und daß man sie jedenfalls wenigstens unschädlich machen müsse. Sie ließ ihnen schwere Eisen um den Hals und um die Handgelenke schmieden, und je vier bis fünf der Unglücklichen mittelst 18 Zoll langer und sehr dicker eisernen Stangen an einander schmieden. Nach dieser Operation waren sie frei, das heißt, sie konnten hingehen wo sie hin wollten; nur gab es überall Wächter, die strenge darauf zu sehen hatten, daß keines der Eisen losgefeilt würde. Starb einer von der Gruppe, so mußte ihm der Kopf abgeschnitten werden, um den Körper von dem Halseisen befreien zu können, und die Eisen des Verstorbenen blieben den noch Lebenden zur Last, so daß diese am Ende sich kaum mehr von dem Platze schleppen konnten und unter dem schweren Gewichte jämmerlich zu Grunde gingen.

Im Jahre 1855 fiel es einigen Leuten in der Provinz Vonizonga unglücklicher Weise ein, zu behaupten, daß sie ein Mittel entdeckt hätten, die Hand eines Diebes wenn er dieselbe nach etwas ausstrecke, unsichtbarer Weise zu befestigen, so daß er sie nicht bewegen und nicht von der Stelle kommen könne. Als die Königin davon hörte, befahl sie die Leute strenge zu bestrafen, denn wie sie meinte, könnte sie selbst einmal in diese Provinz kommen, und durch ähnliche Hexereien getödtet werden. Zweihundert Personen wurden gefangen genommen und zum Tanguin verurtheilt, wovon 180 starben.

Das Tanguin (Vergiftung) wird sehr häufig und über Leute jeden Standes, über den Hoch-Adeligen wie über den Sklaven verhängt; es genügt dazu der bloßen Beschuldigung irgend eines Verbrechens. Jederman kann den Ankläger machen; er braucht keine Beweise vorzubringen. Das einzige, was er zu thun hat, ist 28½ Thaler zu erlegen. Dem Beschuldigten wird nicht erlaubt, sich zu vertheidigen; er muß sich der Probe des Giftes unterwerfen. Kommt er mit dem Leben davon, so gibt man ihm ein Drittheil des erlegten Geldes, das zweite Drittheil gehört der Königin und das dritte wird dem Ankläger zurückgegeben. Stirbt der Beschuldigte, so erhält der Ankläger sein Geld zurück, weil in diesem Falle seine Anklage als richtig betrachtet wird.

Die Vergiftung geschieht auf folgende Art: das Gift kommt von dem Kerne einer Frucht, welche die Größe eines Pfirsiches hat und auf dem Baume *Tanguinia veneniflora*, wächst. Dem Verurtheilten wird von dem Lampi-tanguine (so heißt derjenige, welcher das Gift eingibt) der Tag bestimmt, an welchem er es zu nehmen hat. Er darf schon 48 Stunden vor dem festgesetzten Tage nur sehr wenig, und in den letzten 24 Stunden gar keine Nahrung zu sich nehmen. Seine Verwandten begleiten ihn zu dem Giftmischer. Hier muß er sich entkleiden und schwören, zu keiner Zauberei Zuflucht genommen zu haben. Der Lampi-tanguine schabt dann mittelst eines Messers so viel Pulver von dem Kerne, als er für nöthig hält. Bevor er dem Beschuldigten das Gift eingibt, fragt er ihn, ob er sein Verbrechen eingestehen wolle, was dieser jedoch nie thut, da er das Gift dennoch einnehmen müßte. Der Lampi-tanguine legt das Gift auf drei Stückchen Haut, die aus dem Rücken eines fetten Huhnes geschnitten und ungefähr zollgroß sind, rollt sie zusammen und heißt den Beschuldigten sie verschlucken.

In früheren Zeiten starben beinahe alle, die dieses Gift nahmen, unter den heftigsten Schmerzen und Zuckungen; seit ungefähr zehn Jahren ist aber jenen, die nicht von der Königin selbst zum Tanguin verurtheilt werden, erlaubt, folgendes Mittel dagegen anzuwenden: Sobald der Beschuldigte das Gift genommen hat, geben ihm seine Verwandten Reiswasser in solcher Menge zu trinken, daß oft der ganze Körper anschwillt, wodurch gewöhnlich ein schnelles heftiges Erbrechen bewirkt wird. Hat der Vergiftete das Glück, nicht nur das Gift, sondern auch die drei Häutchen, und zwar letztere unversehrt zu erbrechen, so wird er für schuldlos erklärt, und seine Verwandten bringen ihn im größten Triumphe unter Jubel und Gesang nach Hause. Bleibt aber eines der Häutchen zurück, oder ist es beschädigt, so rettet er nicht das Leben — er wird in diesem Falle durch die Lanze oder auf eine andere Art getödtet.

Einer von den Adeligen, die häufig unser Haus besuchten, war vor mehreren Jahren dazu verurtheilt worden, das Tanguin zu nehmen. Er erbrach glücklicher Weise das Gift und die drei Häutchen, alle drei vollkommen unversehrt. Sein Bruder lief eilig zu der Gattin, ihr dieses freudige Ereigniß zu verkünden, und die Arme wurde davon so ergriffen, daß sie besinnungslos zu Boden sank. So viel Gefühl bei einer der hiesigen Frauen zu finden, kam mir ganz unerwartet, und ich wollte es kaum glauben. Da erfuhr ich aber, daß, wenn ihr Mann gestorben wäre, man sie eine Hexe genannt und wahrscheinlich, auch zum Tanguin verurtheilt hätte — die heftige Gefühls-Aufregung war daher wohl mehr eine Folge der Freude über die eigene Rettung, als über die des Gatten. Während meiner Anwesenheit in Tananariva starben einem Weibe plötzlich mehrere Kinder. Man beschuldigte es, seine Kinder durch Zauberei getödtet zu haben, und verurtheilte die Mutter zum Tanguin. Die Unglückliche erbrach zwar das Gift und auch zwei der Häutchen, das dritte kam jedoch nicht zum Vorschein. Sie wurde daher ohne Barmherzigkeit getödtet.

Wie schon früher bemerkt wurde, hat die Königin gleich bei dem Antritte ihrer Regierung das Christenthum, welches unter König Radama in Madagaskar eingeführt worden war, auf das strengste unterdrückt. Dessenungeachtet soll es noch ziemlich viel Christen auf dieser Insel geben, die natürlich ihren Glauben so geheim als möglich halten. Trotz aller angewandten Vorsichtsmaßregeln wurde aber dennoch vor ungefähr sechs Jahren in Tananariva eine ganze kleine Gemeinde verrathen und aufgegriffen. Die Königin ließ vier von den Unglücklichen verbrennen — eine Strafe, die gewöhnlich nur über Adelige, Offiziere und Soldaten verhängt wird — vierzehn über den hohen Fels stürzen und viele andere zu Tode prügeln. Von den übrigen wurden die Adeligen ihrer Titel und Würden entsetzt, die Nichtadeligen als Sklaven verkauft. Die aufgefundenen Bibeln verbrannte man öffentlich auf dem großen Marktplatze.

Eine der geringsten Strafen, zu welchen die Königin ihre Unterthanen verurtheilt, ist, sie als Sklaven verkaufen zu lassen. Folgende Fälle mögen beweisen, mit welcher Leichtigkeit dieß geschieht.

Einst hatte sie spanische Thaler schmelzen und daraus silberne Schüsseln verfertigen lassen. Als man diese ihr brachte, war sie mit der Arbeit nicht ganz zufrieden, berief die Silber- und Goldschmiede nach dem Palaste und trug ihnen auf, eine bessere Arbeit zu liefern. Die guten Leute thaten ihr möglichstes und brachten zu ihrem Unglück schönere Schüsseln zu Stande, als das erste Mal. Die Königin war damit zufrieden, lobte sie und als Belohnung — befahl sie, die ganze Zunft als Sklaven zu verkaufen, auch jene, die an der Arbeit gar nicht betheiligt gewesen waren, und zwar aus dem Grunde, weil sie nicht gleich das erste Mal so schöne Schüsseln geliefert hatten, als sie es zu thun im Stande waren.

Ein anderes Mal verloren viele Personen ihre Freiheit in Folge eines Sterbefalles in der königlichen Familie. Wenn ein Adeliger aus was immer für einer Kaste stirbt, hat die vierte Kaste die Verpflichtung, ihm das Sterbetuch überzuwerfen und den Leichnam in das Grab zu senken. Der Verstorbene war aber in Ungnade gefallen und von der Stadt verbannt gewesen, auch wurde vom Hofe keine Trauer für ihn angelegt. Unter diesen Umständen befürchteten die Adeligen der vierten Kaste der Königin zu mißfallen, wenn sie dem Todten die letzte Ehre erwiesen und überließen dieß Leuten aus dem Volke. Kaum aber wurde die Königin davon unterrichtet, so verurtheilte sie die ganze Kaste zu einer Strafe von 400 Thalern und ließ aus ihr 126 Personen, darunter Weiber und Kinder, als Sklaven verkaufen.

Oft gerathen sämmtliche Bewohner eines Dorfes in Sklaverei, blos weil sie von dem Fleische eines gestohlenen Ochsen genossen haben. Der Diebstahl eines Ochsen wird nämlich mit dem Tode bestraft; gehört aber der gestohlene Ochs der Königin, so wird nicht nur der Dieb hingerichtet, sondern alle Leute, welche von dem Fleische des Ochsen gegessen haben, werden als Sklaven verkauft, und da man sich nicht die Mühe gibt zu untersuchen, wer dieß gethan oder unterlassen hat, so trifft die Strafe, wie gesagt, die ganze Ortschaft, in welcher der Ochs verkauft und geschlachtet wurde. Nur das Kind an der Mutterbrust wird verschont, weil man voraussetzt, daß ein Säugling kein Fleisch ißt.

Ein nicht geringeres Verbrechen von Seite der Unterthanen ist es, zu Wohlhabenheit und Reichthum zu gelangen, und es zieht ihnen dieß, sobald es bekannt wird, die größten Verfolgungen zu. Erfährt die Königin z. B., daß eine Ortschaft etwas reich an Vieh, an Reis oder anderen Dingen geworden ist (von Geld kann natürlich bei Dorfbewohnern nicht die Rede sein), so stellt sie den Leuten irgend eine Aufgabe, die sie nicht vollbringen können; sie fordert von ihnen, so und soviel Holz oder Steine oder sonstige Gegenstände in einer bestimmten Zeit nach einem bestimmten Orte zu schaffen. Die Quantität der Gegenstände ist aber so groß und die zu ihrer Herbeischaffung angewiesene Zeit so kurz, daß die Leute bei dem besten Willen und mit größter Anstrengung damit nicht zu Stande kommen können. So werden sie dann zu Geldstrafen von einigen hundert Thalern verurtheilt, und da sie diese nicht besitzen, müssen sie ihr Vieh, ihren Reis, ihre Sklaven, ja häufig sich selbst verkaufen.

Einzelne Reiche werden mitunter auf folgende Art ausgeplündert: Ein Tsitialenga (so heißt derjenige, der nicht lügt) geht von Soldaten begleitet in das Haus des ausersehenen Opfers; hier pflanzt er seine Lanze in den Boden, beschuldigt das Haupt der Familie irgend eines Vergehens gegen die Regierung, eines ausgestoßenen Schimpfwortes gegen die Königin, oder sonst eines Verbrechens, nimmt den Beschuldigten gefangen und führt ihn vor den Richter. Verliert er den Prozeß, so wird seine ganze Habe konfiscirt, gewinnt er ihn, so geht sein halbes Besitzthum auf Bestechungen und andere Kosten auf, denn obgleich Madagaskar ein halbwildes Land ist, so verstehen die Richter ihr Geschäft dennoch eben so gut, wie ihre Kollegen in manchen der civilisirten Staaten Europa's.

Doch mit Hinrichtungen, Vergiftungen, Sklaverei, Beraubungen und anderen Strafen ist bei weitem noch nicht alles abgethan; was Bosheit und Grausamkeit anbelangt, ist der Scharfsinn der Königin Ranavola unerschöpflich. So hat sie denn auch andere Mittel ersonnen, die armselige Bevölkerung zu verdünnen oder noch mehr in das Elend zu bringen.

Eines dieser Mittel, welches von Zeit zu Zeit angewendet wird, ist eine Reise der Königin.

Beispielsweise begab sich die Königin im Jahre 1846 nach der Provinz Manerinerina, um sich vorgeblich mit Büffel-Treibjagden zu unterhalten. Auf dieser Reise begleiteten sie mehr als 50.000 Personen; alle Adeligen, alle Offiziere aus naher und weiter Umgebung von Tananariva hatte sie dazu eingeladen, und damit der Zug recht pomphaft erscheine, mußte jeder seine sämmtlichen Diener und Sklaven mitnehmen. 10.000 Soldaten marschirten mit, nicht viel weniger Träger, und 1200 Mann gingen stets eine Tagreise voraus, um die Wege breiter zu machen und auszubessern. Auch die Bewohner der Dörfer, an welchen die Königin vorüber kam, wurden nicht verschont, und von jeder Ortschaft mußte wenigstens ein Theil der Einwohner mit Weibern und Kindern dem Zuge folgen. Viele aus dem Volke wurden gleich den Wegmachern vorangeschickt, um das Nachtquartier der Königin zu bereiten — eine nicht geringe Arbeit, da die Häuser oder Zelte, welche für die königliche Familie bestimmt waren, von einem hohen Erdwalle umgeben werden mußten, damit Ihre hohe Majestät nicht etwa während der Nacht von Feinden überfallen und ihrem geliebten Volke geraubt würde.

Da die erhabene menschenfreundliche Frau bei einer solchen Reise nur für ihren eigenen Unterhalt Vorsorge trifft und ihren Begleitern nichts anderes gibt als die Erlaubniß, sich von den Lebensmitteln zu ernähren, die jeder selbst mitbringt (vorausgesetzt, daß er dieß kann), so tritt unter den Soldaten, dem Volke und den Sklaven nur zu bald Hungersnoth ein. Dieß war auch bei jener Reise der Fall, und in den vier Monaten, welche sie währte, sollen an 10.000 Menschen, darunter besonders viele Weiber und Kinder, erlegen sein. Selbst der größte Theil der Adeligen litt die härtesten Entbehrungen, denn wo es noch einigen Reis gab, wurde er zu einem so hohen Preise verkauft, daß ihn nur die Reichsten und Vornehmsten bezahlen konnten.

In den ersten Jahren der Regierung der Königin Ranavola, als sie sich noch nicht fest genug auf dem Throne fühlen mochte, um ihre Grausamkeit an den eigenen Unterthanen auszuüben, war ihr Haß hauptsächlich gegen die Nachkommen des Königs Radama und gegen die Europäer gerichtet. Was letztere anbelangt, so hielt sie häufig Berathschlagungen mit ihren Ministern und anderen hohen Würdenträgern über die Mittel, diese verwünschte Race ferne von ihrem Lande zu halten. Wie mir Herr Laborde erzählte, sollen bei dieser Gelegenheit die aberwitzigsten und lächerlichsten Vorschläge an's Tageslicht gekommen sein. Einer der hochweisen Räthe z. B. äußerte den Gedanken, eine sehr hohe starke Mauer im Meere rings um Madagaskar aufzuführen, damit sich kein Schiff einem der Hafenplätze nähern könne. Ein zweiter schlug der Königin vor, riesige Scheren machen zu lassen und auf den Wegen, welche von den verschiedenen Hafenplätzen nach der Hauptstadt führen, aufzustellen; käme ein Europäer, so klappte man die Schere in dem Augenblicke, in welchem er über sie schritte, zusammen, und der kühne Wagehals wäre entzwei geschnitten. Ein dritter, nicht minder klug, rieth der Königin, eine Maschine mit einer großen eisernen Platte erfinden zu lassen, an welcher die feindlichen Kanonenkugeln abprallend, auf die Schiffe zurückgeworfen und letzteren dadurch verderblich würden.

Alle diese Vorschläge wurden von Ihrer Majestät mit vielem Beifall, mit großem Lob aufgenommen; man berieth sich darüber in der hohen Versammlung tage- und wochenlang — leider kam aber nichts zur Ausführung.

Noch muß ich einer rührenden Scene erwähnen, welche die englische Missions-Gesellschaft wohl nicht ermangeln wird, sollte sie es nicht bereits gethan haben, sehr zu Gunsten der Königin Ranavola auszulegen.

Die Königin liebt nichts so sehr als Kämpfe zwischen Stieren, und diese edle Unterhaltung findet häufig in dem schönen großen Hofraum vor dem Palast statt. Unter den gehörnten Kämpfern hat sie gar manche Lieblinge; sie erkundigt sich jeden Tag nach deren Wohlsein und trägt Sorge für sie, wie unsere europäischen Damen für ihre Schooßhündchen; wie zuweilen auch diesen gilt ihr das Wohl ihres vierfüßigen Lieblings bei weitem mehr, als das ihrer Freunde und Diener.

Einst in einem Gefechte fiel einer dieser Lieblinge und noch dazu der meist bevorzugte — die arme Königin war untröstlich über diesen Verlust. Bisher hatte niemand sie weinen gesehen. Es betraf sie in ihrem Leben wohl manches Unglück, denn sie hat ihre Eltern, ihren Mann, einige Kinder, Brüder und Schwestern verloren. Was sind aber diese alle im Vergleich zu ihrem Lieblingsstier?! — Sie weinte bitterlich, und lange, lange vermochte sie sich nicht zu trösten. Das Thier wurde mit all' den Ehren begraben, welche einem Großen des Reiches zukommen; man hüllte es in viele Simbus, überdeckte es mit einem großen, weißen Tuche und Marschälle mußten es zu Grabe tragen. Die Marschälle bewiesen bei dieser Gelegenheit, daß die Race der Hofleute auch in Madagaskar gedeiht — sie waren stolz auf diese Auszeichnung und rühmen sich ihrer noch heutzutage. Zwei große Steine wurden auf das Grab gesetzt zum Andenken des geliebten Verblichenen, und man sagt, daß die Königin seiner noch immer mit Wehmuth gedenke.

Dieses Grabmal liegt in der inneren Stadt; ich sah es selbst, und auch ich gedachte mit Wehmuth, aber nicht des todten Stieres, sondern des unglücklichen Volkes, das unter dem blutigen Drucke dieser Königin schmachtet, und des nicht minder unglücklichen Sektenhasses, der eine christliche Gesellschaft so weit bringen kann, ein solches Weib in Schutz zu nehmen.

14. Kapitel.

Diner in Herrn Laborde's Gartenhause. — Die madagaskarischen Damen und die Pariser Moden. — Die Verschwörung. — Ein Traum. — Der Kostüme-Ball. — Die unruhige Nacht. — Konzert bei Hofe. — Der Silber-Palast. — Ein Ausflug der Königin.

Am 3., 4. und 5. Juni war ich sehr unwohl, auch bei mir zeigten sich Vorboten des bösen Madagaskar-Fiebers.

Glücklicher Weise fiel in dieser Zeit nichts Interessantes vor.

Am 6. Juni gab Herr Laborde in seinem Gartenhause, welches an dem Fuße des Hügels liegt, ein großes Diner zu Ehren des Prinzen Rakoto.

Obwohl das Essen erst um 6 Uhr angesagt war, ließen wir uns doch schon um 3 Uhr dahin tragen. Auf dem Wege kamen wir in der oberen Stadt an einer Stelle vorbei, auf welcher 19 große Kanonen (18-Pfünder) aufgestellt sind, mit den Schlünden nach der unteren Stadt, nach den Vorstädten und dem Thal gerichtet. Sie stammen aus den Zeiten des Königs Radama, der sie von den Engländern zum Geschenk erhalten hat. Sie wurden nicht in Tamatavé, sondern an der östlichen Küste in Bombetok ausgeschifft; die Entfernung von diesem Hafenorte nach der Hauptstadt ist zwar größer als jene von Tamatavé, aber die Wege sind besser, und mehrere Tagreisen lang kann man einen Fluß benützen.

In dem Gartenhause Herrn Laborde's angelangt, suchte man uns die Zwischenzeit bis zum Mittagessen auf allerlei Art zu verkürzen, und gab uns mehrere einheimische Belustigungen zum besten, von welchen eine der beliebtesten eine Art „Fußboxen" war. Die Leute stießen sich nämlich mit den Füßen nach dem ganzen Körper und zwar so stark, daß ich jeden Augenblick glaubte, einer oder der andere müßte eine Rippe oder ein Bein gebrochen haben. Dieses zarte Spiel steht besonders während des Winters bei dem Volke in sehr hoher Gunst; es dient den Leuten dazu, sich zu ermannen. Die kälteste Zeit ist hier vom Monat Mai bis Ende Juli, und der Thermometer fällt oft bis auf vier oder drei, ja manchmal bis auf einen Grad Reaumur. Dessenungeachtet bleibt alles grün, die Bäume entlauben sich nicht, und die Landschaften sehen so freundlich und blühend aus, wie bei uns mitten im Frühling. Die Bewohner Tananariva's lieben jedoch die Sonnenhitze, und da sie keine Mittel besitzen sich Holz zu verschaffen, und die mangelnde natürliche Wärme durch eine künstliche zu ersetzen, so nehmen sie ihre Zuflucht zu dem Fußboxen.

Die Reichen lassen durch ihre Sklaven Holz aus den entfernten Waldungen tragen und Feuer anmachen. In Herrn Laborde's Hause wurde in dem Empfangs-Zimmer vom frühen Morgen bis zum späten Abend Kohlenfeuer in einer großen Pfanne unterhalten — natürlich blieb immer die Thüre oder ein Fenster offen. Dieser Luxus kostete ihn aber jeden Tag einen Thaler — ein unendlich hoher Preis bei der großen Billigkeit aller übrigen Bedürfnisse.

Nach dem Fußboxen kamen Tänze und gymnastische Uebungen an die Reihe; auch an Musik fehlte es nicht. Der Prinz hatte sein Musikcorps vorausgesandt, das einige ganz artige Stücke ziemlich gut vortrug. Weniger Vergnügen fand ich an dem Gesang einer Schaar einheimischer Mädchen, welchen einer der bei Herrn Laborde wohnenden Missionäre Unterricht gegeben hatte.

Sie wußten eine große Anzahl von Liedern auswendig und kreischten zwar lange nicht so unangenehm, wie die Künstler, die ich bisher gehört; im Gegentheil sie sangen ziemlich richtig; es war aber doch sehr langweilig, und ich dankte immer Gott, wenn der Schlußakt kam. Kurz vor 6 Uhr erschien der Prinz in Begleitung seines Söhnleins, seiner geliebten Maria und einer Freundin der letzteren. Maria gefiel mir heute noch weniger als früher. Die Schuld lag an ihrem Anzug — sie war nämlich ganz auf europäische Art gekleidet. Diese übertriebenen unsinnigen Moden, welche Paris in die Welt schickt, kann ich selbst an unseren Mädchen und Frauen nicht reizend finden, und sie stehen nur den wirklich schönen gut, die durch nichts entstellt werden können; wo aber natürliche Schönheit und Grazie fehlen, da werden unsere

Moden geradezu barock und lächerlich — um so mehr an diesen plumpen Gestalten mit den dunklen Affengesichtern. Madame Marie mag ein ganz gutes Geschöpf sein, und ich möchte ihr in keiner Beziehung zu nahe treten; das konnte indeß nicht hindern, daß ich meine Lippen halb blutig biß, um bei ihrem Anblicke nicht laut aufzulachen. Ueber einem halben Dutzend steifer Reifröcke trug sie ein wollenes Kleid, besetzt bis zur Taille herauf mit breiten Falben und großen Bandschleifen, die aber anstatt vorne, rückwärts angebracht waren. Um die Achseln hatte sie einen französischen Shawl geschlagen, mit dessen Haltung sie nicht zurecht kommen konnte, und hinter dem wollig gekrausten Pudelkopfe auf dem Genick saß ein neckisches Rosa-Hütchen.

Ihre Freundin trug ein Musselin-Kleid und eine Haube von so veralteter Form, daß ich trotz meiner 60 Jahre nie ihresgleichen erblickte. Später erinnerte ich mich, eine ähnliche auf dem Bildnisse meiner Großmutter, die ungefähr um die Mitte des vergangenen Jahrhundertes lebte, gesehen zu haben. Die Freundin war noch viel plumper gebaut und hatte viel häßlichere Züge als Maria, so daß ich jedesmal förmlich erschrack, wenn mein Blick auf dieses Weib fiel, dessen Aeußeres mich an einen verkleideten Kannibalen-Häuptling mahnte.

Das Mittagessen gestaltete sich überaus heiter; nie hatte ich Herrn Lambert so gut gelaunt gesehen, und der Prinz scheint es immer zu sein. Nach Tische hielten die Herren Lambert und Laborde in einem Nebenzimmer mit dem Prinzen eine kurze politische Unterredung, an welcher ich Theil nehmen durfte, und auf deren Inhalt ich später zurückkommen werde. Der Abend wurde mir leider durch den Sängerchor etwas verdorben. Das reichliche Mittagmahl schien den guten Damen ganz besondere Kräfte verliehen zu haben — sie schrieen viel stärker als vor Tische, und um den Lärm noch zu vergrößern, klaschten sie dazu mit den Händen. Einige führten auch den langweiligen malegaschischen Tanz auf, dießmal mit Begleitung des „Marovane,“ des einzigen Instrumentes, zu dessen Verfertigung sich der madagaskarische Erfindungsgeist erhoben hat. Es besteht aus einem armdicken, vier Fuß langen Bambusrohr, an welchem rings umher Fasern aufgehoben und auf kleine hölzerne Sättel gestützt sind. Sein Ton ist ungefähr wie der einer alten schlechten Zither.

Zum Schlusse tanzten die Gäste sogar, und Herr Lambert trug dazwischen einige recht hübsche Gesänge vor.

Gegen 10 Uhr Abends flüsterte mir Herr Laborde zu, eine kleine Schwäche als Folge meiner noch nicht ganz wieder hergestellten Gesundheit vorzuschützen und die Gesellschaft aufzuheben. Ich erwiederte ihm, daß dieses Recht durchaus nicht mir, sondern dem Prinzen zugehöre. Er bat mich aber, es dennoch zu thun und sagte mir, daß wichtige Ursachen zu Grunde lägen, die er mir später mittheilen werde — ich hob also die Gesellschaft auf.

Begünstigt vom schönsten Mondschein und unter der Begleitung heiterer Musik zogen wir den Hügel hinan nach unseren Wohnungen.

Hier riefen mich der Prinz Rakoto und Herr Lambert in eines der Nebenzimmer, und der Prinz erklärte mir nochmals, daß der Privat-Vertrag zwischen ihm und Herrn Lambert mit seiner vollkommenen Zustimmung abgefaßt wurde, und daß Herr Ellis ein Verleumder sei, wenn er behaupte, er (der Prinz) habe das Dokument in der Trunkenheit unterzeichnet. Er sagte mir ferner, daß Herr Lambert auf seinen Wunsch und in der Absicht wieder nach Madagaskar gekommen sei, um im Verein mit ihm und mit einem Theil des Adels und des Militärs die Königin Ranavola von dem Thron zu entfernen, jedoch ohne sie ihrer Freiheit, ihrer Reichthümer und der ihr gebührenden Ehren zu berauben.

Herr Lambert seinerseits theilte mir mit, daß wir in dem Gartenhause des Herrn Laborde gespeist hätten, weil man sich da über alles ruhiger besprechen konnte, daß der Aufbruch von mir ausgehen mußte, um glauben zu machen, das kleine Fest habe meiner Person gegolten, und daß wir mit lärmender Musik durch die Stadt gezogen seien, um zu zeigen, es hätte sich blos um Unterhaltung und Vergnügen gehandelt.

Er zeigte mir in dem Hause ein vollständiges kleines Arsenal von Säbeln, Dolchen, Pistolen und Flinten, um die Verschworenen zu bewaffnen, so wie auch lederne Panzerhemden, die den Lanzenstichen widerstehen sollten, und sagte mir zum Schlusse, daß jede Vorbereitung bereits getroffen und der Augenblick des Handelns ganz nahe sei, ja daß ich jede Stunde darauf gefaßt sein möge.

Ich gestehe, daß mich ein eigenthümliches Gefühl erfaßte, als ich mich so plötzlich in eine so wichtige politische Begebenheit verwickelt sah, und daß mir in dem ersten Augenblicke die verschiedenartigsten Gedanken durch den Kopf gingen. Ich konnte mir nicht verhehlen, daß bei einem Fehlschlagen der Sache mein Leben in derselben Gefahr stand, wie jenes des Herrn Lambert; denn in einem Lande wie Madagaskar, wo alles von der Willkür des Herrschers abhängt, wird auf „Schuldig oder Unschuldig“ keine Rücksicht genommen. Ich war in der Gesellschaft eines der Haupt-Verschworenen nach Tananariva gekommen und hatte einigen Versammlungen beigewohnt — mehr bedurfte es nicht, um mich als an der Verschwörung theilhaftig und eben so strafwürdig erscheinen zu lassen wie die thätigen Mitglieder.

Meine Freunde in Mauritius hatten mich freilich schon gewarnt, die Reise nicht in Herrn Lambert's Gesellschaft zu unternehmen, und aus dem, was Herr Ellis daselbst erzählte, so wie aus einzelnen Worten, welche Herrn Lambert von Zeit zu Zeit entfallen waren, konnte ich ungefähr vermuthen, um was es sich handelte; aber mein Wunsch Madagaskar kennen zu lernen, war so groß, daß er alle Furcht zum Schweigen brachte. Nun ließ sich nichts mehr ändern, und das beste was ich thun konnte, war, zum bösen Spiele gute Miene zu machen, und auf Gott zu vertrauen, der mir ja schon aus vielen gefährlichen Lagen geholfen hat.

Ich gab dem Prinzen Rakoto und Herrn Lambert meine wärmsten Wünsche zum Erfolge ihres Unternehmens, und zog mich dann in mein Zimmer zurück. Es war schon Mitternacht vorüber. Ich legte mich zu Bette und ermüdet wie ich war, schlief ich bald ein; aber während der ganzen Nacht hatte ich unruhige Träume, und unter anderen folgenden höchst sonderbaren: Ich träumte, daß die Verschwörung entdeckt worden sei, und daß die Königin Herrn Lambert und mich nach dem Palast berufen habe. Wir wurden nach einem großen Saal gebracht und mußten da lange — lange warten. Endlich erschien die Königin mit ihrem Hofstaat, auch Prinz Rakoto war dabei; er stellte sich aber seitwärts an ein Fenster und wagte es nicht, uns anzusehen.

Einer der Minister, derselbe, der uns das erstemal nach Hofe begleitet hatte, hielt eine lange Rede, die ich trotz meiner Unkenntniß der madagaskarischen Sprache ganz gut verstand, und in welcher er Herrn Lambert seine Undankbarkeit und Verrätherei vorwarf. Ein anderer Minister nahm dann das Wort und sagte uns, daß wir zum Tanguin verurtheilt seien.

Man führte uns hierauf in ein anderes Zimmer und hier kam ein großer, in einen weiten, weißen Talar gehüllter Neger mit den bewußten Häutchen auf uns zu. Herr Lambert mußte sie zuerst nehmen, in dem Augenblicke aber, als die Reihe an mich kam, erschallte plötzlich nebenan Musik und lautes Jubelgeschrei und — ich erwachte, während wirklich auf der Straße Musik und Jubelgeschrei ertönte. Es war heller Tag. Ich warf schnell einige Kleidungsstücke über und eilte an das Hausthor, um zu sehen, was es gäbe. Zwei Männer, die zu dem Tanguin verurtheilt worden waren und glücklicher Weise das Gift sammt den drei Häutchen erbrochen hatten, wurden im Triumph von ihren Verwandten nach Hause gebracht.

Wäre ich abergläubisch, so würde ich diesen Traum und sein theilweises Zusammentreffen mit der Wirklichkeit auf weiß Gott welche Art ausgelegt haben. Glücklicher Weise bin ich es nicht, und Träume können mich nur im Schlafe beunruhigen.

8. Juni. Heute hielt der Prinz in unserem Hause einen großen Kabar, bei welchem sehr viele Adelige und Offiziere erschienen. Ueberhaupt verging nun kein Tag mehr, an welchem nicht größere oder kleinere Kabars bei uns statt hatten. Unser Haus war die Stätte der Verschwörung.

9. Juni. Großer Kostüme-Ball bei Hof zu Ehren Herrn Lambert's.

Welche Kontraste! Auf der einen Seite Verschwörung — auf der anderen Feste.

Sollte die Königin wirklich an dem Vertrage zwischen dem Prinzen Rakoto und Herrn Lambert zweifeln und von der beabsichtigten Ausführung desselben keine Ahnung haben, oder will sie die Verschworenen zu einem entscheidenden Schritt kommen lassen, um ihre Rache dann mit anscheinendem Recht auszuüben? Die Folge wird es lehren.

Obgleich sowohl Herr Lambert, wie ich, fortwährend unwohl waren, entschloßen wir uns dennoch, diesem Feste beizuwohnen.

Der Ball begann nach 1 Uhr Mittags und fand nicht etwa in den Gemächern des Palastes, sondern vor denselben in dem großen Hofe statt, in welchem wir die Audienz gehabt hatten. Wie damals saß die Königin auf dem Balkon unter dem Schatten ihres großen Sonnenschirmes, und wir mußten vor ihr, wie vor dem Grabmale des Königs Radama die üblichen Verbeugungen wieder machen; nur ließ man uns dießmal nicht stehen, sondern wies uns bequeme Armstühle an. Nach und nach erschien das Ball-Publikum, aus Adeligen beiderlei Geschlechtes, aus Offizieren und deren Frauen, und aus den königlichen Sängerinnen und Tänzerinnen bestehend. Die Adeligen trugen verschiedene Kostüme, die Offiziere europäische Kleidung. Alle mußten viele Verbeugungen machen. Den Kostümirten wurden gleich uns Stühle angewiesen, die Uebrigen hockten sich in beliebigen Gruppen auf die Erde.

Die königlichen Tänzerinnen eröffneten den Ball mit dem langweiligen malegaschischen Tanze. Diese reizenden Geschöpfe waren von oben bis unten in weiße Simbus gehüllt, trugen auf dem Kopfe künstliche, oder vielmehr sehr unkünstliche Blumen, die wie kleine Fahnenstangen steif und gerade in die Höhe stiegen, und drängten sich so enge aneinander, daß sie wie zusammengebunden erschienen. So oft sie unter dem Balkon der Königin oder an dem Grabmal vorüberzappelten, wiederholten sie die Verbeugungen, ebenso auch am Schlusse jedes einzelnen Tanzes. Nachdem die Tänzerinnen abgetreten waren, tanzten die Offiziere ungefähr denselben Tanz, nur in einem etwas rascheren Tempo und mit lebhafteren Bewegungen, das heißt, sie hoben die Füße ein wenig mehr in die Höhe. Jene, die Hüte oder Mützen aufhatten, schwenkten sie von Zeit zu Zeit in die Luft, und erhoben dabei ein kreischendes Geheul, das Freudengeschrei vorstellen sollte.

Auf die Offiziere folgten sechs Kinderpaare in Kostümen. Die Knaben waren in altspanischer Tracht oder als Pagen gekleidet und sahen ganz leidlich aus; die Mädchen dagegen glichen wahren Popanzen — sie trugen Kostüme aus der altfranzösischen Zeit mit hohen Steifröcken und kurzen Leibchen und hatten den Kopf mit Straußfedern, Blumen und Bändern ganz überladen. Nachdem diese kleine Affen-Gesellschaft einige Polonaisen, Schottische und Contre-Tänze, und zwar wider meine Erwartung recht gut getanzt hatte, machte sie mit tiefen Verbeugungen einer größeren Platz, von welcher ebenfalls der männliche Theil in altspanische und der weibliche in altfranzösische Tracht gekleidet war.

Alle diese verschiedenen Kostüme werden von der Königin anbefohlen, gewöhnlich nach Kupferstichen oder Bildern, die ihr zu Gesicht kommen. Die Damen fügen den königlichen Vorschriften bei, was ihnen Geschmack und Erfindungsgeist eingeben, welche beide ganz besonders in der Zusammenstellung der Farben auf höchste Originalität Anspruch machen können. Ich will einen dieser Anzüge beschreiben, damit meine Leserinnen eine Idee davon bekommen. Das Kleid war von blauem Seiden-Atlas und unten mit einer orangefarbenen Borte besetzt, oberhalb welcher ein breiter kirschrother Atlasstreifen herumlief. Das Leibchen, ebenfalls von Atlas und mit langen Schößen versehen, erglänzte in schwefelgelber Farbe, und ein lichter hellgrüner Seiden-Shawl drapirte sich darüber. Der Kopf war derart mit steifen, plump nachgemachten Blumen, mit Straußfedern, seidenen Bändern, Glasperlen und allerlei Posamentir-Kram bedeckt, daß man von den Haaren gar nichts sah — wobei die gute Dame freilich nichts verlor — ich bedauerte sie nur der Last wegen, die sie zu tragen hatte. Aehnliche Farben-Kontraste wiesen die Anzüge der übrigen Damen auf, von welchen einige zu diesen schönen Kostümen noch eine neue Verbesserung erdacht hatten — einen hohen nach oben beinahe spitz zulaufenden Hut, ungefähr in der Art, wie sie bei den Bauern in Tirol üblich sind.

Die Tänzer-Gesellschaft, durchgehends der höheren Aristokratie angehörend, führte außer verschiedenen europäischen Tänzen, die „Sega" auf, welche die Madagaskaren für einen einheimischen Tanz ausgeben wollen, die aber von den Mauren herstammt und deren Figuren. Schritte und Musik so hübsch sind, daß sie in Europa nur bekannt zu sein brauchte, um bald allgemein in die Mode zu kommen.

Mit diesem schönen Tanze war der Ball noch lange nicht zu Ende. Nach einer kurzen Zwischenpause, in welcher keine Erfrischungen gereicht wurden, trat die Elite der Gesellschaft, aus sechs Paaren bestehend, in den Hof. Die Tänzer waren der Prinz Rakoto, die Herren Laborde

Vater und Sohn, zwei Minister und ein General, die Tänzerinnen durchgehende Fürstinnen und Gräfinnen. Auch diese Herren waren in altspanische Tracht gekleidet, den Prinzen ausgenommen, welcher einen so geschmackvollen Phantasie-Anzug trug, daß er darin ungescheut auf jedem europäischen Hof-Ball hätte erscheinen können. Er hatte ein Beinkleid an von dunkelblauem Tuche und mit Goldborten besetzt, dazu eine Art Waffenrock von nelkenbraunem Sammt, ebenfalls mit Goldborten und mit den feinsten Goldstickereien verziert und ein Barett von gleichem Sammt mit zwei von einer goldenen Agraffe gehaltenen Straußfedern. Der ganze Anzug saß so gut, die Stickereien waren so schön, daß ich dachte, Herr Lambert habe das Maaß des Prinzen nach Paris gebracht und die Kleider dort verfertigen lassen. Dieß war aber nicht der Fall — alles, die Stoffe ausgenommen, ist in Tananariva gemacht worden — ein Beweis, daß, wenn die Madagaskaren nicht viel Erfindungsgeist besitzen, sie dagegen im Nachahmen ausnehmend geschickt sind.

Diese Tänzergruppe nahm sich ganz hübsch aus, denn auch die übrigen Herren und ebenso die sechs Damen waren viel kostbarer und geschmackvoller gekleidet, als deren Vorgänger. Sie führten nur europäische Tänze auf.

Den Schluß des Balles machten, wie den Anfang, die Hof-Tänzerinnen.

Das ganze Fest hatte drei Stunden gedauert, und der Königin auch nicht die geringsten Kosten verursacht. Der Tanzboden war der Hof, die Beleuchtung die Sonne, und Erfrischungen konnte jeder nehmen so viel er wollte, wenn er nach Hause kam. Glückliche Königin! Wie müssen unsere europäischen Ballgeber sie beneiden!

10. Juni. Abermaliger Lärm und Gesang auf der Straße. Ich eilte sogleich wieder an das Hausthor und sah lange Züge von Männern, welche in Körben Steine und Erde trugen. Diese Leute, 800 an der Zahl, hatte die Königin dem obersten Befehlshaber der Armee bewilligt, um für ihn ein Haus zu bauen. Sie bekamen weder Lohn noch Kost und mußten dabei noch singen und jubeln, um der Königin zu beweisen, daß sie glücklich und mit ihrem Lose zufrieden seien.

Vor einigen Tagen hatte ich ähnliche, noch viel zahlreichere Züge gesehen. Es waren gewiß 1500 Männer. Sie trugen Holzkohlen nach der königlichen Schmiede, in welcher 1000 Arbeiter unter der Leitung Herrn Laborde's alle Gattungen Waffen verfertigen. Sowohl die Schmiede wie die Kohlenträger erhalten nicht die geringste Entschädigung, und nicht genug, daß die Königin von ihren Unterthanen alle Arbeiten umsonst fordert, müssen diese auch noch, wenn irgend eine besondere Staatsausgabe zu machen ist, das dazu nöthige Geld herbeischaffen. So im Jahre 1845, als die Königin 30.000 Gewehre aus Frankreich kommen ließ, welche 145.000 Thaler kosteten. Die ganze Summe wurde auf das Volk vertheilt; einige der Reichsten hatten bis zu 500 Thalern zu entrichten; aber auch die Aermsten mußten beisteuern, und selbst die Sklaven waren nicht ausgenommen.

11. Juni. Heute Nacht hörte ich einiges Geräusch und leise Schritte in unserem Hause. Ich wußte, daß sich die Verschworenen von hier aus während der Nacht nach dem Palaste begeben sollten. Ich horchte auf — eine wahre Grabesstille herrschte durch mehrere Stunden; dann aber plötzlich erschallte lautes Hundegebell, welchem rasche Männertritte folgten. Ich erschrak unwillkürlich und dachte, daß das Unternehmen mißglückt und die raschen Tritte jene eines der Flüchtlinge seien. In diesem Augenblicke fühlte ich, wie unendlich peinlicher es ist, sich bei einer drohenden Gefahr unthätig und leidend zu verhalten, als selbst thätig einzugreifen und sie zu bekämpfen.

Ich wollte mein Zimmer nicht verlassen, um für den Fall, daß es ein blinder Lärm gewesen wäre, meine Schwäche nicht zu erkennen zu geben und meine Gefährten nicht aus dem Schlafe zu schrecken. Mit Geduld erwartete ich Gottes Fügung. Es fiel aber nichts weiter vor. Der Rest der Nacht verging ruhig, und den andern Morgen erfuhr ich, daß noch nichts unternommen worden, der günstige Zeitpunkt noch nicht gekommen sei.

Ich fange wirklich an zu befürchten, daß durch diese lange Zögerung alles mißlingt, um so mehr, als die Zusammenkünfte nicht sehr vorsichtig gehalten werden, da es viele Mitwisser gibt und da sich unter den dem Prinzen anscheinend ergebenen Adeligen und Offizieren sehr leicht ein Verräther finden kann. Viel Schuld mag auch an dem Prinzen selbst liegen. Wie ich bereits bemerkt habe, besitzt er sehr gute und edle Eigenschaften; aber es fehlt ihm an Entschluß und Charakter-Festigkeit, und dann ist seine Liebe zu der Königin so groß, daß ihm leicht im entscheidenden Augenblick der Muth fehlen dürfte, etwas gegen sie zu unternehmen. Er sollte aber bedenken, daß es sich ja durchaus nicht darum handelt, die Königin ihrer Freiheit, ihrer Titel, ihrer Reichthümer zu berauben, daß man ihr ja nur die Macht nehmen will, alle diese Grausamkeiten, diese Blutthaten zu verüben, welche ihre Unterthanen in das Elend und zur Verzweiflung bringen. Der Sohn, der seine Mutter über alles liebt, über alles ehrt, und sie nur daran zu verhindern sucht, ein ganzes Land unglücklich zu machen, ist gewiß keines Vergehens schuldig. Gott stärke ihn und verleihe ihm den Muth, der Retter seines Volkes zu werden!

12. Juni. Herr Lambert bekam einen so heftigen Fieber-Anfall, daß sein Leben durch mehrere Tage in höchster Gefahr stand. Er hielt aber auch durchaus keine Diät. Sobald er sich ein wenig besser fühlte, aß er alles durcheinander, wie es ihm gerade einfiel — kalte Straßburger Pastete, Fleisch, Früchte, und trank dazu Champagner und andere Weine. Und eben so wie Herr Lambert machen es auch die übrigen Europäer, so daß es mich gar nicht wundern würde, wenn alle, die das Fieber bekommen, demselben erlägen. Während ich noch in Mauritius war, im Monate März, kam ein sehr wohlbeleibter Herr aus Tamatavé selbst an und blieb einige Tage in Herrn Lambert's Hause, um eine Gelegenheit nach Bourbon abzuwarten. Dieser Herr behauptete das Madagaskar-Fieber zu haben, und als er beim Frühstück erschien, klagte er, die ganze Nacht vom Fieber beunruhigt gewesen zu sein. Man hatte deshalb für ihn eine kräftige Fleischbrühe bereitet, die ihm sehr behagte, aber bei weitem nicht genügte, denn er aß darauf eine tüchtige Spalte einer Zucker-Melone, kostete von den andern Gerichten so viel, daß ich gewiß acht volle Tage davon hätte leben können, und beschloß das Mahl mit einer Mango-Frucht. Nicht minder emsig sprach er den verschiedenen Getränken zu, und Abends bei der Hauptmahlzeit, da hieb er erst recht ein — er griff zu, als ob er den ganzen Tag gefastet hätte.

In Tananariva hatte ich häufig Gelegenheit ähnliche Diät-Fehler zu beobachten, und wenn ich eine Bemerkung darüber machte, erhielt ich die vernünftige Antwort: „Was wollen Sie? das ist nun einmal so Sitte im Lande; die Madagaskaren behaupten, daß das Fieber sehr schwäche, und daß man die verlorenen Kräfte durch Nahrungsmittel zu ersetzen suchen müsse."

Dieser Glaube herrscht wirklich im Volke. Je kränker ein Mensch ist, desto mehr zwingt man ihn zum Essen, und wenn ein Malegasche in den letzten Zügen liegt, wird ihm der Mund noch voll Reis gestopft. Stirbt der Mensch bald darauf, so rufen die Leute ganz erstaunt aus: „Wie wunderbar! so eben hat er noch gegessen!"

Und weil dieß die dummen und rohen Madagaskaren so machen, so müssen es die vernünftigen und gebildeten Europäer nachahmen!

13. Juni. Heute wurde mir die große Ehre zu Theil, meine Geschicklichkeit, oder besser gesagt, meine Ungeschicklichkeit auf dem Pianoforte vor der Königin zu zeigen. Herr Lambert hatte ihr nämlich, als er das erste Mal nach Tananariva gekommen war, ein Piano aus der Fabrik des Herrn Debain in Paris zum Geschenk gemacht. Es war eines jener Pianos, auf welchen man nicht blos mit den Fingern, sondern auch wie auf einer Dreh-Orgel mittelst eines Dreh-Schlüssels spielen kann.

Schon in Mauritius hatte mir Herr Lambert von dem Klavier erzählt und mir gesagt, daß die Königin noch nicht mit Fingern darauf spielen gesehen habe, und daß dieß gewiß eine große Ueberraschuug für sie sein würde. In meiner Jugend war ich wohl eine ziemlich fertige Klavier-Spielerin gewesen, aber das war schon lange her. Seit mehr als 30 Jahren hatte ich die Musik gänzlich aufgegeben und alles vergessen. Wer hätte je gedacht, daß ich noch an einen Hof berufen werden würde, um ein Konzert zu geben, und gar jetzt in meinem sechzigsten Jahre, wo ich schlechter klimperte als bei uns Kinder, die kaum einige Monate Unterricht genommen haben! Allein wenn man so abenteuerlich in die weite Welt hinauszieht, kommt man gar häufig in die sonderbarsten Lagen und muß auf alles gefaßt sein.

Mit großer Mühe zwang ich meine alten steifen Finger zu einigen Skalen und Uebungen, erlernte mehrere leichte melodische Walzer und Tanzstücke, und so vorbereitet wagte ich es, mich dem Urtheile der strengen madagaskarischen Kunstrichter auszusetzen. Uebrigens machte mir diese Einladung große Freude, denn ich hoffte bei dieser Gelegenheit in die inneren Gemächer des Palastes eingeführt zu werden, und das unschätzbare Glück zu haben, Ihre Majestät ganz in der Nähe betrachten zu können.

Da Herr Lambert am Fieber krank lag, so begleiteten mich die beiden geistlichen Herren nach dem königlichen Palaste. Als wir in den inneren Hofraum gelangten — o bittere Enttäuschung! — da saß die Königin schon auf dem Balkon. Vorbei war es mit meinen schönen Hoffnungen, in den Palast selbst zu kommen, und nicht minder fühlte sich mein Künstlerstolz beleidigt. Ich fürchtete gleich einer Straßen-Musikantin behandelt zu werden und hier unten im Hofe spielen zu müssen.

Ganz so weit kam es zwar nicht, aber doch immer weit genug, um den großen Abstand zwischen meiner unbedeutenden Person und der allmächtigen Königin fühlbar zu machen. Dieses hochmüthige, aufgeblasene Weib scheint im Ernste zu glauben, ein außerordentliches Wesen und über alle anderen Menschen erhaben zu sein und meint seiner Würde etwas zu vergeben, wenn es einem Fremden gestattet würde, in seine unmittelbare Nähe zu treten. Blos mit Herrn Lambert, als er vor zwei Jahren das erste Mal in Tananariva war, hat die Königin eine Ausnahme gemacht, und ihm nicht nur den Zutritt in das Innere des Palastes gestattet, sondern ihn sogar der Ehre gewürdigt, sie auf einer kleinen Reise begleiten zu dürfen.

Man wies uns zu ebener Erde in die Gallerie des Silber-Palastes, wohin man bereits Stühle für uns gebracht hatte. Die breite Thüre, welche nach dem Hofe führte, wurde ganz geöffnet, das Piano herbeigetragen und gerade unter der Thüre derart aufgestellt, daß die Königin von ihrem Balkon auf die Tasten sehen konnte.

Während dieser Vorbereitungen hatte ich Gelegenheit den Empfangssaal im Silber-Palaste, welcher, wie sich meine Leser erinnern werden, dem Prinzen Rakoto gehört, genauer zu besehen. Er ist groß und hoch, und ganz auf europäische Art eingerichtet. Die Möbel sind reich, aber nicht überladen und mit Geschmack aufgestellt. Der madagaskarischen Sitte gemäß stand auch in diesem Saale ein Bett, zwar ein echt königliches Bett, an welchem es weder an Gold noch Seidenstoffen fehlte, und in dem, wie man mir versicherte, noch niemand geschlafen hatte; aber für europäische Augen ist es immer störend, in einem Empfangs-Saale ein ähnliches Möbel zu sehen.

Noch störender aber fand ich die an den Wänden dieses Saales angebrachten Zeichnungen und Malereien, kostbare Produkte einheimischer Künstler: Offiziere in rothen Uniformen, Frauengestalten in europäischen Kleidern vorstellend. Ich wußte wirklich nicht, was ich an diesen Fresken mehr bewundern sollte, die Zeichnung oder die Malerei. Erstere war so steif und hölzern, wie nicht einmal auf den schlechtesten chinesischen Bildern, letztere ein solches Chaos der grellsten schreiendsten Farben ohne Licht und Schatten neben- und durcheinander geschmiert, daß ich nie geglaubt hätte, je etwas ähnliches zu Gesicht zu bekommen. Am komischsten aber nahm sich eine landschaftliche Zugabe aus — kleine Bäumchen, welche zwischen den Figuren standen. Da letztere nur Brustbilder waren und der geniale Künstler dennoch zeigen wollte, daß die Bäume der Erde entsproßten, so hatte er von dem Gürtel der einen Person zu jenem der andern einen grünen Streif gezogen, der den Boden vorstellen sollte, wodurch der Mann wohl ganz unabsichtlicher Weise noch den höchst wundervollen Effekt schuf, daß es schien, als wären die Leute bis an den halben Leib begraben. Aus dem grünen Streifen stieg eine braune Linie, der Stamm des Bäumchens, kerzengerade bis zu der Achsel der Figuren, in welcher Höhe einige grüne Flecken die Blätterkrone anschaulich machen sollten.

Ich war noch ganz in die Betrachtung dieser Kunst-Schöpfungen verloren, als mich einer der Herrn Missionäre darauf aufmerksam machte, daß das Piano bereits aufgestellt sei, und daß ich das Konzert beginnen könne. Ehe ich dieß that, mußte ich der Königin das übliche Manasina zeigen, und es in die Hände eines Offiziers übergeben. Das Manasina wird nämlich jedem Fremdlinge nicht nur bei seiner ersten Vorstellung bei Hofe abgefordert, sondern auch so oft er irgend ein königliches Gebäude zum ersten Male betritt. Dieß war mein Fall in dem Silber-Palaste; ich fand es aber höchst überflüssig, gleich Herrn Lambert ein Fünfzigfrankenstück zu geben, und beschränkte meine Großmuth auf einen Thaler.

Nun setzte ich mich an das Pianoforte und spielte ein kleines Präludium, um die guten Eigenschaften meines Instrumentes kennen zu lernen; wie wurde mir aber zu Muthe, als ich es so verstimmt fand, daß auch nicht ein Ton richtig war, und als ich bemerkte, daß viele von den Tasten auch dem stärksten Drucke ein energisches Schweigen entgegensetzten! Ich mußte sie erst heben, drücken, daraufschlagen, kurz alle denkbaren Mittel anwenden, um sie in Gang zu bringen. Auf einem solchen Instrumente sollte ich ein Konzert geben! — Doch wahre Künstlergröße setzt sich über alles hinaus, und begeistert von dem Gedanken, mein Talent vor einem so kunstsinnigen Publikum zu zeigen, machte ich die holperigsten Rouladen über die ganze Klaviatur, hieb aus Leibeskräften auf die störrigen Tasten und spielte ohne Sinn und Zusammenhang den ersten Theil eines Walzers, den zweiten eines Marsches, kurz alles, was mir gerade in das Gedächtniß kam. Ich hatte dafür aber auch die große Genugthuung, allgemeine Anerkennung meines Talentes zu finden, und mit dem besonderen Beifall und dem Dank Ihrer Majestät belohnt zu werden. Ja, der Prinz Rakoto gab mir die schmeichelhafte Versicherung, daß alle Stücke, vorzüglich aber meine Walzer, der Königin sehr gut gefallen hätten, und daß sie mir nächstens die Ehre erweisen würde, mich bei sich selbst, in dem Palaste spielen zu lassen. Wäre die unglückliche Verschwörung nicht dazwischen gekommen, so hätte ich vielleicht gar das Glück gehabt, Hof- und Leib-Pianistin Ihrer Majestät der Königin von Madagaskar zu werden!

Noch an demselben Tage sandte mir Ihre Majestät als Zeichen allerhöchst ihrer Huld und Gewogenheit eine Menge fetten Geflügels und einen großen Korb voll Eier.

Am 17. Juni machte die hohe Frau einen Ausflug nach einem ihrer nahen Lustschlösser, welches am Fuße des Hügels auf einer Insel in der Mitte eines großen Teiches liegt. So oft die Königin Ausflüge macht, müssen sie alle Offiziere, Adeligen und die in Tananariva ansäßigen Europäer begleiten. Ich hatte gerne an dieser Parthie Theil genommen; da aber die Königin wußte, daß Herr Lambert noch sehr krank lag, wollte sie ihm keinen seiner Pfleger entziehen; es wurde daher niemand von uns eingeladen. Der Zug ging knapp an unserem Hause vorüber, und wir mußten uns alle, Herrn Lambert ausgenommen, an dem Thore aufstellen, um Ihrer Majestät unsere Verbeugungen zu machen.

Es scheint, daß in diesem Lande jedes Fest ein eigenthümliches Gepräge von Starrheit und Absonderlichkeit haben muß, so auch diese Ausflüge, bei welchen es den die Königin begleitenden Herren vorgeschrieben ist, in türkischer oder arabischer Tracht mit dem Turban zu erscheinen. Diese Kostüme stehen übrigens den Eingeborenen viel besser als die spanischen, obwohl sie als Türken gleichfalls bemüht waren, mit ihrem unübertrefflichen Geschmack gar manches Schöne zu verderben. Frauen nehmen an solchen Ausflügen selten Theil und jene, welche daran Theil nehmen, sind in Simbus gehüllt. Auch die Königin war in einen weiten seidenen Simbu eingeschlagen, hatte aber dabei die große Krone auf dem Haupte. Ohne diese zeigt sie sich nie den Augen ihrer Unterthanen, und es würde mich sehr Wunder nehmen, wenn sie Nachts im Bette nicht wenigstens eine kleine goldene Krone trüge.

Sie blieb den ganzen Tag in dem Schlößchen, und kehrte erst kurz vor Sonnen-Untergang nach der Stadt zurück. Das Volk hat an diesen Ausflügen auch in so ferne Theil zu nehmen, daß es sich auf die Straßen drängen muß, durch welche der Zug geht. Viele, um ihre besondere Ergebenheit zu bezeigen, schließen sich demselben an.

15. Kapitel.

Der verunglückte Staatsstreich. — Prinz Ramboasalama. — Der *Pas de deux*. — Entdeckung der Verschwörung. — Tod des Fürsten Razakaratrino. — Unabhängigkeit der madagaskarischen Frauen. — Anfang der Gefangenschaft. — Ein Kabar. — Verfolgung der Christen. — Die Uebergabe der Geschenke.

20. Juni. Heute endlich sollte der große Tag der Entscheidung sein.

Herr Lambert war so ziemlich von dem Fieber hergestellt, man wollte daher nicht länger zögern und diese Nacht den beabsichtigten Staatsstreich in Ausführung bringen.

Die beiden Missionäre, welche scheinbar keinen Antheil an der Revolution haben sollten, gingen Morgens nach einer der Besitzungen des Herrn Laborde, die 30 englische Meilen von der Stadt entfernt liegt. Auch mich wollte man dahin senden; aber ich zog es vor, in Tananariva zu bleiben, denn ich dachte, bei einem Mißlingen des Streiches würde man meinen Kopf überall zu finden wissen, und wäre ich auch 100 Meilen von der Stadt entfernt.

Der Plan, welchen die Verschworenen ausgedacht hatten, war folgender: der Prinz sollte um 3 Uhr Abends mit den Herren Lambert, Marius, Laborde und dessen Sohne in dem Gartenhause des Herrn Laborde speisen, und dahin sollten auch alle Nachrichten von den übrigen Theilnehmern der Verschwörung gebracht werden, um zu wissen, ob alles in der besprochenen Ordnung und jeder auf dem ihm angewiesenen Platze sei. Nach aufgehobener Tafel, um 11 Uhr Nachts, würden sich die Herren, wie von einem Feste kommend, unter Begleitung der Musik nach der oberen Stadt nach Hause begeben, und jeder hätte sich bis 2 Uhr Nachts ruhig in seiner Wohnung zu verhalten; um 2 Uhr aber sollten sämmtliche Verschworene in aller Stille nach dem Palaste schleichen, dessen Eingänge der Chef der Armee, Fürst Raharo mit ergebenen Offizieren besetzt haben und offen halten würde, sich in dem großen Hofe vor den von der Königin bewohnten Gemächern versammeln, und auf ein gegebenes Zeichen mit lauter Stimme den Prinzen Rakoto zum König ausrufen. Die neuen Minister, welche von dem Prinzen bereits ernannt worden waren, hätten dann der Königin zu erklären, daß dieß der Wille der Adeligen, des Militärs und des Volkes sei, und zu gleicher Zeit sollte Kanonen-Donner von den Wällen des königlichen Palastes dem Volke die Regierungs-Veränderung und seine Befreiung von der blutigen Herrschaft der Königin verkünden.

Leider kam dieser Plan nicht zur Ausführung; er scheiterte an der Feigheit oder Treulosigkeit des Chefs der Armee, des Fürsten Raharo. Noch als die Herren bei Tische saßen, erhielten sie von diesem die Hiobspost, daß es ihm in Folge unvorhergesehener Hindernisse nicht möglich gewesen sei, den Palast ausschließend mit verläßlichen Offizieren zu besetzen, und daß er daher die Thore diese Nacht nicht offen halten könne; man müsse eine günstigere Gelegenheit abwarten. Vergebens sandte der Prinz Posten über Posten an ihn; er war zu nichts zu bewegen.

Schon im Jahre 1856 hatte sich der Prinz Rakoto an die Spitze einer ähnlichen Verschwörung gegen die Königin gestellt, schon damals waren bereits Nacht und Stunde zur Ausführung bestimmt, und ebenso wie dieses Mal scheiterte alles an dem Plötzlichen Zurücktreten des Chefs der Armee. Es ist möglich, daß Feigheit dabei im Spiele ist, daß der Mann im entscheidenden Augenblicke den Muth verliert; ich würde aber eher glauben, daß er in die Verschwörung nur zum Scheine eingeht, in der Wirklichkeit jedoch eine Kreatur der Königin, des Premier-Ministers Rainizoharo und, wie ich am meisten befürchte, des Adoptiv-Sohnes der Königin, des Prinzen Ramboasalama ist.

Dieser Prinz, Sohn einer der Schwestern der Königin Ranavola, wurde von letzterer schon vor vielen Jahren adoptirt, als sie selbst keinen Sohn hatte und ihres ziemlich vorgerückten Alters halber nicht leicht hoffen konnte, noch Nachkommenschaft zu bekommen. Sie betrachtete den Prinzen als ihren natürlichen Erben und erklärte ihn mit allen üblichen Förmlichkeiten zu ihrem Nachfolger. Bald darauf ward sie wider Erwarten Mutter und gebar den Prinzen Rakoto.

Man sagt, daß sie zwar in der Folge den Prinzen Ramboasalama der Thronfolge entsetzt und ihren eigenen Sohn zum direkten Nachfolger ernannt habe; wie jedoch viele behaupten, soll dieß nicht mit den üblichen Förmlichkeiten geschehen sein. Es ist daher sehr zu befürchten, daß es nach dem Absterben der Königin zwischen den Partheien der beiden Prinzen zu großen blutigen Zwisten kommt, und daß am Ende jene des Prinzen Ramboasalama die Oberhand behält. Dieser Prinz ist viel älter, und hat natürlicher Weise viel mehr Erfahrung als Prinz Rakoto. Er soll auch sehr verständig, unternehmend, von festem Charakter, zwar nicht so gutmüthig und menschenfreundlich wie Rakoto, aber auch bei weitem nicht so grausam und blutdürstig sein, als die Königin.

So viel ich nach dem, was man mir sagte, beurtheilen kann, scheint er sich schon eine mächtige Parthei gebildet und sich des größten Theiles der Adeligen durch viele Zugeständnisse und besonders dadurch versichert zu haben, daß er durchaus nicht mit der Aufhebung der Sklaverei einverstanden ist, während Prinz Rakoto gerade diese im Sinne hat und überhaupt sehr die Vorrechte der Großen beschränken will.

Diese Gründe allein sollten genügend sein, um eine oder die andere der europäischen Mächte zu vermögen, sich des Prinzen Rakoto anzunehmen; aber die europäischen Regierungen nehmen sich immer nur jener Dinge an, die ihnen einen sichtbaren, augenscheinlichen Nutzen bringen. Aus bloßer Philanthropie etwas zu thun, davon sind sie weit entfernt.

Die Verschwörung ist leider so zu sagen ein öffentliches Geheimniß geworden. Alle Welt weiß darum, selbst in das Volk sind Gerüchte von der beabsichtigten Regierungs-Veränderung gedrungen, und nur die Königin allein soll, wie man uns versichert, nichts ahnen von dem, was um sie vorgeht. Ich kann es nicht glauben. Man versichert uns freilich, daß es niemand wagen könne, den Prinzen bei der Königin anzuklagen, weil jeder ganz gut wisse, daß die Königin in diesem Falle ihren Sohn sogleich vor sich berufen und ihm die Beschuldigung bekannt machen, daß letzterer natürlich alles läugnen, und daß der Angeber als Verräther betrachtet und hingerichtet würde. Dieß mag der Fall sein; aber die Ergebenen und Günstlinge der Königin können den Namen des Prinzen ganz bei Seite gelassen und blos die Herren Lambert und Laborde oder einige der übrigen Verschworenen angegeben haben. Und Ergebene und Günstlinge hat die Königin trotz ihres egoistischen und grausamen Charakters in großer Menge; sie weiß sich dieselben unter den einflußreichsten Großen des Landes zu verschaffen, obgleich sie ihnen nicht den geringsten Gehalt gibt. Sie macht ihnen Ländereien und Sklaven zum Geschenk oder, was noch von größerem Werth ist, sie weist ihnen unter dem Titel: *„Aides de camp"* Hunderte von Leuten zu, welche alle Dienste gleich Sklaven zu verrichten haben und dafür weder Lohn noch Kost erhalten. So hat der gegenwärtige Chef der Armee, der Fürst Raharo, 800 solcher *Aides de camp* beständig zu seinem Befehle; sein Vater, der ebenfalls Chef der Armee war, hatte deren gar 1500.

21. Juni. Heute sagte uns der Prinz Rakoto, daß seine Mutter Herrn Lambert, sobald dessen Gesundheit hergestellt wäre, nebst mir in dem inneren Palaste empfangen werde, und daß sie sehr wünsche, uns beide zusammen tanzen zu sehen. Ein besonderes Vergnügen würde es ihr gewähren, wenn wir ihr irgend einen, ihr noch unbekannten Tanz zeigen wollten, deren wir als Europäer gewiß gar manche wüßten. Ihre Majestät erfreut sich in der That herrlicher Gedanken! Erst stempelt sie mich zur Konzertgeberin, jetzt soll ich Ballet-Tänzerin werden, und am Ende vielleicht gar noch Tanz-Lehrerin — ich, die ich in meiner Jugend schon wenig vom Tanzen hielt und selbst immer die größte Mühe hatte, die gehörigen Schritte und Figuren im Gedächnisse zu behalten. Und Herr Lambert! — Welche Zumuthung für diesen noch jungen Mann, mit mir beinahe sechzigjährigen Frau einen *Pas de deux* aufzuführen! — Wir hatten auch beide keineswegs im Sinne, uns dieser lächerlichen Laune zu fügen, und da Herr Lambert gerade diesen Morgen wieder sehr fieberkrank geworden war und ich ebenfalls einen erneuerten Anfall dieser bösen Krankheit erlitt, so diente vor der Hand unser Unwohlsein zur Entschuldigung.

22. Juni. Heute bekamen wir sehr traurige Nachrichten. Die Königin hat von der Verschwörung Kenntniß erhalten. Wie uns unsere Freunde sagen, sucht man sie jedoch von der wahren

Spur abzubringen und will ihr glauben machen, daß das Volk einen Regierungswechsel wünsche. Man soll ihr keine Namen von Einzelnen verrathen, sondern vorgegeben haben, daß jener Wunsch im allgemeinen unter dem Volke ausgesprochen worden sei.

Unsere Freunde mögen so gethan haben; aber unsere Feinde, deren Herr Lambert, wie ich schon früher bemerkte, in ziemlicher Anzahl besitzt, werden nicht dieselben Rücksichten beobachten, und gewiß ist leider, daß die Königin schon seit einiger Zeit Herrn Lambert im Verdacht hatte, denn sie äußerte heute gegen ihren Sohn, daß sie, als Herr Lambert so schwer am Fieber darnieder lag, das Sikidy (Orakel) befragt hätte, ob er etwas Böses gegen sie vorhabe, und wenn dem so wäre, ob er an dem Fieber sterben werde. Der Ausspruch des Sikidy sei gewesen, daß Herr Lambert, sollte er etwas Böses gegen die Königin vorhaben, dem Fieber jedenfalls erliegen würde. Da dieß nun nicht der Fall gewesen, d. h. er nicht gestorben sei, so könne er, wie sie meinte, auch nichts Böses gegen sie im Sinne haben.

Ist dieß die Wahrheit oder spricht die schlaue Frau nur so, in der Absicht, vielleicht dem Prinzen selbst etwas zu entlocken? Und wenn es auch die Wahrheit ist, kann sie das Orakel nicht zu wiederholten Malen befragen und kann dieses nicht eines schönen Morgens eine andere Antwort geben?

Auf jeden Fall ist, so viel ich glaube, unsere Sache verloren, und Gott weiß, was die Königin gegen uns ausbrüten mag! Das sind die Folgen von dem Zaudern des Prinzen, von seiner Unentschlossenheit! — Doch schon einige Male ist mir der Gedanke gekommen, und besonders das Benehmen des Fürsten Raharo läßt mich vermuthen, daß Verräther den Prinzen umgeben, die in alle seine Pläne scheinbar eingehen, aber blos um Kenntniß von ihnen zu erlangen und die Königin davon zu unterrichten, und daß man ihm vielleicht wie einem Kinde sein Steckenpferd läßt, aber stets von vorne herein die nöthigen Maßregeln trifft, dem prinzlichen Spiele, wenn es zu weit gehen sollte, Einhalt zu thun.

27. Juni. Diese Nacht starb der Marschall Fürst Razakaratrino, Schwager der Königin. Der Tod dieses großen Herrn wird mir Gelegenheit geben, manches Neue und Interessante zu sehen, denn die Beerdigung einer so hohen Person geht auf Madagaskar mit den größten Feierlichkeiten vor sich. Der Körper wird, nachdem er gewaschen ist, in rothe, aus einheimischer Seide gewobene Simbu's gehüllt, deren Zahl oft auf mehrere hundert steigt, und von welchen jeder wenigstens zehn Piaster kosten muß, gewöhnlich aber viel theurer ist. So eingehüllt wird die Leiche in eine Art Sarg gelegt und in dem festlich ausgeschmückten Haupt-Gemache des Hauses unter einem Baldachin, ebenfalls von rother Seide, aufgestellt. Ringsumher kauern Sklaven, so nahe als möglich an einander gedrängt, und zum Zeichen der Trauer die Haare aufgelöst und die Köpfe ganz vorgebeugt; jeder von ihnen ist mit einer Klappe versehen, um die Fliegen und Musquito's von dem Verstorbenen abzuwehren. Diese kurzweilige Beschäftigung dauert Tag und Nacht fort, und da man eine so hohe Person oft erst nach einigen Wochen zu Grabe bringt, so werden die Sklaven stets abgelöst.

Während die Leiche unter dem Baldachin ausgesetzt ist, kommen Abgeordnete aus allen Kasten des Adels und aus allen Bezirken des Landes in Begleitung großer Züge von Dienern und Sklaven, um in ihren eigenen, ihrer Freunde und des Volkes Namen Beileids-Bezeugungen abzustatten. Jeder der Abgeordneten bringt, je nach seinem Vermögen und je nach dem Range und der Beliebtheit des Verstorbenen, eine kleinere oder größere Gabe an Geld mit, von einem halben bis zu 50 und mehr Thalern. Herr Laborde z. B. gab dieses Mal 20 Thaler in Geld und einen Simbu im Werthe von 25 Thalern. Diese Geschenke nimmt der nächste Verwandte des Verstorbenen in Empfang, und sie dienen zur Bestreitung der Beerdigungskosten, die sich oft sehr hoch belaufen, denn außer dem Ankaufe der vielen Simbus muß auch eine große Menge Ochsen geschlachtet werden. Sämmtliche Besucher und Abgeordnete verweilen nämlich bis an den Tag des Begräbnisses und werden sammt ihren Dienern und Sklaven auf Kosten der Erben ernährt. Währt die Aussetzung der Leiche einige Wochen, und ist die Zahl der Gäste groß, so kann man sich denken, was da verzehrt wird, um so mehr, als die Madagaskars, Herren wie Sklaven, sobald es nicht auf eigene Kosten geht, zu den stärksten Essern der Welt zählen. So wurden, als der letzte Befehlshaber des Heeres, der Vater des Fürsten Raharo, starb, nicht weniger als 1500 Ochsen geschlachtet und verzehrt. Dieser Mann stand aber auch in der besonderen Gunst der Königin, und seine Leichenfeier soll eine der glänzendsten seit Menschengedenken gewesen sein. Er blieb drei Wochen lang ausgesetzt, und aus den entferntesten Gegenden des Reiches strömte Jung und Alt herbei, ihm die letzte Ehre zu erweisen.

Was die Eßkunst der Madagaskaren anbelangt, so wurde mir erzählt, daß vier Eingeborene einen ganzen Ochsen in Zeit von 24 Stunden aufzehren können und nach einer solchen Herkules-Mahlzeit so leicht davon gehen, als hätten sie gerade nur den nothdürftigsten Hunger gestillt. Ich kann freilich meinen Lesern die Wahrhaftigkeit dieser Angabe nicht verbürgen, da ich nie Zeuge davon gewesen bin, und wenn ich die großen fetten Ochsen betrachte, welche bei ähnlichen Gelegenheiten geopfert werden, kommt mir die Heldenthat jedenfalls etwas übertrieben vor.

So eßgierig die Eingeborenen sind, wenn sie Gelegenheit dazu haben, so ertragen sie andererseits gleich den Wilden mit bewunderungswürdiger Geduld den größten Mangel, und können sich wochenlange von einer kleinen Portion Reis und einigen dünnen Streifen getrockneten Fleisches ernähren.

Wenn der Leichnam aus dem Hause getragen wird, müssen vor der Thüre einige getödtete Ochsen liegen, und die Leichentträger über deren Rücken schreiten.

Die Dauer der Aussetzung, so wie die Zeit der Trauer, werden von der Königin nach Belieben bestimmt; für diesen Marschall hatte sie erstere auf 4, letztere auf 10 Tage angesetzt. Wäre er ein näherer Verwandter der Königin, ein Bruder oder Onkel oder einer ihrer bevorzugten Günstlinge gewesen, so hätte man ihn nicht unter 10 bis 14 Tagen bestatten dürfen, und die Trauer wäre wenigstens auf 20 bis 30 Tage anbefohlen worden.

Der Geruch des Körpers soll nie arg sein, da er in so viele Simbus eingeschlagen ist.

Wir gingen selbst nicht mit dem Leichenzuge, sondern sahen ihn von Herrn Laborde's Hause aus; die Begleitung war überaus zahlreich, und es gab der Adeligen und Offiziere, der Frauen, Klageweiber und Sklaven in großer Menge. Alle, vom Höchsten bis zum Niedersten, trugen als Trauer die Haare aufgelöst. Sie sahen mit diesen aufgelösten Haaren so abscheulich, so abschreckend häßlich aus, wie mir noch nichts ähnliches, selbst unter den widerwärtigsten Völkern Indiens oder Amerika's, vorgekommen ist. Besonders die Weiber, die ihre Haare länger wachsen lassen als die Männer, glichen wahren Vogelscheuchen und Furien.

In der Mitte des Zuges kam der von mehr als 30 Menschen getragene Katafalk. Wie zu den Kostümen auf den Hofbällen, mochte man wohl auch zu seiner Anfertigung irgend einen Kupferstich zu Rath gezogen haben, denn er war ganz auf europäische Art errichtet und ausgestattet, mit dem einzigen Unterschiede, daß man ihn anstatt mit schwarzem Tuche, mit rothen und buntfarbigen Seidenstoffen überhangen hatte. Der Marschalls-Hut nebst anderen Adels- und Ehrenzeichen lag darauf, und an beiden Seiten gingen viele Sklaven mit Klappen, um die Fliegen von dem Katafalk abzuwehren.

Die Leiche wurde 30 Meilen weit nach einer Besitzung des Verstorbenen getragen, um dort begraben zu werden: ein großer Theil der Adeligen und Offiziere geleitete sie nur bis auf einige Meilen, viele jedoch trieben die Höflichkeit so weit, die ganze Reise mitzumachen.

Es gibt auf ganz Madagaskar keinen eigenen Ort, um die Todten zu beerdigen. Jene, die Grund und Boden besitzen, werden darauf bestattet, die Armen bringt man nach einem Orte, der niemanden angehört, und häufig wirft man sie hinter ein Gebüsch oder legt sie in irgend eine Vertiefung, ohne sich die Mühe zu geben, etwas Erde darüber zu werfen.

Als ich jenes wahrhaft europäische Begräbniß sah, dachte ich, wie bei vielen anderen Gelegenheiten, welch' sonderbares Land doch Madagaskar ist, wie viele grelle Widersprüche man bei diesem Volke findet. Kultur und Wildheit, Nachahmungssucht europäischer Sitten und Gebräuche von höchster Barbarei gehen hier Hand in Hand. — Wie in Europa findet man alle Adels-Titel von dem Fürsten bis zu dem einfachen Edelmann, alle Militär-Klassen von dem Feldmarschall bis zu dem Lieutenant; viele der Vornehmen gehen häufig in europäischer Kleidung, manche sprechen und schreiben englisch oder französisch; die Reichen speisen auf Silber und besitzen schöne, geschmackvoll eingerichtete Häuser. Weitere Nachahmungen unserer europäischen Gebräuche sind: die Etiquette, mit welcher die Königin ihre Person umgibt, der ceremonielle Prunk, den sie ihrem Hofstaate zu verleihen sucht, die feierlichen Ausflüge nach den Lustschlössern, die Bälle *en Costume*, die großen Festessen, die Begräbnisse hochgestellter Personen u.dgl.m.

Auch was die industrielle Bildung des Volkes betrifft, so ist sie in einzelnen Zweigen ziemlich vorgeschritten und bei gehöriger Anleitung und Aufmunterung könnte sie sehr bald auf eine höhere Stufe gelangen. Wie ich bereits bemerkt habe, liefern beispielsweise die Gold- und Silberschmiede wirklich so schöne Arbeiten, daß ich sie nicht genug bewundern konnte; die Seidenweberinnen verfertigen sehr hübsche Stoffe aus einheimischer Seide, und Herr Laborde in seinen verschiedenen Fabriken producirt mit inländischen Arbeitern alle Waffen, selbst kleine Kanonen, Pulver, Glas, Seife, Wachskerzen, Rhum und die feinsten Liqueure.

Nur hinsichtlich der Bildung des Geistes und des Herzens haben die Bewohner Madagaskars die Europäer nicht nachzuahmen gesucht, und in dieser Beziehung stehen manche der wildesten Völker, die mit Europäern noch gar nicht in Berührung gekommen sind, wie z. B. die Dayak's auf Borneo, die Alforen auf Celebes, die Antropophagen in dem Innern Sumatra's und andere, hoch über den Hovas und Malegaschen. Es ist ein trauriges Zeichen, daß die letzteren gar keine Religion, nicht den geringsten Begriff von einem Gott, von der Unsterblichkeit oder auch nur von dem Vorhandensein der Seele haben. Die Königin verehrt zwar, wie man mir sagte, einige Haus-Götzen; sie legt aber ungleich mehr Werth auf die Aussprüche des Sikidy, und als ihr einst ein Missionär von der Unsterblichkeit der Seele sprach, soll sie ihn für verrückt gehalten und ihm laut in's Gesicht gelacht haben. Dem Volke ist es erlaubt, jeden beliebigen Gegenstand zu verehren, einen Baum, einen Fluß oder Fels, nur nicht Christus. An diesen zu glauben, ist strenge untersagt. Mit Ausnahme der wenigen, welche trotz des königlichen Verbotes die christliche Religion angenommen haben, glaubt indeß der größte Theil des Volkes an gar nichts, was mich um so mehr Wunder nimmt, als einige der auf Madagaskar lebenden Racen von den Arabern und Malaien abstammen, welche Nationen schon in den frühesten Zeiten Begriffe von Gott und Religion hatten.

Wie sehr wäre es zu wünschen, daß die Regierung in die Hände des Prinzen Rakoto käme! Ich bin überzeugt, diese schönes Land würde dann in intellektueller, wie in materieller Beziehung die raschesten Fortschritte machen.

30. Juni. Als ich in den Vereinigten Staaten Nord-Amerika's war, glaubte ich, diese Republik sei das Land, in welchem die Frauen die größte Unabhängigkeit die größte Freiheit in ihren Handlungen und Bewegungen hätten. Großer Irrthum! Hierher muß man kommen, nach Madagaskar, da führen sie ein noch ungleich freieres, ungebundeneres Leben. Von der Königin Ranavola will ich gar nicht sprechen; dieser gibt schon ihr Rang das Recht, nur den Eingebungen ihres Willens zu folgen; aber auch die anderen Frauen sind durchaus nicht solchen Anstands-Gesetzen unterworfen, wie die Europäerinnen. So kam z. B. Marie, die Geliebte des Prinzen Rakoto, mit dessen Wissen sehr häufig ganz allein in unser Haus, und zwar nicht nur, um Herrn Lambert Artigkeits-Besuche abzustatten, als er das Fieber hatte, sondern auch wenn er vollkommen wohl war. Schon einige Mal hatte sie an unserem Abendessen Theil genommen; so auch heute. Wir saßen eben bei Tische, als man ihr Söhnlein brachte. Ich hatte sie nie in kleinem Kreise mit ihrem Kinde zusammen gesehen, und da ich begierig war, die Aeußerung ihrer Gefühle zu beobachten, so ließ ich Mutter und Kind den ganzen Abend nicht aus den Augen. Beide verhielten sich jedoch so kalt, als hätten sie sich gar nicht gekannt, viel weniger einander angehört. Als das Kind in das Zimmer trat, begrüßte es nicht einmal seine Mutter, sondern ging gleich auf den Tisch zu, wo man ihm an der Seite Herrn Lambert's Platz machte, und während des ganzen Abendessens wechselten Mutter und Kind weder Blick noch Wort, obgleich sie nur durch Herrn Lambert von einander getrennt waren.

Die Versicherungen des Herrn Laborde und der anderen auf Madagaskar lebenden Europäer, daß unter den Eingeborenen viel Liebe zwischen Eltern und Kindern herrsche, daß es aber nicht Sitte sei, selbe zur Schau zu tragen, kann ich nicht glauben, wenn ich eine solche

Gleichgültigkeit sehe. Eine Mutter, die wirklich Zuneigung zu ihrem Kinde fühlt, ist gewiß nicht im Stande, einer solchen Sitte in solchem Grade zu huldigen, und keinen Falls wird sie sich so beherrschen können, um nicht wenigstens von Zeit zu Zeit einen liebevollen Blick auf ihr Kind zu werfen. Uebrigens war die Beobachtung, die ich heute Abend machte, nicht die einzige; während der ganzen Dauer meines Aufenthaltes in Madagaskar ist mir auch nicht eine zärtliche Mutter, auch nicht ein seine Eltern liebendes Kind zu Gesicht gekommen.

2. Juli. Was wird noch aus uns werden! Die Verschwörung scheint nicht mehr ausführbar zu sein, denn seit dem Tage, an welchem der Befehlshaber der Armee sich geweigert hat, die Thore des Palastes zu öffnen, fällt einer der Verschworenen nach dem anderen ab, und Verräther und Spione umgeben uns von allen Seiten. Schon seit dem 20. Juni verkehrt beinahe niemand mehr mit uns, man betrachtet uns halb und halb als Staats-Gefangene; wir sind unter diesen Verhältnissen gezwungen, den ganzen Tag über in unseren Häuschen zu verbleiben und können es nicht wagen, einen Fuß über die Thürschwelle zu setzen.

Der sicherste Beweis, daß die Königin von der Verschwörung genau unterrichtet ist, und daß sie sich nur ihres Sohnes halber, den sie ungemein liebt, den Anschein geben will, als wisse sie nichts davon, liegt darin, daß sie vor einigen Tagen bei Todesstrafe verboten hat, gegen letzteren die geringste Beschuldigung laut werden zu lassen, oder ihr mitzutheilen.

Dieser Zug ist der ihrer Race eigenthümlichen Schlauheit und Feinheit vollkommen würdig. Nachdem sie alle nöthigen Maßregeln getroffen und sich davon überzeugt hat, daß die Macht der Verschworenen gebrochen ist, und daß ihr keine Gefahr mehr droht, sucht sie dem Volke gegenüber das Vergehen ihres Sohnes zu bemänteln.

3. Juli. Der heutige Tag brachte Jammer und Schrecken über die ganze Stadt. Am frühen Morgen wurde dem Volke verkündigt und anbefohlen, sich zu einer bestimmten Stunde auf dem Bazar einzufinden, um einem daselbst abzuhaltenden großen Kabar beizuwohnen. Eine solche Verkündigung erfüllt das Volk stets mit Angst und Entsetzen, denn es weiß aus trauriger, oft gemachter Erfahrung, daß Kabare nichts anderes bedeuten als Quälereien, Verfolgungen und Todesstrafen. Es gab ein Geheul und Lärmen, ein Fliehen und Laufen in den Straßen, als wäre die Stadt von einem feindlichen Heere überfallen worden, und im Grunde genommen, hätte man dieses glauben mögen, denn Truppen besetzten alle Ausgänge der Stadt, und die armen Leute wurden von den Soldaten mit Gewalt aus ihren Häusern und Verstecken gerissen und nach dem Bazar getrieben.

Wir Europäer, in unserem Hause verschlossen, sahen nur wenig von diesen Scenen, Herrn Laborde ausgenommen, welcher bei der Beliebtheit, die er unter allen Ständen genoß, es noch immer ungescheut wagen konnte, seinen gewohnten Beschäftigungen nachzugehen. Voll banger Erwartung harrten wir seiner Rückkehr. Er kam bleich und aufgeregt nach Hause und erzählte uns, daß dieser Kabar von allen jenen, deren Zeuge er während seines Aufenthaltes in Tananariva gewesen, der grausamste und folgenschwerste sei. Der größte Theil der Bevölkerung der Stadt, Männer, Weiber und Kinder seien auf dem großen Platze versammelt worden, und das Fürchterlichste erwartend, habe jeder zitternd auf den königlichen Befehl gehorcht, welchen einer der Beamten mit lauter Stimme verkündigte.

Die königliche Mittheilung lautete: Die Königin habe schon lange die Vermuthung gehabt, daß es noch viele Christen unter ihrem Volke gebe. Vor einigen Tagen habe sie Gewißheit darüber erlangt und mit Entsetzen vernommen, daß deren in und um Tananariva allein mehrere Tausend lebten. Jedermann wisse, wie sehr sie diese Sekte hasse und verabscheue, wie strenge sie die Annahme dieser Religion verboten habe; da man ihre Befehle so wenig achte, werde sie alle Mittel anwenden, die Schuldigen zu entdecken und sie mit der größten Strenge zu bestrafen. Die Dauer des Kabars wurde auf 15 Tage angesetzt und dem Volke zum Schluß mitgetheilt, daß diejenigen, welche sich während dieser Zeit selbst angäben, das Leben geschenkt erhalten, jene dagegen, welche angezeigt würden, auf die schrecklichsten Todesarten gefaßt sein sollten.

Ich glaube kaum, daß nach der Erfahrung, welche die Leute in diesem halben Jahre gemacht haben, sich irgend jemand freiwillig angeben dürfte. Meine Leser werden sich des ähnlichen

Falles erinnern, den ich unter den von der Königin begangenen Grausamkeiten angeführt habe, in welchem die Unglücklichen, die sich selbst angaben, zwar dem königlichen Versprechen gemäß nicht hingerichtet, aber in schwere Ketten geschlagen wurden und kümmerlich verkamen. Und damals handelte es sich nur um Zauberei, Diebstahl, Grabesschändung und andere Verbrechen, die in den Augen der Königin viel geringer sind, als jenes, die christliche Religion angenommen zu haben. Für die unglücklichen Bekenner des Christenthums würde sie gewiß noch ungleich stärkere Qualen ersinnen.

Wer sollte es glauben, daß der Verräther, der Angeber der Christen, selbst ein Christ, und noch dazu eine Art Priester war, den die englischen Missionäre mit dem Titel: „*Reverendissimus*" beehrten! Dieser erbärmliche Mensch heißt Ratsimandisa, gehört zu dem Stamme der Hovas, ist in Tananariva geboren und hat eine halb-europäische Erziehung genossen, die aber leider keinen Einfluß auf die Veredlung seines Herzens und seiner Gesinnung ausübte. In der Absicht, das Wohlwollen der Königin zu gewinnen, und auf eine große Belohnung hoffend, gab er vor, die christliche Religion nur scheinbar angenommen zu haben, um alle Christen kennen zu lernen und so der Königin Gelegenheit zu geben, sie mit einem Schlage zu vernichten. Er hatte auch wirklich ein vollständiges Namens-Verzeichniß der in und um Tananariva lebenden Christen verfertigt. Glücklicher Weise kam es ihm nicht in den Sinn, eine Audienz bei der Königin zu verlangen, um ihr dieses Namens-Verzeichniß persönlich zu übergeben. Er händigte es einem der Minister ein, welcher zufällig zu der Parthei des Prinzen Rakoto gehörte und einer seiner treuesten Anhänger war. Dieser Mann wollte ein so wichtiges Dokument der Königin nicht überreichen, ohne den Prinzen erst davon in Kenntniß zu setzen. Kaum hatte letzterer dessen Inhalt gelesen, so zerriß er es in Stücke und erklärte, daß er denjenigen, der sich unterstünde, ein zweites Verzeichniß zu machen, oder es auch nur anzunehmen, um es der Regierung vorzulegen, augenblicklich hinrichten lassen würde. Dadurch wurde freilich einigen Tausenden von Christen das Leben gerettet. Sie gewannen Zeit und konnten fliehen, was auch die meisten thaten; aber in den wilden, unwirthbaren Wäldern, in welchen es ihnen allein möglich ist, sich zu verbergen, ohne Obdach, ohne Nahrungsmittel, muß die Mehrzahl der Armen dem Hunger und dem Elend erliegen.

Um ihr Unglück zu vergrößern, war gerade kurze Zeit vor dem Verrathe Ratsimandisa's ein englischer Missionär, Herr Lebrun von Mauritius, auf einige Tage nach Tamatavé gekommen und hatte von da aus an mehrere Christen in Tananariva Briefe geschrieben, in welchen er sie aufforderte, dem Christenthum treu zu bleiben, und der Versicherung zu glauben, daß die Zeit der Verfolgung nicht mehr lange währen könnte, daß bald bessere Zeiten für sie kämen. Den Aermeren wurde überdieß noch Geld versprochen und, wie man mir sagte, theilweise auch gegeben. Einige dieser Briefe gelangten leider der königlichen Regierung in die Hände; andere wurden bei den Untersuchungen in den Häusern der des Christenthumes verdächtigen Personen gefunden, und da in den Schriften mehrere Namen von Christen vorkamen, an welche der Missionär durch den Empfänger des Briefes Grüße oder Botschaften sandte, so konnte man die Kompromittirten festnehmen. Die Unglücklichen wurden wie zur Zeit der Inquisition in Spanien auf alle denkbare Art gemartert und zur Angabe der ihnen bekannten Christen gebracht. Auf diese Weise gelang es der Regierung, gleich in den ersten Tagen eine ziemliche Anzahl zu verhaften.

4. Juli. Herr Lambert erlitt wieder einen Rückfall des Fiebers, und zwar einen so starken, daß wir sehr um sein Leben besorgt waren. Auch mit meiner Gesundheit geht es nicht gut; ich habe zwar keine so heftigen Anfälle des Fiebers wie Herr Lambert; allein ich kann es nicht los werden, und meine Kräfte schwinden von Tag zu Tag.

6. Juli. Schon über 200 Christen sollen in den wenigen Tagen seit der Verkündung des Kabars theils angegeben, theils aufgespürt worden sein. Man sucht überall nach ihnen, man dringt in jedes Haus — wer nur immer des Christenthumes verdächtig ist, sei es Mann, Weib oder Kind, wird von den Soldaten aufgegriffen und nach den Gefängnissen geschleppt.

Wenn der Umsturz der Regierung nicht bald stattfindet und man dieser Megäre nicht die Macht aus den Händen reißt, bevor die angesetzten 15 Tage um sind, werden schauderhafte

Gräuelthaten und Hinrichtungen stattfinden! Herr Lambert und Herr Laborde scheinen zwar trotz aller eingetretenen Hindernisse die Hoffnung nicht zu verlieren und halten den beabsichtigten Staatsstreich noch immer für ausführbar, auch ich wünschte es von ganzem Herzen, und, man möge es mir glauben, nicht so sehr, weil mein eigenes Leben dabei mit auf dem Spiele steht, als meiner zahlreichen Glaubensgenossen und des ganzen Volkes halber, welches unter der gewiß mildthätigen Regierung des Prinzen Rakoto zu einem neuen Leben erwachen würde. Aber leider kann ich die Hoffnung meiner Gefährten nicht theilen. Wie die Verhältnisse gegenwärtig stehen, sehe ich keine Möglichkeit des Gelingens. Der Oberbefehlshaber der Armee ist nicht dazu zu bringen, und hat meiner Meinung nach wohl überhaupt nie die Absicht gehabt, sein gegebenes Versprechen zu halten und den Verschworenen die Thore des königlichen Palastes zu öffnen; die Gegner des Prinzen Rakoto gewinnen mit jedem Tage an Macht, und an eine Volks-Revolution ist nicht zu denken. Die armen Madagaskaren sind zu gedrückt und unterwürfig; sie haben noch zu viel Ehrfurcht vor der Macht der Königin, vor dem Einfluß des Adels und des Militärs, als daß man sie bewegen könnte, etwas dagegen zu unternehmen.

7. Juli. Die Königin ist davon unterrichtet worden, daß Herr Lambert einen gefährlichen Rückfall des Fiebers bekommen hat, und sie sendet fünf bis sechsmal des Tages vertraute Offiziere, aber jedesmal andere, sich nach seinem Befinden zu erkundigen. Die Offiziere verlangen stets in sein Zimmer geführt zu werden und ihn zu sehen. Wahrscheinlich haben sie den Auftrag, sich zu überzeugen, ob seine Krankheit eine wirkliche oder eine scheinbare sei. Ihre Majestät scheint den Tod des Herrn Lambert nicht erwarten zu können.

Der Prinz Rakoto ist seit drei Tagen nicht mehr zu uns gekommen. Die Königin, seine Mutter, hält ihn so gut wie gefangen; sie läßt ihn nicht von ihrer Seite, unter dem Vorwand, daß ihr große Gefahr drohe, und sie seines Schutzes bedürfe. Durch diese wirklich ganz feine Politik erreicht sie einen doppelten Zweck. Auf der einen Seite läßt sie dadurch ihren Sohn als teilnahmslos an der Verschwörung erscheinen, auf der anderen benimmt sie ihm die Gelegenheit mit seinen Mitverschworenen in Verbindung zu treten und von diesen vielleicht zu einem entscheidenden Schritte verleitet zu werden. Auch andere Vorsichts-Maßregeln hat sie getroffen. Der Palast ist mit dreifacher Wache umgeben, niemand darf nahe an demselben vorübergehen, und in das Innere werden nur diejenigen gelassen, welche als der Königin vollkommen treu und ergeben bekannt sind.

8. Juli. Unser Gefängniß schließt sich immer enger und enger, und unsere Lage fängt an wirklich sehr kritisch zu werden. Wir haben so eben erfahren, daß seit gestern Abend ein königlicher Befehl jedermann ohne Ausnahme bei Todesstrafe untersagt, unser Haus zu betreten. Herr Laborde wagt es nun auch nicht mehr, sich auf der Straße zu zeigen. Was mich sehr wundert, ist, daß man unseren Sklaven noch erlaubt, nach dem Bazar zu gehen, um die nöthigen Einkäufe zu besorgen. Ohne Zweifel wird es damit ebenfalls bald ein Ende haben, und wenn ich mich nicht irre, mag der Augenblick nicht ferne sein, wo die Königin die Maske abwerfen, uns öffentlich für Verräther erklären und unser Haus von Soldaten umgeben und vollkommen absperren lassen wird. Niemand kann wissen, was dieses Weib mit uns im Sinne hat, und im Hinblick auf ihren Charakter haben wir sicherlich nichts Gutes zu erwarten. Sind wir einmal Gefangene, so kann sie uns leicht durch vergiftete Lebensmittel oder auf irgend eine andere Art aus der Welt schaffen.

Wie uns unsere Sklaven sagen, sind mehr als 800 Soldaten mit der Aufsuchung der Christen beordnet; sie durchstöbern nicht nur die ganze Stadt, sondern streifen auch 20 bis 30 Meilen weit in dem Lande umher, sollen aber glücklicher Weise nur wenig Gefangene machen. Alles flieht nach den Gebirgen und Wäldern, und zwar in solcher Anzahl, daß kleine Abtheilungen von Soldaten, welche die Fliehenden verfolgen und einzufangen suchen, von letzteren in die Flucht geschlagen werden.

9. Juli. Auch heute erhielten wir Nachrichten von der Christen-Verfolgung. Die Königin hat erfahren, daß bis jetzt verhältnißmäßig nur sehr wenige Gefangene eingebracht worden sind. Sie soll darüber auf das höchste erzürnt gewesen sein und in größter Wuth ausgerufen haben, man müsse die Eingeweide der Erde durchwühlen, Flüsse und Seen mit Netzen durchfischen,

damit auch nicht einer dieser Verbrecher an den königlichen Gesetzen der Strafe entgehe! — Diese hochtrabenden Worte, die erneuerten strengen Befehle, die sie den mit der Verfolgung der Christen beauftragten Offizieren und Soldaten ertheilt, haben aber, Gott sei es gedankt, keinen großen Erfolg, und wie aufgebracht wird Ihre Majestät werden, wenn sie hört, daß es den Bewohnern ganzer Ortschaften gelungen ist, sich ihrem Zorne durch rechtzeitige Flucht zu entziehen! So geschah es vor wenigen Tagen in dem Dorfe Ambohitra-Biby, 9 Meilen von Tananariva. Als die Soldaten ankamen, fanden sie nichts als die leeren Hütten.

Heute Mittag wurde neuerdings ein großer Kabar auf dem Marktplatze abgehalten. Die Königin ließ dem Volke verkünden, daß alle diejenigen, welche den Christen zur Flucht behilflich oder ihnen daran nicht hinderlich wären, oder sie zu verbergen suchten, die Todesstrafe zu erleiden hätten, daß dagegen jene, welche Christen verriethen, einbrächten oder an der Flucht verhinderten, das besondere Wohlwollen der Königin gewinnen, und als Belohnung in der Folge, wenn sie selbst irgend ein Verbrechen begingen, entweder gar nicht, oder nur sehr geringe bestraft werden würden.

Auch ein Truppen-Korps von 1500 Mann wurde heute abgeschickt, und zwar nach dem Distrikte I-Baly an der Ostküste. Dieser ausgedehnte Distrikt ist von Seklaven bewohnt und nur zum Theil der Königin Ranavola unterworfen. In einem Dorfe des unabhängigen Theiles leben schon seit drei oder vier Jahren fünf katholische Missionäre, welche daselbst eine kleine Gemeinde gegründet haben. Die Königin ist darüber natürlicher Weise sehr erzürnt, um so mehr, als sie in ihrer Anmaßung, Beherrscherin der ganzen Insel zu sein, vor einiger Zeit das Gesetz gegeben hat, daß alle jene Weißen getödtet werden sollten, welche in Madagaskar an einem Orte landeten oder wohl gar verweilten, an dem sich kein Posten von ihre Hovas-Soldaten befände. Diesem Gesetze zufolge will sie nun die Missionäre gefangen nehmen und hinrichten lassen.

Ich glaube kaum, daß die Liebe der Seklaven zu den Missionären so groß ist, daß sie deren Auslieferung verweigern und sich ihretwegen einem Kriege mit einem so mächtigen Feinde wie die Königin Ranavola aussetzen. Selbst wenn sie es thäten, wäre natürlich nicht die geringste Aussicht auf einen guten Erfolg vorhanden. Wir hegen jedoch die Hoffnung, daß die Truppen zu spät kommen und die Missionäre den Ort schon vor ihrer Ankunft verlassen haben werden, denn der Prinz Rakoto hat schon vor einiger Zeit einen zuverlässigen Boten an sie gesandt, um sie von der ihnen drohenden Gefahr zu unterrichten.

Obwohl der Prinz Rakoto noch immer so gut wie gefangen ist und uns nicht besuchen kann, so vergeht doch selten ein Tag, ohne daß wir Nachrichten von ihm erhalten, und ohne daß er uns von allem in Kenntniß setzt, was die Königin und ihre Minister gegen uns vorhaben. Der Prinz hat vertraute Sklaven, ebenso Herr Laborde. Diese begegnen sich anscheinend zufälliger Weise auf dem Bazar oder auf anderen Orten und theilen sich ihre gegenseitigen Botschaften mit. So ließ er uns heute sagen, die Königin habe den Befehl gegeben, an einem der folgenden Tage unser Haus zu durchsuchen, und zwar unter dem Vorwande, daß allgemein behauptet würde, es seien da entflohene Christen versteckt, in der That aber, um unsere Papiere und Schriften in Beschlag zu nehmen. Wir verbargen diese natürlich augenblicklich so gut wir konnten.

Auch haben wir erfahren, daß sich die Königin in den letzten Tagen viel mit uns beschäftigt und lange Sitzungen mit ihren Ministern gehalten hat, in welchen berathen wurde, was mit uns anzufangen sei. Nach ihrem Sinn hätte sie uns schon lange in die andere Welt geschickt; aber sechs Europäer auf einmal zu tödten, erscheint ihr doch etwas zu gewagt, und sie soll gegen ihren Premier-Minister, der gleich von Anfang an mit Enschiedenheit für unseren Tod stimmte, geäußert haben, der einzige Grund, welcher sie davon abhalte, sei dieser, daß eine solche Strenge gegen so bedeutende Personen, wie wir zu sein schienen, die Europäer veranlassen könnte, sie mit Krieg zu überziehen. (Glückliche Irrthümer! Der erste, daß sie uns für bedeutende Personen hält — der zweite, daß sie meint, einer europäischen Macht wäre an einigen Menschenleben so viel gelegen; — ja, wenn es sich noch um eine große Summe Geldes handelte!) Doch sei es wie es wolle, unser Leben steht jedenfalls in großer Gefahr, denn es liegt in der Hand eines Weibes, das von wilden Leidenschaften beherrscht, jeden Augenblick sich hinreißen lassen kann, alle Rücksichten bei Seite zu setzen. Sollte uns das Leben geschenkt werden, so fürchte ich eine lange Gefangenschaft. Uns nur des Landes zu verweisen, genügt der Königin wohl nicht, sonst hätte sie es schon längst gethan.

10. Juli. Heute wurden Plötzlich unsere Thore geöffnet und ungefähr ein Dutzend hoher Offiziere nebst vielem Gefolge traten in den Hof. Wir dachten, sie kämen, um die uns von dem Prinzen angezeigte Hausuntersuchung abzuhalten; aber zu unserem größten Erstaunen erklärten sie Herrn Lambert, daß die Königin sie sende, um die kostbaren Geschenke zu übernehmen, welche er für sie und für ihren Hof mitgebracht habe.

Herr Lambert ließ augenblicklich die Kisten herbeischaffen und auspacken. Die darin enthaltenen Gegenstände wurden je nach ihrer Bestimmung in große Körbe gelegt, welche die von den Offizieren mitgebrachten Sklaven sofort nach dem königlichen Palaste trugen. Einige der Offiziere begleiteten die Träger; die übrigen traten in unseren Empfangs-Saal, unterhielten sich wenige Augenblicke mit den Herren Lambert und Laborde und empfahlen sich dann auf das höflichste.

Bei dieser Gelegenheit sah ich selbst erst alle diese Herrlichkeiten etwas genauer.

Die Kleider, deren Herr Lambert eine große Menge für die Königin, für ihre Schwestern und andere weiblichen Verwandten mitgebracht hatte, waren wirklich sehr schön. Herr Lambert hatte sie in Paris nach den Mustern jener der Kaiserin von Frankreich von derselben Kleidermacherin, welche für die letztere arbeitet, verfertigen lassen. Es gab einzelne darunter, welche über 300 Thaler gekostet hatten. Jedem Kleide waren die dazu passenden Schärpen, Bänder, Kopfputz-Zeuge, mit einem Worte alle zu einer vollständigen Toilette gehörigen Gegenstände beigefügt.

So ausgestattet mögen sich die glücklichen Damen, welchen dieser Putz beschert ist, noch ungleich lächerlicher ausnehmen, als jene, die an dem Kostüme-Ball Theil genommen hatten. Ich sehe sie in Gedanken mit ihren plumpen Gestalten und dem entenartigen Gange in diesen tief ausgeschnittenen Staatskleidern mit langer Schleppe und kurzen Aermeln! — Und der feine, zarte Kopfputz, hinten auf der Höhe einer dieser wolligen Natur-Perücken hängend — wie neckisch und reizend! — Wahrlich, wenn Herr Lambert vorsätzlich darauf bedacht gewesen wäre, die Häßlichkeit der madagaskarischen Damen-Welt besonders herauszuheben, er hätte nichts passenderes finden können, als diese Putzsachen!

Nicht minder kostbar und zahlreich waren die Geschenke für den Prinzen Rakoto. Da gab es Uniformen, ebenso prachtvoll gemacht und mit denselben reichen Goldstickereien verziert, wie jene des Kaisers der Franzosen, Civil-Kleider von den verschiedenartigsten Stoffen, Formen und Farben, gestickte Battist-Hemden, Taschentücher, Fußbekleidung jeder Art und alle denkbaren Toilette-Gegenstände. Was aber am meisten die Bewunderuug und wohl auch den Neid der versammelten Offiziere erregte, war eine reiche Pferdedecke sammt Sattel und Zubehör; die guten Leute konnten sich nicht satt daran sehen, und noch oben im Empfangs-Saale fragte mich einer von ihnen, ob in Frankreich der Kaiser allein eine so prachtvolle Pferdedecke besäße, oder ob auch die Offiziere deren hätten, — worauf ich mir den Scherz erlaubte, ihm zu erwiedern, daß nur der Kaiser allein sich einer so reichen Decke bediene, daß er sie aber, wenn sie abgenützt sei, einem seiner Lieblinge schenke, und sich eine neue machen lasse. Vielleicht schließt sich dieser Mann nun der Parthei des Prinzen an, in der Hoffnung, dessen Liebe und mit ihr in der Folge die Pferdedecke zu gewinnen.

16. Kapitel.

Madagaskarische Festessen. — Kabar bei Hofe. — Der Urteilsspruch. — Die Verbannung. — Abreise von Tananariva. — Die Militär-Eskorte. — Einige Betrachtungen über das Volk. — Ankunft in Tamatavé. — Abreise von Madagaskar. — Ein blinder Lärm. — Ankunft in Mauritius. — Schluß.

11. Juli. Gestern Abend wurde ein altes Weib bei dem Gerichte als Christin denuncirt. Man ergriff sie sogleich, und diesen Morgen — kaum vermag meine Feder niederzuschreiben, welche entsetzliche Qual die Arme erlitt — diesen Morgen schleppte man sie nach dem Marktplatze und durchsägte ihr das Rückgrat.

12. Juli. Heute Morgen wurden leider wieder in einem der Stadt nahe gelegenen Dorfe, in einer Hütte sechs Christen aufgegriffen. Die Soldaten hatten die Hütte bereits durchsucht und standen schon im Begriff sie zu verlassen, als einer von ihnen jemanden husten hörte. Sogleich wurde alles auf's neue durchsucht und in einem großen Loch, das in die Erde gegraben und oben mit Stroh überdeckt war, fand man die Unglücklichen. Was mich bei dieser Episode am meisten in Erstaunen setzte, war, daß die übrigen Bewohner des Dorfes, welche keine Christen waren, die Verborgenen nicht verriethen, obgleich sie von dem letzten Kabar, der die Verheimlichung von Christen, die Mithilfe zu deren Flucht oder die Verhinderung ihrer Entdeckung mit dem Tode bedroht, ganz gewiß Kenntniß hatten. Ich würde bei diesem Volke wahrhaftig keinen solchen Edelmuth gesucht haben! — Leider fand er eine traurige Belohnung. Der kommandirende Offizier nahm keine Rücksicht auf diese großherzige Handlungsweise. Er hielt sich strenge an seine Befehle und ließ nicht nur die sechs Christen, sondern sämmtliche Bewohner des Dorfes — Weiber und Kinder nicht ausgenommen — gebunden, nach der Stadt schleppen.

Ich fürchte, es wird ein schreckliches Blutbad geben. Die Armen mögen wohl alle hingerichtet werden, denn man wird annehmen, daß sie um das Versteck ihrer Nachbarn gewußt haben. Von der Königin dürfen sie keinesfalls Gnade erwarten; die Erfüllung von Todesurtheilen hält sie auf das strengste zu, und noch nie soll es vorgekommen sein, daß sie einem zum Tode Verurtheilten das Leben geschenkt hätte.

Der Prinz Rakoto ließ uns heute sagen, daß die Königin im Sinn habe, Herrn Lambert ein großes Festessen zu geben, zu welchem natürlich auch alle übrigen Europäer eingeladen werden würden. Was soll das bedeuten? — Seit mehr als acht Tagen behandelt man uns wie Staatsverbrecher und Gefangene, und nun auf einmal diese große Auszeichnung! — Heitert sich der Himmel für uns auf, oder ist es eine Falle? — Ich fürchte das letztere.

Erfreut sind wir auf keine Art über diese Nachricht, denn selbst, wenn der Einladung keine böse Absicht zu Grunde liegen sollte, haben wir jedenfalls eine entsetzliche Langweile auszustehen. Je höher nämlich die Königin den Gast, den sie zu einem solchen Festessen ladet, ehren will, eine desto kolossalere Mahlzeit wird ihm vorgesetzt und desto mehr Stunden müssen an der Tafel zugebracht werden, denn auch die größere oder geringere Dauer der Zeit gehört mit zu der Auszeichnung. Als Herr Lambert das erstemal nach Tananariva kam, gab die Königin ihm zu Ehren ein solches Festessen, welches aus mehreren hundert aus allen Gegenden der Insel zusammengebrachten Gerichten bestand. Die auserlesensten Leckerbissen (natürlich für madagaskarische Gaumen) wurden aufgetischt, darunter Land- und Wasserkäfer, welch letztere für besonders wohlschmeckend gelten, Heuschrecken, Seidenwürmer und andere Insekten. Die Tafel währte über 24 Stunden, und das Merkwürdige dabei war, wie mir Herr Lambert erzählte, daß der größte Theil der eingeladenen Gäste die ganze Zeit über den verschiedenen Gerichten fortwährend zusprach. Er selbst war natürlich nicht im Stande, so lange an der Tafel zu bleiben und erhob sich mit königlicher Erlaubnis; von Zeit zu Zeit, mußte aber doch bis zu Ende verweilen.

Noch als wir in dem besten Einvernehmen mit der Königin standen, sahen wir der Einladung zu einem solchen Festessen, schon wegen des langen Sitzens allein, mit wahrem Entsetzen entgegen, um so mehr unter den jetzigen Umständen, wo dieses Mahl gar leicht unser Todten-Mahl werden kann. Erweist uns indeß die Königin diese Ehre, so bleibt uns doch nichts anderes übrig, als dieselbe anzunehmen, denn wenn Ihre Majestät uns zu tödten beabsichtigt, so können wir unserem Schicksale auf keinen Fall entgehen.

13. Juli. Diesen Morgen erhielten wir von dem Prinzen die erfreuliche Kunde, daß die fünf Missionäre von I-Baly glücklich entflohen seien. Die Königin wird wüthen, wenn sie erfährt, daß sie ihre 1500 Mann umsonst abgeschickt hat.

Man soll dieses Weib überhaupt noch niemals in so unausgesetzt böser Laune, in so oft wiederholten heftigen Zornes-Ausbrüchen gesehen haben, wie seit den letzten acht oder zehn Tagen. Das ist traurig für uns, vor der Hand aber noch viel trauriger für die armen Christen, welche sie mit einem solchen Eifer, mit einer solchen Wuth verfolgen läßt, wie dieß seit dem Antritt ihrer Regierung noch nicht geschehen ist. Beinahe täglich werden auf den Bazaren der Stadt und auf jenen der umliegenden Dörfer Kabare abgehalten, um das Volk zur Angabe der Christen aufzufordern und ihm zu verkündigen, daß die Königin die Gewißheit habe, alles Un-glück, welches je über das Land gekommen sei und noch komme, rühre nur von dieser Sekte her, und daß sie nicht eher ruhen werde, als bis der letzte der Christen vertilgt sei.

Welches große Glück war es für die so hart Verfolgten, daß das Verzeichniß ihrer Namen in die Hände des Prinzen Rakoto fiel, und daß er es vertilgte! Wäre dieß nicht geschehen, so würde es zahllose Hinrichtungen gegeben haben. So hofft man, daß trotz alles Wüthens der Königin, trotz ihrer Aufforderungen und Befehle doch vielleicht nicht mehr als 40 bis 50 Opfer fallen dürften. Viele der Großen des Reiches, viele der königlichen Beamten sind ja im geheimen selbst Christen und suchen ihren Glaubensgenossen auf alle Art zur Flucht zu verhelfen. Man hat uns versichert, daß von den 200 Christen, welche vor mehreren Tagen eingefangen worden waren, so wie von den Bewohnern des Dorfes, die man gestern nach der Stadt gebracht hat, bei weitem die meisten wieder entwischt seien.

16. Juli. Wie wir so eben erfahren, wurde gestern ein besonders großer Kabar im königlichen Palast abgehalten, der über sechs Stunden währte, und bei welchem es sehr stürmisch zuge-gangen sein soll. Dieser Kabar betraf uns Europäer — es handelte sich um die Entscheidung unseres Schicksals. Nach dem gewöhnlichen Lauf der Welt sind beinahe alle unsere Freunde von dem Augenblick, als sie sahen, daß unsere Sache verloren war, von uns abgefallen, und die meisten, um den Verdacht der Theilnahme an der Verschwörung von sich abzuschütteln, drangen eifriger auf unsere Verurtheilung, als selbst unsere Feinde. Daß wir die Todesstrafe ver-dienten, darüber war man bald einig, und nur die Art und Weise der Beförderung in die andere Welt gab den Leuten viel Stoff zur Debatte. Die einen stimmten für öffentliche Hinrichtung auf dem Marktplatz, andere für einen nächtlichen Ueberfall unseres Hauses, wieder andere für Einladung zu dem Festessen, bei welchem man uns entweder vergiften oder auf ein gegebenes Zeichen niedermetzeln wollte.

Die Königin schwankte zwischen diesen verschiedenen Vorschlägen, hätte aber jedenfalls ei-nen davon angenommen und ausführen lassen, wenn der Prinz Rakoto nicht unser Schutzgeist gewesen wäre. Er sprach mit aller Macht gegen die Verurtheilung zum Tode. Er warnte die Königin, sich nicht von ihrem Zorn hinreißen lassen und wies darauf hin, daß die europäi-schen Mächte die Ermordung von sechs so bedeutenden Personen (?), wie wir seien, gewiß nicht ungeahndet hingehen lassen würden. Noch nie soll der Prinz der Königin gegenüber seine Meinung so heftig und bestimmt geäußert haben, wie bei dieser Gelegenheit. Wir empfingen diese Nachrichten theils, wie ich bereits gesagt habe, durch vertraute Sklaven des Prinzen, theils durch einige wenige Freunde, die uns wider Erwarten treu geblieben waren.

17. Juli. Dreizehn lange Tage währte bereits unsere Gefangenschaft — dreizehn lange Tage haben wir in der peinlichsten Ungewißheit unseres Schicksals verlebt, jeden Augenblick auf eine Entscheidung gefaßt, bei Tag und Nacht durch den geringsten fremdartigen Lärm aufgeschreckt. Es war eine abscheuliche, eine fürchterliche Zeit!

Diesen Morgen saß ich an meinem Schreibtisch; ich hatte so eben die Feder aus der Hand gelegt und dachte darüber nach, ob nun nach dem letzten Kabar die Königin wohl endlich zu einem Beschlüsse gekommen sein möge. Plötzlich hörte ich eine ungewöhnliche Bewegung in dem Hofraum. Ich wollte aus meinem Zimmer, dessen Fenster nach der entgegengesetzten Seite gingen, treten, um zu sehen, was es gäbe, als mir Herr Labor de mit der Mittheilung entgegen kam, in dem Hofe werde ein großer Kabar abgehalten, und man habe uns Europäer berufen, demselben beizuwohnen.

Wir gingen hin und fanden mehr als 100 Personen — Richter, Adelige und Offiziere in einem weiten Halbkreis auf Stühlen und Bänken, mitunter auch auf der Erde sitzend; eine Abtheilung Soldaten stand hinter ihnen. Einer der Offiziere empfing uns und wies uns Plätze den Richtern gegenüber an. Letztere waren in lange weiße Simbu's gehüllt, ihre Blicke ruhten finster und ernst auf uns, und Todesstille herrschte geraume Zeit. Ich gestehe, es wurde mir etwas bange, und leise flüsterte ich Herrn Laborde zu: „Ich glaube, unsere letzte Stunde hat geschlagen." — Seine Antwort war: „Ich bin auf alles gefaßt."

Endlich erhob sich einer der Minister oder Richter, und mit einer wahren Grabesstimme und einem großen Reichthum an hochtrabenden Worten sagte er ungefähr folgendes:

Das Volk habe erfahren, daß wir Republikaner und in der Absicht nach Madagaskar gekommen seien, hier eine ähnliche Regierungsform einzuführen, den Thron der geliebten Beherrscherin umzustoßen, dem Volke gleiche Rechte mit dem Adel zu geben und die Sklaverei abzuschaffen — ferner, daß wir viele Zusammenkünfte mit den der Königin wie dem Volke gleich verhaßten Christen gehabt, und selbe aufgefordert hätten, fest an ihren Glauben zu halten und auf baldige Hilfe zu vertrauen. Durch diese aufrührerischen Umtriebe sei das Volk so gegen uns aufgebracht worden, daß die Königin, um uns vor dessen Wuth zu schützen, sich gezwungen gesehen habe, uns als Gefangene zu behandeln. Die ganze Bevölkerung von Tananariva verlange unseren Tod; aber die Königin, die noch keinem Weißen das Leben genommen, wolle es auch in diesem Fall nicht thun, obwohl die von uns begangenen Verbrechen sie vollkommen dazu berechtigten — und in ihrer Gnade und Großmuth habe sie beschlossen, die ganze Bestrafung darauf zu beschränken, uns für immer aus ihren Staaten zu verweisen. Herr Lambert, Herr Marius, die beiden anderen Europäer, die bei Herrn Laborde wohnten, und ich hätten das Stadtgebiet binnen einer Stunde zu räumen; Herr Laborde könne 24 Stunden länger verweilen, und in Rücksicht seiner früher geleisteten Dienste sei es ihm gestattet, von seinem Eigenthum alles mitzunehmen, was nicht nagelfest wäre — die Sklaven ausgenommen — diese wie seine Besitzungen an Häusern, Gütern u.s.w. fielen an die Königin zurück, deren Huld er sie zu verdanken gehabt habe. Seinem Sohne, da er mütterlicher Seits ein Eingeborener sei, und weil man seiner Jugend halber annehme, daß er an der Verschwörung nicht Theil genommen, werde es freigestellt, je nach seinem Belieben im Vaterlande zu bleiben, oder es zu verlassen. Die Königin bewillige uns eben so wie Herrn Laborde so viele Träger, als wir zur Fortschaffung unserer Personen und der uns angehörigen Gegenstände bedürften, und zu unserer größerer Sicherheit werde sie uns bis zu unserer Einschiffung in Tamatavé von Militär begleiten lassen, und zwar von 50 Soldaten mit 20 Offizieren und einem Kommandanten. Herr Laborde bekomme eine gleiche Eskorte, habe aber stets wenigstens eine Tagreise hinter uns zu bleiben.

Trotz unserer kritischen Lage machte uns diese Rede beinahe lachen. Plötzlich hatte das Volk etwas zu bedeuten. Dieses arme Volk, das in schwereren Ketten schmachtet als die Leibeigenen in Rußland oder die Sklaven in den Verewigten Staaten Nord-Amerika's, bekam plötzlich Einfluß auf der Königin Willen, erhielt die Freiheit einen Wunsch auszusprechen, ja sogar zu drohen! — Dem Redner ging auch das Wort „Volk" nicht sehr geläufig aus dem Munde; er versprach sich häufig und sagte statt dessen: „Königin."

Natürlicher Weise wurde uns nicht erlaubt, auch nur ein Wort zu unserer Vertheidigung oder Rechtfertigung vorzubringen. Wir dachten übrigens gar nicht daran, waren von Herzen froh, so leichten Kaufes davon zu kommen und wußten uns diese unerwartete Großmuth von Seite der Königin gar nicht zu erklären. Freilich konnten wir weder wissen noch ahnen, was uns noch alles bevorstand!

Nachdem der Kabar geschlossen worden war, stellte man Herrn Lambert die Geschenke zurück, die vor wenigen Tagen erst abgeholt worden waren, aber nicht alle, wie wir trotz der flüchtigen Uebergabe ganz gut bemerken konnten. Die fehlenden mochten jedoch nicht von der Königin zurückbehalten, sondern wohl von den Offizieren und Beamten unterschlagen worden sein. Der Prinz Rakoto behielt das meiste; er schickte nur einige Kleinigkeiten zurück, und diese wahrscheinlich nur, um dem Wunsch der Königin anscheinend zu gehorchen.

Auch allen Offizieren und Adeligen, unter welche Herr Lambert Geschenke ausgetheilt hatte, war befohlen worden, selbe zurückzubringen; aber die hübschen Summen Geldes, die ihnen Herr Lambert gegeben, und von welchen die Königin nichts wußte, behielten sie.

Nun sollten wir in einer Stunde nicht nur unser eigenes Gepäck in Ordnung bringen und die für die Reise nöthigen Vorräthe an Lebensmitteln besorgen, sondern auch noch alle diese werthvollen Gegenstände verpacken, und wie?! Die Kisten waren zum größten Theil bereits in Stücke gebrochen worden, denn, nachdem die Königin die Geschenke so feierlich hatte abholen lassen, dachte niemand daran, daß sie dieselben zurücksenden würde.

Wir befanden uns wirklich in der größten Verlegenheit; aber es war nichts zu ändern. Herr Lambert suchte in aller Eile das kostbarste aus, und dann warfen wir bunt durcheinander in unsere Reisekoffer und in einige der nicht zerschlagenen Kisten so viel als hineinging. In einer Stunde waren wir zum Aufbruch bereit. Glücklicher Weise nahmen es die Offiziere, Soldaten und Träger nicht so genau mit den Befehlen der Königin wie wir; sie machten ihre Vorbereitungen mit mehr Muße, und der Rest des Tages verging, ohne daß sie erschienen. Unsere Abreise erfolgte erst am folgenden Morgen, durch welche Verzögerung Herr Lambert Zeit gewann, von seinen zurückgewiesenen Geschenken noch manches einzupacken.

18. Juli. Mit wahrer und großer Freude kehrte ich einer Stadt den Rücken, in der ich so viel gelitten, und in welcher man jeden Tag von nichts als Vergiftungen und Hinrichtungen sprechen hörte. So wurden diesen Morgen einige Stunden vor unserer Abreise zehn Christen unter den grausamsten Martern hingerichtet. Auf dem ganzen Weg vom Gefängniß bis nach dem Marktplatz stießen die Soldaten mit ihren Lanzen beständig nach ihnen; auf dem Marktplatz angekommen, steinigte man sie beinahe zu Tode. Dann erst hieb man ihnen die Köpfe ab, die auf Lanzen gesteckt und zur Schau ausgestellt wurden. Die Armen sollen sich überaus standhaft benommen und unter Absingung von Hymnen den Geist aufgegeben haben.

Als wir unseren Abzug durch die Stadt hielten, kamen wir an dem Marktplatz vorüber und sahen zum Abschied dieses schreckliche Bild. Unwillkürlich erwachte bei diesem Anblick in mir der Gedanke, daß der Großmuth eines so hinterlistigen und grausamen Weibes nicht sehr zu trauen sei, und daß vielleicht das Volk den geheimen Befehl erhalten habe, uns zu überfallen oder mit Steinwürfen zu tödten. Dieß war jedoch nicht der Fall. Die Leute strömten zwar haufenweise herbei, um uns zu sehen, viele begleiteten uns aus Neugierde sogar eine ziemliche Strecke; aber niemand erlaubte sich die geringste Beleidigung oder Beschimpfung.

Unsere Rückreise nach der Hafenstadt Tamatavé gehörte zu den unangenehmsten und beschwerlichsten — noch auf keiner meiner vielen Reisen habe ich ähnliches erlitten. Die Königin hatte es nicht gewagt, uns öffentlich hinrichten zu lassen; aber, wie wir nun deutlich erkennen konnten, war ihre Absicht, daß wir auf der Reise zu Grunde gehen sollten. Herr Lambert wie ich litten sehr am Fieber; für uns war es höchst gefährlich, längere Zeit in den Niederungen zu verweilen und die bösen Ausdünstungen der Moräste einzuathmen. Wir hätten die Reise nach Tamatavé so schnell als möglich machen und uns ungesäumt nach Mauritius einschiffen müssen, um daselbst ein besseres Klima, gute Pflege und vor allem ärztliche Hilfe zu finden, denn weder in Tananariva noch sonst wo auf Madagaskar ist ein Arzt. Aber nichts von allem dem wurde uns gestattet. Die Königin hatte ihre Befehle in einem anderen Sinn gegeben, und anstatt die Reise in acht Tagen zurückzulegen, wie es gewöhnlich der Fall ist, ließ man uns auf derselben beinahe acht Wochen (53 Tage) verbringen. In den ungesunden Gegenden ließ man uns in den erbärmlichsten Hütten eine bis zwei Wochen liegen und oft, wenn wir gerade an den heftigsten Fieber-Anfällen litten, riß man uns von dem elenden Lager auf, und die Reise wurde fortgesetzt, ohne daß man darauf achtete, ob das Wetter schön war oder ob es regnete.

In Beforn, einem der ungesundesten Plätze auf dem ganzen Wege, einem kleinen ärmlichen Dorfe, von Sümpfen und Waldungen so vollkommen umgeben, daß man nicht fünfzig Schritte weit auf trockenem Boden gehen konnte, blieben wir gar achtzehn Tage. Herr Lambert suchte den Kommandanten auf alle Art zu bewegen, die Reise zu beschleunigen. Er bot ihm, wie ich glaube, sogar eine ziemlich große Summe Geldes. Alles vergebens — die Befehle der Königin mochten zu genau und bestimmt sein, als daß der Mann es wagen konnte, ihnen entgegen zu handeln.

Die Hütten, die man uns zur Wohnung anwies, waren gewöhnlich in so schlechtem Zustande, daß sie kaum Schutz gegen das Wetter gewährten. Wind und Regen drangen von allen Seiten durch das schadhafte Dach, durch die dünnen, halbverfallenen Wände. Was mein Leiden noch größer machte, war, daß ich nicht einmal ordentliches Bettzeug hatte, und daß mir meine warmen Kleider, in welche ich mich Nachts hätte hüllen können, schon auf der ersten Tagreise gestohlen wurden. Ich besaß nämlich nicht wie jeder meiner Reisegefährten zwei oder drei Diener, um auf meine Sachen Acht zu geben, ich war leider Herr und Diener in einer Person, und in meinem kranken Zustande wurde es mir unmöglich, nach irgend etwas zu sehen. An dem Ruhepunkt angelangt, warf ich mich auf mein Lager, das ich oft tagelang nicht verlassen konnte. Und was für ein Lager war das! — eine dünne Matte, ein hartes Kopfkissen und als Decke mein Reisemantel; später gab mir einer der Herren Missionäre noch eines von seinen Kopfkissen. Die ganzen 53 Tage kam ich nicht aus meinen Kleidern, denn trotz meiner wiederholten Bitten war der Kommandant auch nicht ein einziges Mal so gefällig, mir einen abgesonderten Platz anzuweisen, wo ich mich hätte an- und auskleiden können; man schob uns alle zusammen in eine und dieselbe Hütte, sie mochte noch so klein sein. Ich litt wirklich unaussprechlich, besonders während der letzten drei Wochen, wo ich mich kaum mehr von meinem Lager erheben und einige Schritte weit schleppen konnte.

Das Madagaskar-Fieber ist eine der bösartigsten Krankheiten und meiner Meinung nach viel mehr zu fürchten, als das gelbe Fieber oder die Cholera. Bei diesen leidet man zwar auch mitunter sehr große Schmerzen, aber in wenigen Tagen ist Tod oder Heilung entschieden, während man an diesem häßlichen Fieber Monate und Monate leidet. Man hat starke Schmerzen im Magen und im ganzen Unterleib, man erbricht sich häufig, verliert allen Appetit und wird mit der Zeit so schwach, daß man kaum mehr Fuß oder Hand bewegen kann. Zuletzt verfällt man in eine vollkommene Apathie, aus welcher man sich mit aller Mühe und Anstrengung nicht zu reißen vermag. Ich, die ich von frühester Kindheit auf an Thätigkeit und Beschäftigung gewohnt war, lag jetzt tagelang auf meinem Lager, in Stumpfsinn versunken und kaum bemerkend, was um mich her vorging. Und diese Apathie ist nicht nur Leuten in meinem Alter eigen, sondern allen, die von dem Fieber befallen werden, die kräftigsten Männer in der Blüthe der Jahre nicht ausgenommen, und sie dauert eben so wie die Magen- und Leberleiden noch lange fort, wenn das Fieber selbst schon aufgehört hat.

Die Königin Ranavola sagt mit vollem Recht, daß das Fieber und die schlechten Wege ihre besten Hilfstruppen gegen die Europäer seien. Mit beiden würde es bald ein Ende haben, wäre das Land erst kultivirt und bevölkert. Wie ungesund ist in früheren Zeiten Batavia auf der Insel Java gewesen! Man nannte diese Stadt „das Grab der Europäer," und nur seit man die Kanäle und die in der Umgegend liegenden Moräste ausgetrocknet, und für öffentliche Reinlichkeit größere Sorgfalt getragen hat, sind die Fieber viel seltener und von ganz geringer Bedeutung geworden. Eine nicht minder lästige Plage, die wir auf dieser Reise auszustehen hatten, war die höchst strenge Bewachung. Den Tag über standen stets Soldaten mit gekreuzten Gewehren vor der Thüre unserer Hütte, und hatte letztere ein Fenster, auch vor diesem; Nachts schliefen drei bis fünf Mann in der Hütte selbst, wenn sie auch so klein war, daß wir Gefangene kaum Platz darin fanden und uns ganz zusammendrängen mußten. Gingen wir vor der Hütte auf und ab, oder entfernten wir uns von derselben nur ein Paar Schritte, so kamen die Satelliten augenblicklich hinter uns her, als ob sie befürchteten, daß wir entfliehen könnten. Selbst wenn wir in dem vollkommenen Besitze unserer Kraft und Gesundheit gewesen wären, würde uns doch nie der Gedanke an Flucht gekommen sein, denn was hätten wir, fremd wie wir waren, angefangen in den endlosen unwirthbaren Wäldern und Morästen, ohne Lebensmittel, ohne Wegweiser?! Auch die Offiziere traten jeden Augenblick unangemeldet in unsere Hütte, um uns zu überraschen und zu sehen, womit wir uns beschäftigten. Man ließ uns in vollem Maße fühlen, was es heißt, gefangen zu sein und von Militär eskortirt zu werden.

In dem Dorfe Eranomaro begegneten wir einem französischen Arzt von der Insel Bourbon, welcher mit der Königin und mit mehreren Großen des Reiches den Kontrakt eingegangen ist, alle zwei Jahre auf einige Monate nach Tananariva zu kommen, und die nöthigen Arzneien mitzubringen. Herr Lambert und ich wollten diesen Herrn hinsichtlich des Fiebers um Rath fragen und um Arzneien ersuchen; ich besonders hätte seine Hilfe sehr nöthig gehabt, denn ich war ungleich kränker als Herr Lambert. Letzterer bekam nämlich die Fieber-Anfälle nur von vierzehn zu vierzehn Tagen, während sie mich alle drei bis vier Tage heimsuchten. Der Kommandant erlaubte uns aber weder den Arzt zu besuchen, noch ihn einzuladen zu uns zu kommen. Er schützte vor, er habe von der Königin persönlich den ausdrücklichen Befehl erhalten, uns während der ganzen Reife mit niemanden, und am allerwenigsten mit einem Europäer verkehren zu lassen. Diese Strenge erstreckte sich, wie wir in der Folge erfuhren, nur auf uns; man wollte uns vorsätzlich keine Hilfe zukommen lassen. Herr Laborde, der stets einige Tagreisen hinter uns war, wurde viel milder behandelt und durfte, als er mit dem Arzt zusammentraf, den ganzen Abend in dessen Gesellschaft zubringen.

Obgleich die Reise von Tananariva nach Tamatavé lange genug währte, so hatte ich dennoch nur wenig Gelegenheit, etwas von den Sitten und Gebräuchen des Volkes zu sehen, theils meiner Kränklichkeit, theils der strengen Bewachung wegen. So viel ich aber im allgemeinen beobachten konnte, besitzen die Madagaskaren mehrere sehr schlechte Eigenschaften: sie sind unendlich träge, berauschen sich sehr gerne und häufig, schwatzen unaufhörlich und haben auch nicht das geringste natürliche Schamgefühl.

Unsere Soldaten z. B., die weder Kost noch Sold erhielten, die alle Noth und den größten Mangel litten, wären, glaube ich, lieber Hungers gestorben, als daß sie durch leichte Dienstleistungen etwas zu verdienen gesucht hätten. Anfangs hatte ich viel Mitleid mit diesen armen Leuten, ich kaufte zeitweise für sie Reis oder süße Kartoffeln, oder gab ihnen eine Kleinigkeit an Geld. Als wir in die waldigen Regionen kamen, wo es der schönen Insekten und Schnecken in Menge gab, forderte ich sie auf, mir deren zu bringen, und versprach ihnen dafür Reis oder Geld. Das war jedoch vergebens, nicht einen von ihnen vermochte ich dazu zu bewegen; sie zogen es vor, sich in irgend einen Winkel zu kauern und Hunger zu leiden, als sich der geringsten Mühe zu unterziehen. Und nicht die Soldaten allein so, sondern das ganze Volk, Männer, Weiber und Kinder. Ich wollte z. B. schon während meines ersten Aufenthaltes in Tamatavé und später in Tananariva drei bis vier Leute pr. Monat in Dienst nehmen und sie nach den Wäldern senden, um Insekten und Schnecken zu suchen. Ich versprach ihnen viermal so viel Geld als sie gewöhnlich verdienen, und noch überdieß jedesmal, wenn sie mir schone Sachen brächten, eine besondere Belohnung. Auch nicht ein einziger nahm meinen Antrag an. Mit eben so wenig Erfolg zeigte ich den Weibern und Kindern große schöne Glasperlen, Ringe, Armbänder u.dgl.m. Die Sachen gefielen ihnen sehr, und sie hätten sie gerne gehabt, wenn ich sie ihnen gegeben hätte, ohne einen Gegendienst dafür zu verlangen. Ich habe wirklich noch bei keinem anderen Volke eine solche Trägheit gefunden; beinahe in allen Ländern, die ich auf meinen früheren Reisen besuchte, selbst unter den ganz wilden Bewohnern Borneo's oder Sumatra's halfen mir die Leute oft unaufgefordert, wenn sie mich Insekten, Schnecken oder Muscheln suchen sahen, und gab ich ihnen dafür eine Kleinigkeit, so brachten sie mir dann eine solche Menge, daß ich gar nicht alles mitnehmen konnte. Welche schöne zoologische Beute habe ich da gemacht, während es mir hier in diesem neuen, unerforschten Lande, wo es gewiß der unbekannten Insekten und Schnecken in Menge gibt, nicht möglich war, eine größere Sammlung zu Stande zu bringen! Die geringe Ausbeute, die ich mitbrachte, verdanke ich mit unbedeutender Ausnahme meiner eigenen Bemühung.

Was die Trunkenheit anbelangt, so herrscht sie in allen Gebieten Madagaskars, jenes von Emir allein ausgenommen. In letzterem werden noch einige der alten strengen Gesetze des Gründers der madagaskarischen Monarchie, des großen Dianampoiene aufrecht erhalten, und unter anderen das, welches alle berauschenden Getränke bei Todesstrafe verbietet. Jeder Berauschte wird ohne weiteren Prozeß hingerichtet. In diesem Gebiet erscheint das Volk auch viel gesetzter, ordentlicher und anständiger als in den übrigen, wo die Trunkenheit nicht bestraft wird. Das Lieblings-Getränk der Madagaskaren ist das Besa-Besa, welches, wie ich bereits bemerkt habe, aus dem Safte des Zuckerrohres bereitet wird. Beinahe in jedem Dorfe sieht man selbst unter Tags Betrunkene beiderlei Geschlechtes, und an vielen Orten hörten wir bis tief in die Nacht hinein Musik und Gesang, lautes Geschwätz und Gelächter ertönen; häufig gibt es auch Streit und Raufhändel.

Wollte man das Volk nach dieser so zu sagen beständigen Lustbarkeit beurtheilen, so müßte man es unbedingt für das fröhlichste und glücklichste auf Erden halten. Die Armen sind aber in derselben Lage wie die Sklaven oder Leibeigenen, und gleich diesen ergeben sie sich dem Trunk, um darin Vergessenheit ihres Unglücks, ihrer Leiden zu suchen.

So sehr jedoch die Madagaskaren (die Hovas wie die Malegaschen) dem Trunk ergeben sind, so sind sie es, wie ich glaube, der Geschwätzigkeit noch mehr: es ist ihnen unmöglich, auch nur ein minutenlanges Stillschweigen zu beobachten, und dabei sprechen sie nicht etwa ruhig und gelassen, sondern im Gegentheil mit einem Eifer, mit einer Hast, als befürchteten sie, der Tag wäre zu kurz, um alles gehörig zu bereden. Diejenigen, die nicht gerade sprechen, lachen beinahe unaufhörlich, so daß ich mich oft um den Inhalt ihrer Gespräche erkundigte, in der Meinung, daß diese sehr witzig und spaßhaft sein müßten. Man versicherte mich aber jedesmal, daß weder das eine noch das andere der Fall wäre, daß es sich um die geringfügigsten und sehr häufig um die unanständigsten Gegenstände handelte, und daß sie dieselben Gespräche in einer Stunde ein Dutzendmal wiederholten.

Ein Fall, der die außerordentliche Geschwätzigkeit dieses Volkes beweist, ist mir selbst vorgekommen. Ich sandte einst in Tananariva einen Boten irgend wohin und bemerkte darauf, daß er zu dem Gange einen Begleiter suchte. Auf meine Erklärung, daß ich Wohl einen Boten bezahlen würde, aber nicht zwei, gab er mir zur Antwort, ich hätte seinem Begleiter nichts zu bezahlen; aber es sei ihm unmöglich den Weg, der sehr weit und sehr einsam wäre, allein zu machen; er müsse jemanden zum Sprechen haben, und er gebe seinem Gefährten einen Theil von seinem eigenen Lohn ab.

Unsere Träger machten natürlich keine Ausnahme von der allgemeinen Regel — das schwatzte und lachte so unaufhörlich fort, daß mir der Kopf manchmal ganz wirr wurde; Anfangs dachte ich, wenn wir an einen steilen Hügel gelangten, es würde da einige Ruhe eintreten. Vergebene Hoffnung! Sie keuchten und ächzten — aber sie sprachen.

Von der Unverschämtheit und von der Schamlosigkeit der Madagaskaren habe ich bereits gesprochen, und meinen Lesern die Scenen zu erzählen, welche ich während dieser Reise gesehen habe, ist mir schon aus Rücksichten des Anstandes unmöglich. Da man uns als Staatsgefangene betrachtete, behandelte man uns mit geringerer Aufmerksamkeit und Achtung als auf der Herreise, und die Leute zeigten sich ohne Zwang in ihrer ganzen häßlichen Natürlichkeit. Man wußte wahrlich oft nicht, wohin die Blicke wenden, und die Herren wünschten mir Glück dazu, daß ich die Sprache nicht verstand.

Am 13. September endlich kamen wir in Tamatavé an. Wir beide Fieberkranke, Herr Lambert und ich, hatten also doch der Königin Ranavola nicht den Gefallen gethan zu sterben. Es ist aber auch Wirklich ein Wunder, daß wir mit dem Leben davon gekommen sind, und ich für meinen Theil hätte nie gedacht, daß mein schwacher, siecher Körper dem erzwungenen langen Aufenthalte in den ungesundesten Gegenden, der harten Behandlung und den zahllosen, unausgesetzten Entbehrungen widerstehen könnte.

Weder Herrn Lambert noch mir wurde dießmal erlaubt, in dem Hause der Mademoiselle Julie abzusteigen. Man brachte uns in eine kleine Hütte und bewachte uns mit derselben Strenge und Sorgfalt, wie dieß auf der ganzen Reise der Fall gewesen war. Der Kommandant der Eskorte eröffnete uns, daß wir die Insel mit dem ersten nach Mauritius abgehenden Schiffe zu verlassen hätten, und daß ihm befohlen worden sei, uns während des Aufenthaltes in Tamatavé mit niemanden verkehren zu lassen, und mit seinen Soldaten bis an das Schiff zu geleiten.

Ich muß es dem Kommandanten, wie den Offizieren nachsagen: sie haben ihre Pflichten der Königin gegenüber bis zu Ende im buchstäblichen Sinne des Wortes erfüllt, und wenn es Ihrer madagaskarischen Majestät je einmal einfällt, einen Orden zu stiften (was ohne Zweifel mit der Zeit geschehen wird), so verdienen sie alle zu Großkreuzen ernannt zu werden. Freilich wird diese meine Ansicht nicht jene der Königin Ranavola sein, und anstatt von ihr belobt zu werden, mögen die armen Leute wohl eine sehr ungnädige Aufnahme finden, wenn sie die Botschaft bringen, daß Herr Lambert und ich Madagaskar lebend verlassen haben.

Wir waren so glücklich, nur drei Tage in Tamatavé zu verweilen. Am 16. September ging zufälliger Weise ein Schiff nach Mauritius ab, und — trennen mußten wir uns von dieser liebenswürdigen Gesellschaft und von diesem interessanten Lande. Ich habe bei der Trennung zwar keine Thränen vergossen — im Gegentheil, es wurde mir leicht um's Herz, als ich meinen Fuß an Bord des Schiffes setzte, und mit unbeschreiblichem Vergnügen sah ich den Kommandanten mit seinen Soldaten in dem Boot nach der Küste zurückfahren; aber ich bereue es doch nicht, diese Reise unternommen zu haben, besonders, wenn ich so glücklich sein sollte, meine Gesundheit wieder zu erlangen.

Ich sah und hörte auf Madagaskar so viel Merkwürdiges und Sonderbares, wie in keinem anderen Lande, und obwohl von dem Volke freilich wenig Gutes zu sagen ist, so muß man bedenken, daß dieß unter einer so widersinnigen und barbarischen Regierung, wie die der Königin Ranavola, und bei einem so vollständigen Mangel an Moralität und Religion auch nicht anders sein kann. Sollte Madagaskar einst eine geordnete, gesittete Regierung bekommen, sollte es von Missionären besucht werden, die, anstatt sich in die weltlichen Angelegenheiten zu mischen, ihre Fähigkeiten und Bemühungen darauf beschränken, dem Volk den wahren Sinn der christlichen Religion beizubringen, so kann auf dieser schönen Insel ein blühendes, glückliches Reich entstehen; an dem Stoff dazu fehlt es nicht.

Von der Rückreise nach Mauritius habe ich wenig zu berichten. Unser Schiff, die Brigg „Castro", Kapitän Schneider, segelte nicht viel rascher als die alte Kanonen-Schaluppe, auf welcher ich vor ungefähr fünf Monaten von Mauritius nach Tamatavé gekommen war, und da uns die Winde auch nicht sehr begünstigten, benöthigten wir zu der kurzen Ueberfahrt sechs Tage, die uns aber in dem Genusse unserer wiedererlangten Freiheit schnell vergingen.

Erst am 22. September Abends 9 Uhr erreichten wir die Gewässer von Mauritius. Hier traf uns ein Unfall, der leicht höchst gefährlich werden und uns allen zur größten Genugthuung der Königin Ranavola das Leben kosten konnte. Es war eine finstere wolkenschwere Nacht. Der Kapitän wollte vor Anker gehen, und am nächsten Morgen das Schiff durch einen Schlepp-Dampfer in den Hafen bugsiren lassen. Alle Vorbereitungen dazu waren getroffen, und der Anker sollte ausgeworfen werden. In demselben Augenblicke fuhr das Steuerruder mit aller Gewalt auf eine Klippe an und wurde in tausend Stücke zerschmettert. Das Gekrache der brechenden Balken und Hölzer war so groß, daß es schien, als sei das ganze Schiff in Trümmer gegangen. Ich lag bereits im Bette. Erschrocken sprang ich auf, um zu sehen, was es gebe; da vernahm ich schon den Ruf des zweiten Offiziers: „Kommen Sie augenblicklich, Frau Pfeiffer, wenn Sie gerettet sein wollen; das Schiff ist entzwei und wird sinken." Ich warf nur rasch meinen Mantel über und eilte auf das Deck. Der gute Offizier, Herr St. Ange, hob mich in eines der Boote und sagte mir, ich möge nur ruhig sitzen bleiben, ich sei da außer Gefahr. Bei genauerer Untersuchung ergab sich jedoch glücklicher Weise, daß das Schiff nicht einmal einen Leck, viel weniger einen ganzen Bruch bekommen hatte, und daß sich alles Unglück auf den Verlust des Steuerruders und auf die uns eingejagte Angst beschränkte.

Die Anker wurden ausgeworfen, und wir legten uns ruhig zu Bett; am nächsten Morgen erwachten wir mit der freundlich blinkenden Sonne. Man zog die nöthigen Signale auf, und alsbald kam einer der Schlepp-Dampfer herangerudert, und brachte uns rasch in den Hafen von Mauritius.

Meine hiesigen Freunde waren höchst überrascht, mich wieder zu sehen, da man aus Tamatavé die übertriebensten Berichte über den unglücklichen Ausgang unserer Unternehmung erhalten hatte. Nach Einigen hieß es, die Königin Ranavola habe alle in Tananariva lebenden

Europäer hinrichten lassen; nach Anderen, man habe das Todesurtheil nur an Herrn Lambert vollzogen und die übrigen Europäer, mich eingeschlossen, als Sklaven verkauft; nach wieder Anderen, wir seien des Landes verwiesen, aber auf der Rückreise auf Befehl der Königin ermordet worden. Ich war so glücklich, diese verschiedenartigen Gerüchte Lügen zu strafen; aber leider war alle Gefahr noch nicht vorüber, denn wenige Tage nach meiner Ankunft verfiel ich in Folge der Nachwirkung des Fiebers und der übrigen ausgestandenen moralischen und physischen Leiden in eine so schwere Krankheit, daß die Aerzte an meinem Aufkommen lange zweifelten, und hätte sich die Familie Moon meiner nicht so liebreich angenommen, so wäre ich ohne Zweifel verloren gewesen.

Herr Moon, Doktor und Apotheker, lebt mit seiner liebenswürdigen Gattin sehr zurückgezogen auf einer Zuckerpflanzung in Vacoa. Wie sich meine Leser vielleicht erinnern werden, hatte ich diese Familie kurze Zeit vor meiner Abreise von Mauritius nach Madagaskar auf einem Ausfluge kennen gelernt und einige höchst angenehme Tage in deren Hause verlebt. Kaum erfuhr Herr Moon, daß ich von meiner Reise zurück und schwer erkrankt sei, so kam er augenblicklich nach der Stadt, mich abzuholen und nach seinem Hause zu bringen, wo ich halb sterbend anlangte. Seiner und des Doktors, Herrn A. Perrot, kenntnißreicher Sorgfalt und der außerordentlichen Pflege, die mir in seinem Hause zu Theil wurde, verdanke ich meine Herstellung, und der Zufall fügte es, daß man mich gerade an meinem sechzigsten Geburtstage, am 9. Oktober 1857, außer Todesgefahr erklärte.

Gott lohne Doktor Moon, seiner Frau und Doktor Perrot, was sie an mir, der ihnen ganz Fremden gethan haben!

Bis hieher geht das Tagebuch von Frau Ida Pfeiffer. Leider haben sich ihre letzten Worte nicht bewährt: die Gefahr war nicht vorüber. Wenn auch mitunter die Fieber-Anfälle auf kürzere oder längere Zeit ausblieben, kehrten sie doch immer wieder, und nie mehr sollte Ida Pfeiffer zu vollkommener Gesundheit gelangen. Ihr Aufenthalt in Mauritius verlängerte sich noch durch mehrere Monate, und wie sich ans den Briefen ergibt, die sie von dieser Insel an ihren Sohn schrieb, machte sie während dieser Zeit verschiedene neue Reisepläne, von welchen jedoch keiner zur Ausführung kam.

So schrieb sie in einem Briefe, datirt vom 10. Dezember 1857:

„Meine Leiden an dem Fieber und besonders an den Nachwehen des Fiebers waren groß und sind noch nicht ganz überwunden; ich hoffe, eine Seereise wird mich vollkommen wieder herstellen. Nach Europa kann ich aber in dieser Jahreszeit nicht gehen; ich würde zu viel mit Kälte und Unwetter zu kämpfen haben, und ich weiß nicht, ob mein jetziger Gesundheits-Zustand dieß ertrüge. Hier auf eine bessere Witterung zu warten, geht auch nicht an, da die Luft dieser Insel mir nicht gut bekommt. Ich werde daher wahrscheinlich nach Australien gehen.“

In einem anderen Briefe vom 13. Jänner 1858: „Wie ich hoffe, ist dieß der letzte Brief aus Mauritius. Ich bin wirklich sehr erfreut darüber, dieser Insel Lebewohl zu sagen, und nur von den beiden Familien Moon und Kerr wird mir der Abschied recht, recht schwer werden. Hätten sich diese trefflichen Menschen meiner nicht angenommen, so wäre ich ganz gewiß auf dieser Insel gestorben. Eine Tochter kann ihrer Mutter nicht größere Liebe und Sorgfalt bezeugen, als Frau Moon mir es that, und sämmtliche Mitglieder beider Familien wetteiferten in Dienstleistungen jeder Art. Meine lieben Söhne, prägt Euch diese Namen tief in das Gedächtniß ein, und sollte je der Zufall Euch mit Gliedern der einen oder der anderen von jenen Familien zusammenführen, so betrachtet sie wie Eure Brüder, und schätzt Euch glücklich, wenn Ihr ihnen Dienste erweisen könnt.“

„Seit drei Wochen geht es mir von Tag zu Tag besser, das Fieber scheint mich endlich doch ganz verlassen zu wollen; ich habe wieder Schlaf und Eßlust.“

„Vor einigen Tagen lernte ich hier einen jungen deutschen Botaniker kennen, Herrn Herbst. Er ist in Rio de Janeiro ansäßig und wurde von der brasilianischen Regierung nach Mauritius und Bourbon geschickt, um von diesen beiden Inseln Zuckerrohr-Pflanzen zur Verbesserung der in Brasilien einheimischen zu holen. Er nimmt eine ganze Schiffsladung davon mit und hofft im

Monat Mai in Rio de Janeiro anzulangen. Ich war beinahe Willens mit ihm zu gehen; allein da ich nicht weiß, ob Du um diese Zeit schon daselbst sein wirst, so denke ich, ist es doch besser, erst die Reise nach Australien zu machen. Ich habe eine sehr gute Gelegenheit nach Sidney gefunden und gehe in einigen Tagen ab. Die Seereise und die stärkende Luft in Australien, wo ich gerade in der besten Jahreszeit, im Spätherbst, ankommen werde, sollen, wie ich hoffe, den Schlußstein meiner Kur machen und meine gänzliche Erholung zu Stande zu bringen."

Nur zwei Tage später, in einem Briefe vom 1. März schrieb sie dagegen:

„Ich war gezwungen meinen Reiseplan plötzlich zu ändern, und zwar des abscheulichen Madagaskar-Fiebers wegen, das noch immer wiederkehrt und mich sehr schwächt. Ich war schon zur Einschiffung nach Australien bereit, hatte den größten Theil meines Gepäckes bereits an Bord, als ich einen neuen Anfall bekam. Ich ließ meine Koffer wieder von dem Schiff zurückbringen, und am 8. dieses Monates gehe ich mit dem Packetboot nach London, wo ich mich aber nur kurze Zeit aufhalten werde. — Ich will trachten, so rasch als möglich nach der Heimath zu gelangen."

Sie verließ endlich Mauritius. Während der langen Ueberfahrt erlitt sie erneuerte Anfälle des Fiebers, und in wenig gebessertem Gesundheits-Zustande langte sie zu Anfang des Monats Juni in London an, wo sie jedoch nur wenige Wochen verweilte. Von London begab sie sich nach Hamburg; auch da litt es sie nicht lange, und im Monate Juli reiste sie nach Berlin, dem Rufe ihrer Freundin, der Frau Geheim-Räthin Weiß folgend, in deren Hause ihr die beste und sorgsamste Pflege zu Theil wurde.

Dringende Briefe ihrer Brüder luden sie ein, nach der Heimath, nach Wien zu kommen, und die Gemahlin ihres Bruders Cäsar Reyer, Frau Marie Reyer, wollte nach Berlin reisen, um sie abzuholen. Sie verbat sich aber ausdrücklich jeden Besuch. Obgleich von Tag zu Tag leidender, schien sie ihre Krankheit doch nur als eine vorübergehende zu betrachten, und in diesem Glauben schrieb sie ihren Brüdern, daß sie hoffe, bald wieder hergestellt oder doch wenigstens kräftiger und reisefähiger zu werden, und daß sie dann nach Wien kommen wolle.

Unwillkürlich zog es sie jedoch nach der Heimath, und als nach mehreren Wochen noch immer keine Besserung in ihrer Krankheit eintrat, ließ sie sich zu einer ihrer Jugend-Freundinnen bringen, zu der Frau Baronin Stein, welche auf einem Landgut in der Nähe von Krakau lebt.

Ihre Krankheit nahm jedoch leider fortwährend zu, und nach und nach die Hoffnung auf eine baldige Herstellung verlierend, willigte sie endlich ein, nach Wien gebracht zu werden. Ihre Schwägerin kam, sie abzuholen. Schmerzlich war das Zusammentreffen mit der geliebten Freundin und Verwandten, welche die Kranke in einem so leidenden und angegriffenen Zustande traf, daß man an der Möglichkeit der Reise nach Wien verzweifelte. Da aber der Arzt erklärte, daß sie die Reise machen könne, und da die Kranke sehr große Sehnsucht zeigte, ihre Heimath noch einmal zu sehen, so brachte man sie mit der größten Sorgfalt auf der Eisenbahn in einem besonderen Coupe nach Wien zu ihrem Bruder Carl Reyer, wo sie am 15. September eintraf.

Hier wurden mehrere ärztliche Berathungen über sie abgehalten, zu welchen ihr Bruder die ausgezeichnetsten Aerzte Wiens berief. Die einstimmige Meinung der letzteren war, daß Frau Pfeiffer am Leber-Krebs leide, wahrscheinlich in Folge des Madagaskar-Fiebers, welches die inneren Körpertheile angreife und zerstöre, und daß ihre Krankheit eine unheilbare sei.

Die heimathliche Luft schien ihr Wohl zu thun. Während der ersten Woche litt sie nur geringe Schmerzen und gab sich neuer Hoffnung hin. Sie sprach sogar davon, noch weitere kleine Reisen zu machen, um ihre übrigen Verwandten in Gratz, Triest u.s.w. zu besuchen. Es war aber diese Unruhe wohl nur eine Wirkung krankhaften Zustandes. Ihre Kräfte nahmen immer mehr ab, heftige Schmerzen traten ein, die sie während der letzten vier Wochen ihres Lebens nur selten verließen, und häufig verfiel sie in Delirium.

Sie wurde in dem Hause ihres Bruders, unter der besonderen Aufsicht ihrer Schwägerin, auf das beste gepflegt, und einige Tage vor ihrem Tode hatte sie noch das Vergnügen, ihren ältesten Sohn zu umarmen, welcher in Steiermark lebte und auf die Nachricht von der schweren Krankheit seiner Mutter sogleich nach Wien eilte.

Während der letzten Tage gab man ihr Opiate ein, um die heftigen Leiden zu mildern, und in der Nacht vom 27. auf den 28. Oktober verschied sie leicht und sichtlich ohne Schmerzen. Ihr Leichenbegängniß fand am 30. Oktober statt, und außer zahlreichen Verwandten und persönlichen Freunden, erwiesen ihr sehr viele wissenschaftliche Notabilitäten und andere ausgezeichnete Personen Wiens die letzte Ehre. Ruhe ihrer Asche!

Möge es mir erlaubt sein, Ihnen, liebe Tante Marie Reyer, Dir lieber Onkel Carl Reyer, für alles, was Ihr an meiner Mutter gethan, hiemit meinen wärmsten, meinen innigsten Dank auszusprechen. Leider war es mir nicht vergönnt, ihre letzten Worte zu vernehmen, ihren letzten Blick zu erhaschen — in weiter Ferne traf mich die traurige Botschaft. Durch Euch beide wurde mir wenigstens der Trost gegeben, daß es meiner armen Mutter nicht an treuer Pflege fehlte, und daß sie bis zum Augenblicke ihres Hinscheidens freundliche, geliebte Stimmen um sich hörte.

Auch den übrigen Verwandten und den zahlreichen Freunden, die sich ihrer auf so zarte, liebevolle Weise angenommen haben, vor allem Herrn und Frau Moon in Mauritius, sage ich meinen tiefgefühltesten Dank — sie können versichert sein, daß ich ihre Namen eben so wenig vergessen werde, wie das Andenken meiner geliebten Mutter.

Oscar Pfeiffer.

Biographische Skizze: Ida Pfeiffer, nach ihren eigenen Aufzeichnungen

Es existiren über Ida Pfeiffer verschiedene, in Encyklopädieen und Zeitschriften zerstreute biographische Aufsätze, die sich theils auf mündliche Mittheilungen der Verstorbenen, theils auf Erzählungen ihr nahe gestandener Personen stützen. Eine authentische Lebensbeschreibung der Weltreisenden gibt es bis jetzt aber noch nicht, obwohl gewiß Viele, welche mit ihren Sympathien die muthige Frau begleiteten, den Wunsch hegen, auch etwas Näheres über das frühere Leben Ida Pfeiffer's zu erfahren. Bei bedeutenden Menschen finden sich die Grundbedingungen einer außerordentlichen Entwickelung meistens schon in der Jugend, und wer ein interessantes Menschenleben von seiner Mittagshöhe bis zum Niedergang mit Theilnahme verfolgt hat, der wird gerne einen Rückblick in die frühen Tage werfen, in welchen die Keime der späteren Bedeutung gelegt wurden.

Hiermit ist die Veröffentlichung nachstehender Blätter wohl hinlänglich gerechtfertigt, um so mehr, als diese biographische Skizze in Bezug auf das Thatsächliche ausschließlich auf der Erzählung der Verstorbenen selbst beruht. Frau Ida Pfeiffer hat einen kurzen Lebensumriß, von ihrer eigenen Hand geschrieben, hinterlassen, dessen Benutzung die Familie mit großer Bereitwilligkeit gestattete. Ihm soll sich eine übersichtliche Darstellung ihrer Reisen und endlich ihr Tagebuch aus Madagaskar, welchem ihr Sohn, Herr Oskar Pfeiffer, die Erzählung ihres Leidens und Todes beifügte, anschließen. Somit läge dann der ganze Lebenslauf der Verstorbenen, mit besonderer Betonung der letzten Ereignisse ihres viel bewegten Daseins, d. h. der in ihren Einzelnheiten so interessanten Reise nach Madagaskar, vor dem Leser.

Unsere Reisende ist am 14. Oktober 1797 in Wien geboren. Sie war das dritte Kind des wohlhabenden Kaufmannes Reyer und erhielt in der Taufe die Namen Ida Laura. Bis zu ihrem neunten Jahre gab es in ihrem elterlichen Hause, außer ihr selbst, nur Knaben, so daß sie unter sechs Geschwistern das einzige Mädchen war. Durch den fortwährenden Umgang mit ihren Brüdern bildete sich in ihr eine große Lust an dem Wesen und den Spielen der Knaben aus. „Ich war nicht schüchtern, sondern wild wie ein Junge und beherzter und vorwitziger als meine älteren Brüder," sagt sie von sich selbst, indem sie beifügt, daß es ihr größtes Vergnügen war, in Knabenkleidern sich unter Jungen umherzutummeln und alle tollen Knabenstreiche mitzumachen. Von Seite der Eltern legte man dieser Tendenz nicht nur kein Hinderniß in den Weg, sondern man gestattete auch, daß das Mädchen Knabenkleider trug, wodurch die kleine Ida vollends den Puppen und dem Küchen-Geschirr gram wurde und sich dagegen mit Trommeln, Säbeln, Gewehren und dergleichen beschäftigte. Der Vater scheint namentlich an dieser Anomalie seine Freude gehabt zu haben. Er versprach im Scherz dem Mädchen, er werde es in einer Militär-Erziehungs-Anstalt zum Offizier heranbilden lassen und forderte mittelbar dadurch das Kind auf, Muth, Entschlossenheit und Verachtung des Schmerzes zu zeigen. Daran ließ es Ida denn nun auch nicht fehlen, nachdem es ihr eifrigster Wunsch war, sich einmal mit dem Säbel in der Faust den Weg durch das Leben zu bahnen. An Beispielen von Unerschrockenheit und Selbst-Ueberwindung mangelte es sogar in ihrer frühen Kindheit nicht.

Ueber Kinder-Erziehung hegte Herr Reyer seine eigenen Ideen, deren Durchführung in seiner Familie er mit Macht aufrecht erhielt. Er war ein sehr rechtlicher, aber strenger Mann, der die Ueberzeugung hatte, daß die Jugend vor allem vor Unmäßigkeit zu bewahren sei und ihre Gelüste und Begierden bezähmen lernen müsse. In Folge dessen erhielten seine Kinder eine genau zugemessene, einfache, fast karge Kost und mußten ruhig bei Tische zusehen, wenn die Erwachsenen sich an verschiedenen Speisen gütlich thaten. Ebenso war es den Kleinen nicht gestattet, ihr Verlangen nach irgend einem eifrig gewünschten Spielzeug in wiederholter Bitte auszusprechen. Ja, die Gesinnungs-Strenge des Vaters ging so weit, daß er den Kindern manchen billigen Wunsch abschlug, manche Freude versagte, nur um sie an Entbehrung zu gewöhnen. Widerstand duldete er nicht, und selbst Vorstellungen gegen seine an Härte streifende Strenge ließ er nicht gelten.

Unzweifelhaft ging der alte Herr in der Konsequenz seines Erziehungs-Systems zu weit; aber eben so sicher ist es, daß aus der kleinen Ida, ohne diese spartanisch strenge Erziehung, nie die

Weltreisende geworden wäre, die Wochen und Monate lang die stärksten Strapazen oft bei der erbärmlichsten Nahrung ertragen konnte. So finden die Haupt-Eigenschaften Ida Pfeiffer's — Muth, Ausdauer, Gleichgiltigkeit gegen Schmerz und Entbehrungen ihre Ausbildung in einer fast bizarren Erziehungs-Methode, für welche sich in unserer alles Eigenthümliche mit Hast nivellirenden Zeit schwer ein Vertheidiger finden dürfte. Das Besondere mit seinen scharfen Umrissen und tiefen Schatten verblaßt immer mehr in dem Lichte einer hellen, vernünftigen Alltäglichkeit, die Charakterköpfe, die wir noch in unserer Jugend unter uns umherwandeln sahen, scheiden unersetzt einer nach dem anderen und machen sehr rationellen, aber etwas langweiligen und einförmigen Gestalten Platz.

Ida's Vater starb im Jahre 1806 und hinterließ eine Witwe mit sieben Kindern. Die Knaben befanden sich in einer Lehr-Anstalt und der Mutter fiel die Erziehung des fast neunjährigen Mädchens anheim. So gefürchtet die väterliche Strenge bei den Kindern war, so erschien sie dem Mädchen doch nicht so fatal wie die Melancholie der Mutter, die mit Aengstlichkeit und Mißtrauen jede Bewegung der Kinder überwachte und aus übertriebenem Pflichtgefühl der heranwachsenden Tochter manche bittere Stunde bereitete.

Einige Monate nach dem Tode des Vaters wurde der erste Versuch gemacht, dem Mädchen die Knabenkleider zu nehmen und die Hose gegen den Unterrock zu vertauschen. Das Attentat erschien der zehnjährigen Ida aber so unerhört, daß sie vor Schmerz und Aerger darüber krank wurde. Auf den Rath des Arztes gab man ihr wieder die Knabenkleider zurück und versuchte nun mit Vorstellungen nach und nach auf den Verstand der Widerspänstigen einzuwirken.

Die dem Mädchen wieder zugestellten Knabenkleider wurden mit stürmischem Enthusiasmus in Empfang genommen, die Gesundheit kehrte zurück und Ida benahm sich nun mehr als je wie ein Junge. Sie lernte alles, was ihr für Knaben passend schien, mit Fleiß und Eifer, betrachtete dagegen jede weibliche Arbeit mit der tiefsten Verachtung, und da sie beispielsweise Klavierspielen mehr als weibliche Art betrachtete, so schnitt sie sich häufig in die Finger oder brannte letztere mit Siegellack, um nur den verhaßten Uebungen zu entgehen. Für Violin-Spiel zeigte sie große Lust. Die Mutter gestattete jedoch dieß nicht, und der Klavier-Lehrer wurde förmlich oktroyirt und mit Macht aufrecht erhalten.

Als das für Oesterreich so verhängnißvolle Jahr 1809 kam, war Ida zwölf Jahre alt. Nach dem gerade von ihren Neigungen und Ideen Mitgetheilten wird man es natürlich finden, daß sie das größte Interesse an den Kriegsbegebenheiten nahm. Sie las mit Eifer die Zeitung und verfolgte auf der Landkarte die Stellungen der beiden sich feindlich gegenüberstehenden Armeen. Voll Patriotismus jubelte und tanzte sie, wenn die Oesterreicher siegten, während sie bittere Thränen vergoß, wenn das Kriegsglück den Feinden günstig war. Da das elterliche Haus in einer der lebhaftesten Straßen Wiens lag, so gaben die vielen Truppenmärsche oft Gelegenheit zur Unterbrechung der Studien und zur Formulirung der eifrigsten Wünsche für den Sieg der Oesterreichischen Fahnen. Wenn Ida so von ihrem Fenster aus ihre Landsleute in den Krieg ziehen sah, so bedauerte sie nichts mehr, als daß sie noch zu jung war, um den bevorstehenden großen Strauß mitzukämpfen. Sie glaubte nämlich ihre Jugend sei für sie das einzige Hinderniß, mit in den Krieg zu ziehen.

Leider siegten die Franzosen, der Feind rückte in die Hauptstadt ein und die Angelegenheiten Oesterreichs standen grundschlecht. Ja, die kleine Patriotin erlebte den Aerger, daß die verhaßten Sieger in Masse im elterlichen Hause einquartirt wurden, bei dieser Gelegenheit die Hauptrolle spielten, am Tisch mitaßen und für alle derartigen Gefälligkeiten die zuvorkommendste Behandlung beanspruchten. Zeigten nun auch alle Hausbewohner den Siegern ein freundliches Aeußere, so konnten weder Bitten, noch Befehle, noch Drohungen das Mädchen veranlassen, daß es den Franzmännern ein gutes Gesicht machte. Sie gab im Gegentheil ihre Gesinnung durch Schweigen und Trotz, und wenn sie direkt von den Feinden aufgefordert wurde, sich zu äußern, durch Worte des Unmuthes und des glühendsten Hasses zu erkennen. Sie sagt über diesen Punkt: „Mein Haß gegen Napoleon war so groß, daß ich den Mordversuch des bekannten Staps in Schönbrunn als eine der verdienstlichsten Thaten betrachtete und den Thäter, als man ihn vor ein Kriegsgericht stellte und erschoß, wie einen Märtyrer verehrte.

Ich glaubte, wenn ich selbst Napoleon hätte ermorden können, ich würde keinen Augenblick gezaudert haben."

Es ist bekannt, daß man Ida dazu zwang, eine Revue, die Kaiser Napoleon in Schönbrunn über seine Truppen abhielt, mit anzusehen, daß das Mädchen, als der Verhaßte vorüber ritt, ihm den Rücken kehrte und für diese Gesinnungstüchtigkeit mit einer Ohrfeige von mütterlicher Seite belohnt wurde, daß die Mutter sie dann an den Schultern festhielt, dabei aber nichts erreichte, da Ida, während der Kaiser mit seinem glänzenden Stab von Marschällen zum zweiten Mal vorüber ritt, die Augen schloß.

Mit dem dreizehnten Lebensjahre erhielt sie zum zweiten Male Mädchenkleider, und diesmal für immer. Sie war nun freilich schon verständig genug, die Nothwendigkeit dieser Umwandlung einzusehen; aber nichts destoweniger kostete dieselbe ihr viele Thränen und machte sie sehr unglücklich. Es handelte sich ja dabei nicht nur um andere Kleider, sondern auch um anderes Benehmen, um andere Beschäftigungen, Gewohnheiten und Bewegungen. „Wie linkisch und unbeholfen war ich Anfangs," sagt sie in ihrem Tagebuche; „wie lächerlich mußte ich in den langen Kleidern aussehen, als ich dabei noch immer lief und sprang und mich in allem benahm wie ein wilder Junge!"

„Glücklicher Weise erhielten wir damals einen jungen Mann als Lehrer, der sich meiner ganz besonders annahm. Ich erfuhr später, daß er die Mutter oft im Geheimen bat, mit mir, als einem Kinde, dessen Gedanken von allem Anfang an eine schiefe Richtung gegeben worden war, Nachsicht zu haben. Er selbst behandelte mich mit ungemeiner Güte, mit dem größten Zartgefühl und bekämpfte mit Beharrlichkeit und Geduld meine verkehrten und verworrenen Ideen. Da ich meine Eltern mehr fürchten als lieben gelernt hatte und er, so zu sagen, das erste Wesen war, das mir mit Freundlichkeit und Theilnahme entgegenkam, so hing ich mit schwärmerischer Liebe an ihm. Ich suchte jeden seiner Wünsche zu erfüllen und fühlte mich nie glücklicher, als wenn er mit meinen Bestrebungen zufrieden schien. Er leitete meine ganze Erziehung, und obgleich es mich gar manche Thräne kostete, meinen jugendlichen Träumereien zu entsagen und mich mit Dingen zu befassen, die ich früher mit der tiefsten Verachtung betrachtet hatte, so that ich es doch — ihm zu Liebe. Selbst alle weiblichen Arbeiten, Nähen, Stricken, Kochen u.s.w. lernte ich. Ihm verdanke ich es, daß ich im Verlaufe von drei bis vier Jahren vollkommen zu der Einsicht der Pflichten meines Geschlechtes gelangte, daß aus dem wilden Jungen eine bescheidene Jungfrau wurde."

In jener Zeit als Ida der Knaben-Rolle entsagen mußte, keimte in ihr der erste Wunsch die Welt zu sehen. Vom Krieg und vom Soldatenleben wandte sie den Sinn ab, um ihn großen Reisen zuzuwenden; die Reise-Literatur beschäftigte sie auf das Lebhafteste und ersetzte bei ihr das Gefallen an Putz, Bällen, Theatern und allen anderen Vergnügungen, die sonst einen Mädchenkopf ganz anzufüllen pflegen. Wenn sie von Jemanden hörte, der große Reisen gemacht hatte, so erfaßte sie Wehmuth, daß ihr als Mädchen für immer das Glück verschlossen bleiben mußte, das Weltmeer zu durchfurchen und ferne Länder aufzusuchen. Oft lag ihr der Gedanke nahe, mit Naturwissenschaften sich zu beschäftigen; sie unterdrückte ihn aber immer wieder, weil sie darin nur Rückkehr zu den „verkehrten Ideen" witterte. Es wird gut sein, sich vor Augen zu halten, daß im Anfang unseres Jahrhundertes ein Bürgermädchen, auch aus wohlhabender, angesehener Familie, eine weit einfachere Erziehung erhielt als heut zu Tage.

Ein wichtiger Abschnitt im Leben Ida Pfeiffer's mag hier nach ihrer eigenen Erzählung seinen Platz finden:

„In meinem siebzehnten Jahre hielt ein reicher Grieche um meine Hand an. Die Mutter verwarf seinen Antrag, weil der Bewerber nicht katholisch war und ich ihr zum Heirathen noch zu jung schien. Sie fand es unpassend für ein Mädchen unter zwanzig Jahren sich zu verehelichen."

„Bei dieser Gelegenheit ging in meinem Inneren eine große Umwandlung vor. Bisher hatte ich nichts geahnt von jener mächtigen Leidenschaft, die den Menschen zum glücklichsten, aber auch zum unglücklichsten Wesen machen kann. Als mich die Mutter von dem Antrage des Griechen unterrichtete, als ich erfuhr, daß es in meiner Bestimmung läge, einen Mann zu lieben und ihm für immer anzugehören, da gewannen die Gefühle, die ich bisher unbewußt in mir getragen, eine feste Gestaltung und es wurde mir klar, ich könne Niemand andern lieben als T..., den Führer meiner Jugend."

„Ich wußte nicht, daß auch T... mit ganzer Seele an mir hing; ich kannte ja kaum meine eigenen Gefühle, um wie viel weniger war ich fähig, jene einer anderen Person zu errathen. Als T... jedoch von der Bewerbung um mich hörte, als ihm die Möglichkeit vor Augen trat, mich verlieren zu können, da gestand er mir seine Liebe und beschloß, bei der Mutter um meine Hand anzuhalten."

„T... hatte sich dem Staatsdienste gewidmet und bereits seit einigen Jahren eine Anstellung erhalten, von deren Gehalt er ganz gut leben konnte. Schon lange war er von dem Beruf eines Lehrers zurückgetreten, ohne jedoch deshalb unser Haus seltener zu besuchen. Er brachte im Gegentheil fast alle freien Stunden bei uns zu, als ob er ganz zur Familie gehörte. Meine fünf Brüder waren seine Freunde und die Mutter hatte ihn so gerne, daß sie ihn oft „ihren lieben sechsten Sohn" nannte. Er fehlte bei keiner Gesellschaft in unserem Hause und bei keiner Einladung, der wir folgten. Bei Theaterbesuchen, Spaziergängen u.s.w. war er stets unser Begleiter. Was war natürlicher, als daß wir beide uns überredeten, die Mutter habe uns für einander bestimmt und werde wahrscheinlich nur die Bedingung setzen, daß wir warten sollten bis ich mein zwanzigstes Jahr erreicht und T... eine bessere Anstellung erlangt haben würde?"

„T... hielt daher um meine Hand an."

„Doch wer vermag unsere schmerzliche Ueberraschung zu schildern, als die Mutter ihre Einwilligung nicht nur ganz und gar versagte, sondern auch T... von diesem Augenblick an gerade so haßte, wie sie ihm früher gewogen war. Gegen T... konnte kein anderer Grund vorliegen, als daß ich einmal ein ziemlich großes Vermögen zu erwarten hatte, und daß T... vor der Hand nur einen bescheidenen Gehalt bezog. Hätte die Mutter ahnen können, was später aus meinem Vermögen wurde, wie sich mein Loos so ganz anders gestaltete als sie es in ihren Gedanken sich zurecht gelegt hatte, sie würde mir den tiefsten Kummer und endloses Leid erspart haben!"

„Nach dem Antrage T...'s hätte die Mutter gewünscht, mich so rasch als möglich zu verheirathen. Ich erklärte jedoch bestimmt, daß ich T...'s Frau werden oder unverheirathet bleiben wolle. T... durfte natürlich unser Haus nicht mehr betreten, und da meine Mutter wußte, wie hartnäckig ich auf meinem Willen bestand, wenn es mir ernst um eine Sache war, so führte sie mich zuweilen zu einem Geistlichen, der mir die Pflichten der Kinder gegen ihre Eltern und den Gehorsam, den letztere zu fordern berechtigt sind, klar machen mußte. Man wollte mir einen feierlichen Eid vor dem Kreuze abnehmen, T... nicht heimlich zu sehen, noch mit ihm Briefe zu wechseln. Den Eid verweigerte ich, aber ich versprach das Verlangte, vorausgesetzt, daß man mir gestattete, T... von allem in Kenntniß zu setzen. Die Mutter gestand dies endlich zu und ich schrieb T... einen langen Brief, in welchem ich ihm alles mittheilte und ihn bat, ja nichts zu glauben, was ihm andere Leute von mir sagen würden. Ich fügte hinzu, daß ich ihn weder sehen noch einen zweiten Brief ihm schreiben könne, daß aber — im Fall ein anderer um meine Hand anhielte und die Mutter mich zu einer Ehe zwingen wolle — T... dies sofort durch mich erfahren werde."

„T...'s Antwort war kurz und voll tiefen Schmerzes. Er schien es begreiflich zu finden, daß unter solchen Umständen keine Hoffnung für uns war, und daß mir nichts anderes übrig blieb als den Befehlen meiner Mutter zu gehorchen. Doch erklärte er bestimmt, er selbst werde nie sich verehlichen."

„Hiermit schloß unsere Korrespondenz. Drei lange traurige Jahre vergingen, ohne daß ich ihn sah und ohne daß sich in meinen Gefühlen oder in meiner Lage etwas änderte."

„Eines Tages ging ich mit einer Freundin meiner Mutter spazieren und begegnete zufällig T... Unwillkürlich blieben wir beide stehen; aber lange vermochten weder er noch ich ein Wort über die Lippen zu bringen. Endlich wurde T... seiner Bewegung Meister und fragte mich, wie es mir ginge. Ich aber war zu tief erschüttert um sprechen zu können. Meine Knie bebten und es war mir, als müßte ich bewußtlos niedersinken. Dann faßte ich krampfhaft den Arm meiner Begleiterin, zog sie fort mit mir, und ohne zu wissen was ich that, eilte ich nach Hause. — Zwei Tage später lag ich im hitzigen Fieber."

„Der herbeigerufene Arzt mochte die Ursache meiner Krankheit wohl ahnen und erklärte, wie ich später erfuhr, meiner Mutter, daß mein Uebel nicht im Körper, sondern im Gemüth seinen Ursprung habe, daß Arzneien hier wenig helfen würden und daß vor allem eine Besserung meines Seelenzustandes angestrebt werden müsse. Die Mutter beharrte jedoch auf ihrem Willen und sagte dem Arzte, sie vermöge nichts zu ändern."

Die Kranke schwebte lange in Lebensgefahr und wünschte in ihrer Exaltation nichts sehnlicher als den Tod. Als sie durch eine Ungeschicklichkeit ihrer Wärterin erfuhr, wie man in der That täglich ihre Auflösung erwartete, beruhigte sie dies so sehr, daß sie in einen tiefen Schlaf verfiel und die Krise glücklich überstand.

Ida's Vater hatte ein bedeutendes Vermögen hinterlassen, es fehlte daher nicht an Bewerbern um ihre Hand. Sie wies indeß jeden Antrag zurück und kam dadurch ihrer Mutter gegenüber in ein immer unangenehmeres Verhältniß, denn der Wunsch der letzteren, Ida möge ihre Wahl treffen, sprach sich stets drängender aus. Durch diese häuslichen Mißhelligkeiten wurde endlich der Wille des Mädchens gebrochen, nachdem ihr jedes Loos erträglicher erschien als in der bisherigen Lage fortzuleben. Sie erklärte, sie werde den nächsten Freier annehmen, nur müsse er ein bejahrter Mann sein. Damit wollte sie T... beweisen, daß nicht Liebe sondern moralischer Zwang sie zum Ehebündniß getrieben habe.

Im Jahre 1819, als Ida 22 Jahre alt war, wurde Dr. Pfeiffer, einer der ausgezeichnetsten Advokaten Lembergs, Witwer und Vater eines schon erwachsenen Sohnes, in dem Reyer'schen Hause eingeführt. Er hielt sich nur einige Tage, verschiedener Geschäfte wegen, in Wien auf, und empfahl bei seinem baldigen Abschied der Reyer'schen Familie seinen Sohn, der an der Wiener Universität die Rechte studirte.

Ungefähr vier Wochen später kam ein Brief von Dr. Pfeiffer, in welchem er um Ida förmlich anhielt. Da er mit Ida nur einige Worte über die gleichgiltigsten Dinge gewechselt, so hatte sie auch nicht im entferntesten an die Möglichkeit einer Werbung von dieser Seite gedacht. Sie wurde nun an ihr Versprechen erinnert, den nächsten Freier anzunehmen.

„Ich versprach die Sache zu überlegen," sagt sie in ihrem Tagebuch. „Dr. Pfeiffer schien mir ein sehr vernünftiger, gebildeter Mann zu sein; was aber in meinen Augen noch weit mehr zu seinem Vortheil sprach, war, daß er hundert Meilen von Wien entfernt lebte und 24 Jahre mehr zählte als ich."

Nach acht Tagen willigte sie unter der Bedingung ein, Dr. Pfeiffer die wahre Lage ihres Herzens mittheilen zu dürfen. Dieß geschah denn auch in einem ausführlichen Briefe, in welchem sie ihrem Freier nichts verheimlichte, wobei sie die stille Hoffnung nährte, derselbe werde von seiner Werbung abstehen. Dr. Pfeiffer aber antwortete alsbald, er sei durch das Geständniß einer 22jährigen Jungfrau, daß sie schon geliebt habe, gar nicht überrascht. Diese wahrheitsgetreue, offene Darstellung lasse ihm Ida gerade um so achtungswerther erscheinen; er beharre bei seiner Werbung und glaube fest, daß er sie nie zu bereuen haben werde.

Nun lag Ida die schwere Pflicht ob, T... die Wendung ihres Geschickes mitzutheilen. Sie that dieß in einigen Zeilen, wie man sich denken kann, mit den schmerzlichsten Gefühlen. Die Antwort war durchaus in dem würdigsten Tone gehalten, voll Entsagung und Edelsinn. T... sprach wiederholt die Versicherung aus, er werde ihrer nie vergessen und sich nie verehelichen. Er hat sein Wort gehalten.

Die Trauung mit Dr. Pfeiffer fand am 1. Mai 1820 statt, und acht Tage später reiste das neue Ehepaar nach Lemberg ab. Die Fahrt brachte Zerstreuung, indem sie in der jungen Frau die alte Reiselust anfachte und gab dem Paar Gelegenheit sich näher kennen zu lernen. Ida fand in ihrem Mann Redlichkeit, Offenheit und Verstand, und wenn es auch nicht in ihrer Macht lag, ihn zu lieben, so konnte sie ihm doch Achtung und herzliche Zuneigung um so weniger versagen, als er sich ebenso liebevoll als zartsinnig gegen sie zeigte. Sie nahm sich vor, ihre Pflichten redlich zu erfüllen und sah mit einer gewissen Beruhigung der Zukunft entgegen.

Dr. Pfeiffer war ein Mann der geraden und freien Gesinnung, der das Unrecht, wo er es antraf, rücksichtslos aufdeckte und angriff, und aus seiner Ueberzeugung kein Hehl machte. In dem Beamten-Schlendrian in Galizien war damals gar mancherlei faul; es fehlte nicht an

bestechlichen und unredlichen Beamten. Namentlich hatte Dr. Pfeiffer Gelegenheit, bei einem
großen Prozeß, den er siegreich durchführte, Schwindeleien der stärksten Art zu entdecken, die
er furcht- und schonungslos der höchsten Autorität in Wien anzeigte. Es wurde eine Untersuchung eingeleitet, die Angaben Dr. Pfeiffer's erwiesen sich als begründet und mehrere Beamte
wurden theils entlassen, theils versetzt.

Indeß blieben für Dr. Pfeiffer die schlimmen Folgen auch nicht aus. Durch seine Anzeige
hatte er sich den größten Theil der Beamten zu Feind gemacht, und diese feindselige Gesinnung
trat so oft und so entschieden zu Tage, daß Dr. Pfeiffer endlich seine Advokatur niederlegen
mußte, denn er wäre für seine Klienten nicht nur von keinem Nutzen gewesen, sondern hätte
ihnen geradezu geschadet.

„Mein Mann," schreibt Ida Pfeiffer, „hatte das alles wohl vorausgesehen; aber es ging ihm
gegen die Natur, über schmachvolle Ungerechtigkeiten ein Auge zuzudrücken. Noch in demselben Jahre legte er seine Stelle nieder und nachdem er seine Privat-Geschäfte geordnet, übersie-
delten wir 1821 nach Wien, wo er bei seinen vielseitigen Kenntnissen leicht eine Beschäftigung
zu finden hoffte. Sein Ruf jedoch war ihm bereits vorausgeeilt; man kannte in Wien seine Gesinnung und seine Handlungen so gut wie in Lemberg und witterte in ihm einen unruhigen
Kopf und einen Feind des Bestehenden. In Folge dessen waren alle seine Bewerbungen um
Agenten-Stellen u. dgl. vergeblich. Man gab den unbedeutendsten, talentlosesten Menschen,
was man ihm wiederholt verweigerte."

Alles dieß wirkte natürlich sehr störend auf Pfeiffer's Gemüth ein. Er sah sich überall in
seinen Arbeiten und Bestrebungen gehemmt und durchkreuzt und was er sonst mit Eifer und
Vergnügen betrieb, verursachte ihm jetzt Mißmuth und Aerger. Seine Thätigkeit verlor sich
endlich zum Theil, und was er arbeitete, das brachte ihm entweder sehr geringen oder gar keinen Nutzen. Dadurch wurden die Lebens-Verhältnisse des Pfeiffer'schen Ehepaares alle Tage
kritischer. Dr. Pfeiffer hatte wohl früher als tüchtiger Advokat in Lemberg eine bedeutende
Einnahme gehabt; aber er liebte es auf großem Fuße zu leben, hielt Wagen und Pferde, führte
gute Tafel und dachte nie daran, für die Zukunft zu sorgen. Viele Leute, die seine Großmuth
kannten, benutzten ihn, indem sie ihm Geld abborgten. So schwand auch Ida's väterliches Erbe
durch einen Freund Pfeiffer's, dem man aus der Klemme helfen wollte. Er fallirte trotz der
Hilfe und alles war verloren.

Nachdem Dr. Pfeiffer vergeblich gesucht hatte in Wien Beschäftigung zu erhalten, kehrte er
mit seiner Frau nach Lemberg zurück, kam später wieder nach Wien und versuchte endlich sogar
sein Glück in der Schweiz, wo er geboren, aber nur die ersten Jahre seines Lebens geblieben
war. Es wollte ihm jedoch nirgends gelingen und die Noth, die bittere Noth klopfte an die
Pforte dieser Familie.

„Gott allein weiß, was ich durch achtzehn Jahre meiner Ehe litt!" ruft Ida Pfeiffer aus. „Nicht
durch rohe Behandlung von Seite meines Mannes, sondern durch die drückendsten Lebens-
Verhältnisse, durch Noth und Mangel! Ich stammte aus einem wohlhabenden Hause, war von
frühester Jugend an Ordnung und Bequemlichkeit gewöhnt, und nun wußte ich oft kaum, wo
ich mein Haupt niederlegen, wo das Bischen Geld hernehmen sollte, um mir nur das höchst
Nöthige anzuschaffen. Ich verrichtete alle Hausarbeiten, ich fror und hungerte, ich arbeitete
im Geheimen für Geld, ich ertheilte Unterricht in Zeichnen und Musik, und doch trotz aller
Anstrengungen gab es oft Tage, an welchen ich meinen armen Kindern kaum etwas mehr als
trockenes Brot zum Mittagessen vorzusetzen hatte!"

„Allerdings hätte ich bei meiner Mutter oder bei meinen Geschwistern Unterstützung suchen
und finden können; allein dagegen empörte sich mein Stolz. Jahre lang kämpfte ich mit der
Noth und verheimlichte meine Lage; oft war ich der Verzweiflung so nahe, daß mich nur noch
der Gedanke an meine Kinder aufrecht erhielt. Endlich brach das Uebermaß der Leiden meinen
Sinn und ich nahm verschiedene Male die Hilfe meiner Brüder in Anspruch."

Ida Pfeiffer hatte zwei Söhne. Eine Tochter war einige Tage nach der Geburt gestorben. Die
Erziehung der Söhne fiel ganz der Mutter zu, und da der jüngere viel Talent für Musik zeigte,
so gab sie sich besondere Mühe mit ihm, um seine guten Anlagen auszubilden.

Im Jahre 1831 starb die alte Frau v. Reyer, während der langen Krankheit, die ihrem Tode voranging, von ihrer gerade in Wien weilenden Tochter sorgsam gepflegt. Ida begab sich nach dem Tode ihrer Mutter abermals nach Lemberg, von wo Dr. Pfeiffer neuerdings über sichere Aussichten auf eine passende Beschäftigung schrieb. Der nunmehr 60jährige Mann lebte aber nur immer in Illusionen — ein einfaches Versprechen genügte, um ihn mit größtem Vertrauen in die Zukunft zu erfüllen. Als daher Ida das schwankende dieser Verhältnisse noch einmal während zwei Jahren genau erfahren hatte, kehrte sie wieder nach Wien zurück, wo es ihr wenigstens leichter war, ihren Söhnen eine ordentliche Erziehung zu geben.

Durch den Tod ihrer Mutter hatte sie zwar kein großes Vermögen, aber doch so viel geerbt, daß sie anständig leben und ihren Kindern ordentliche Lehrer halten konnte. 1835 siedelte sie definitiv nach Wien über, während Dr. Pfeiffer in Lemberg blieb, wohin ihn Gewohnheit und die Neigung für seinen dort angestellten Sohn aus erster Ehe zog. Nur von Zeit zu Zeit kam er nach Wien, um Frau und Kinder zu sehen.

Bei einer Reise, welche Ida Pfeiffer mit ihrem jüngeren Sohne nach Triest machte, um denselben dort Seebäder nehmen zu lassen, sah sie zum ersten Male das Meer. Der Eindruck, den die See auf sie machte, war überwältigend. Die Träume ihrer Jugend tauchten mit den imposantesten Bildern ferner, noch unbekannter Länder voll fremdartiger, üppiger Vegetation auf. Eine kaum zu bewältigende Reiselust erwachte in ihr, und gerne hätte sie das erste Schiff bestiegen, um hinauszufahren in das unermeßliche, geheimnißvolle Meer. Nur die Pflicht gegen ihre Kinder hielt sie zurück; doch fühlte sie sich glücklich, als sie Triest wieder verlassen konnte und der Karst zwischen ihr und der See lag; denn die Sehnsucht nach der weiten Welt hatte in der Seestadt wie ein Alp auf ihrer Brust gelegen.

Als sie wieder nach Wien in ihr ruhiges Alltags-Leben zurückgekehrt war, beschäftigte sie fortwährend der Wunsch, daß sie so lange bei Kraft bleiben möge, bis ihre Söhne selbstständig und auf das eigene Wissen gestützt sich in der Welt bewegen könnten. Dieser Wunsch wurde ihr erhört. Ihre Söhne wuchsen kräftig heran und wurden in ihrem Berufe wackere Männer.

Die vollendete Erziehung und gesicherte Stellung beider gab Ida Pfeiffer wieder sich selbst und ihren Reise-Gedanken zurück. Das alte Projekt, die Welt zu sehen, tauchte neuerdings auf und fand nun in den Gründen der Vernunft und Pflicht keinen Widerstand mehr. Viel beschäftigte sie die Idee, wie sie allein eine größere Reise ausführen werde — denn allein mußte sie reisen, da ihr Mann schon zu alt war, um die Strapazen eines derartigen Unternehmens zu ertragen, und die Söhne ihrem Berufe nicht auf längere Zeit entrissen werden konnten. Auch die Geldfrage gab viel Stoff zum Nachdenken. Die Länder, welche sie besuchen wollte, hatten weder Gasthöfe noch Eisenbahnen, durch deren Abwesenheit der Reisende zu viel bedeutenderen Ausgaben genöthigt ist, da er alles, dessen er bedarf, mit sich führen muß. Und über viel Geld hatte Ida Pfeiffer, nachdem sie einen Theil ihres mütterlichen Erbe zur Erziehung ihrer Söhne verwendet, nicht zu verfügen.

„Doch war ich bald über diese wichtigen Punkte mit mir einig," schreibt sie in ihrem Tagebuche. „Was den ersten anbelangt, daß ich als Frau allein in die Welt hinaus wollte, so verließ ich mich auf meine Jahre (ich zählte deren schon 45), auf meinen Muth und auf die Selbstständigkeit, die ich in harter Schule des Lebens erlangt hatte, als ich nicht nur für mich und meine Kinder, sondern auch mitunter für meinen Mann sorgen mußte. In Betreff des Geldpunktes war ich zur größten Sparsamkeit entschlossen. Unbequemlichkeiten und Entbehrungen schreckten mich nicht. Ich hatte ja deren schon genug und zwar gezwungen ertragen; wie viel leichter mußten die freiwillig aufgesuchten mit einem bestimmten Ziel vor Augen, zu ertragen sein!"

Eine andere Frage, nämlich: Wohin? war auch bald beantwortet, da zwei Projekte die Gedanken der Reiselustigen von Jugend auf beschäftigten — eine Nordpol-Fahrt und eine Reise in das heilige Land. Der Nordpol zeigte trotz aller magnetischen Anziehungskraft bei näherer Ueberlegung unüberwindliche Schwierigkeiten. Es blieb daher das „heilige Land." Als sie indeß ihren Freunden von ihrem Wunsch, Jerusalem zu besuchen, erzählte, wurde sie einfach als Närrin, als überspannte Person behandelt und niemand schien ein solches Unternehmen ihr im Ernst zuzutrauen.

Nichtsdestoweniger beharrte sie bei ihrem Entschluß, verheimlichte aber das eigentliche Ziel der Reise, indem sie erklärte, sie werde eine Freundin in Konstantinopel, mit der sie seit langer Zeit in lebhafter Korrespondenz stand, besuchen. Sie zeigte niemanden ihren Paß und keiner von denjenigen, die von ihr sich verabschiedeten, ahnte ihr eigentliches Ziel. Am schwersten wurde ihr der Abschied von ihren Söhnen, die mit großer Liebe an ihr hingen und sie gar nicht aus ihren Armen lassen wollten. Mit aller Kraft kämpfte sie ihre weiche Stimmung hinab, vertröstete die Ihrigen auf baldiges Wiedersehen und bestieg am 22. März 1842 das Dampfboot, das sie die Donau hinabtrug nach dem Schwarzen Meer und der Stadt des Halbmondes. Sie besuchte Brussa, Beirut, Jaffa, das Todte Meer, Nazareth, Damaskus, Balbek, den Libanon, Alexandrien, Kairo und reiste durch die Wüste des Isthmus von Suez zum Rothen Meer. Von Egypten kehrte sie über Sicilien und durch ganz Italien in die Heimath zurück und traf im Dezember 1842 in Wien ein. Da sie nach einem sorgfältig geführten Reise-Tagebuch oft ihren Freunden und Bekannten von ihren Erlebnissen erzählte, so wurde sie mehrfach aufgefordert, ihren ganzen Pilgerzug drucken zu lassen. Der Gedanke, Schriftstellerin zu werden, widerstrebte jedoch ihrer Bescheidenheit, und erst als ein Verleger ihr direkt Anträge machte, willigte sie ein, ihr Erstlingswerk der Oeffentlichkeit zu übergeben. Es erschien unter dem Titel: „Reise einer Wienerin in das heilige Land" (2 Bände Wien 1843, vierte Auflage 1856) und obgleich die Verfasserin weder viel Neues zu erzählen hatte, noch in dem damals so beliebten Stil berühmter „Reisendinnen" den geistreichen Damen-Pegasus ritt, so machte ihr Büchlein, wie die vier Auflagen beweisen, doch Glück. Es scheint, daß gerade die Einfachheit der Darstellung und die schmucklose Erzählung der Wahrheit sich rasch ein großes Publikum eroberten.

Der gute Erfolg dieser ersten Reise, welcher der Pilgerin durch Honorar neue Geldmittel zuführte, erweckte in ihr bald wieder Reise-Plane, und dießmal trieb es sie nach dem fernen Norden, wo sie großartige Bilder, außerordentliche Natur-Erscheinungen aufsuchte.

Nach mancherlei Vorbereitungen, zu welchen das Erlernen der englischen und der dänischen Sprache, sowie des Daguerreotypirens zählte, und nachdem sie sich genau über die zu besuchenden Länder unterrichtet, trat sie am 10. April 1845 ihre Reise nach dem Norden an. Am 16. Mai landete sie an der isländischen Küste, durchstreifte die interessante Insel nach allen Richtungen, besuchte den Geiser, sowie die anderen heißen Quellen und erstieg den Hekla, welcher kurz nach ihrer Abreise, nachdem er siebenzig Jahre gerastet, wieder Feuer zu speien begann. Ende Juli segelte sie nach Kopenhagen zurück, reiste von da nach Christiania, Thelemarken, über die schwedischen Seen nach Stockholm, und über Upsala nach den Eisenwerken von Danemora. Ueber Travemünde, Hamburg und Berlin suchte sie wieder ihre Vaterstadt auf, in der sie am 4. Oktober 1845 — also nach sechsmonatlichen Wanderungen — eintraf.

Das Tagebuch dieser zweiten Reise erschien unter dem Titel: „Reise nach dem Skandinavischen Norden und der Insel Island" (Pest 1846, 2 Bände) und wurde gleichfalls viel gelesen. Der Erlös der mitgebrachten Naturalien, sowie das Honorar des Verlegers bildeten für Ida Pfeiffer die Grundlage von Ersparnissen für neue Unternehmungen, welche in Folge der bisher errungenen Erfolge in jeder Hinsicht größere Dimensionen annehmen sollten. Eine Reise um die Welt war es, die den Geist der kühnen Frau jetzt beschäftigte und diese einmal gefaßte Idee ließ ihr bald keine Ruhe mehr.

„Größere Mühsale und Entbehrungen," schreibt sie, „als ich in Syrien und Island ausgestanden hatte, konnte ich nirgends erwarten. Auch die Kosten erschreckten mich nicht, da ich nun schon aus Erfahrung wußte, wie wenig man bedarf, wenn man sich auf das Allernöthigste beschränkt und jeder Bequemlichkeit, jedem Ueberfluß zu entsagen bereit ist. Durch meine Ersparnisse erhielt ich Summen, welche einen Fond bildeten, mit dem Reisende wie der Fürst Pückler-Muskau oder wie Chateaubriand und Lamartine höchstens auf einer vierzehntägigen Badereise ausgekommen wären, die mir, der einfachen Pilgerin, aber zu zwei- und dreijährigen Fahrten genügend schienen und, wie die Folge zeigte, es auch waren."

Indem sie von ihren großartigen Reiseplanen den Verwandten und namentlich ihren Söhnen nichts sagte, sondern nur Brasilien als ihr Ziel nannte, nahm sie am 1. Mai 1846 von Wien

Abschied und begab sich nach Hamburg, wo sie erst am 28. Juni in einer kleinen dänischen Brigg eine passende Gelegenheit zur Reise nach Brasilien fand.

Durch ungünstiges Wetter und Windstillen aufgehalten, brauchte das Schiff von Hamburg zur Passirung des Kanals La Manche einen vollen Monat, d. h. dieselbe Zeit, die es von da bis zum Aequator segelte. Am 16. September landete es in Rio Janeiro. Von hier aus unternahm Ida Pfeiffer verschiedene Ausflüge in das Land. Auf einem derselben wurde sie von einem entlaufenen Negersklaven, wahrscheinlich in raubmörderischer Absicht, angefallen. Da der Schwarze mit einem Messer bewaffnet war, so erlitt sie mehrere Verwundungen, und nur einer ganz zufälligen, rechtzeitigen Hilfe verdankte sie die Rettung ihres Lebens.

Anfangs Dezember 1846 verließ sie Rio Janeiro, umschiffte am 3. Februar 1847 das Kap Horn und landete am 2. März in Valparaiso. So großartig die Eindrücke der Tropenwelt, namentlich in Brasilien, waren, so wenig behagten der Reisenden die Zustände des ehemals spanischen Amerika. Bald schiffte sie sich wieder ein, durchsegelte den großen Ocean und betrat Ende April die Insel Otahaiti. Sie wurde der Königin Pomare vorgestellt, von deren Hofe sie später eine ziemlich lebhafte, mit viel Interesse gelesene Schilderung entwarf. Die damaligen Zustände Europa's waren so ruhig, daß man sich aus Stoffmangel wochenlang in den Zeitungen mit der Königin Pomare beschäftigte. Die Otahaitische Majestät ist heutzutage ziemlich aus der Mode gekommen, wie denn überhaupt Europa jetzt stark mit häuslichen Arbeiten beschäftigt ist und weit weniger Zeit und Muße hat, glückliche Inseln im Stillen Ocean zu protegiren.

Von Otahaiti begab sich Ida Pfeiffer nach China und kam Anfangs Juli nach Macao. Später besuchte sie Hongkong und die Stadt Canton, in der sie sich gerne mehr umgesehen hätte, wenn nicht die ungewöhnliche Erscheinung einer europäischen Frau für die Gehirn-Funktionen der Söhne des Himmlischen Reiches zu aufregend geworden wäre. Sie lief Gefahr vom Pöbel insultirt zu werden, kehrte daher bald dem glücklichen Lande den Rücken und reiste, Singapore einen kurzen Besuch abstattend, nach Ceylon, wo sie Mitte Oktober landete. Sie durchstreifte die schöne Insel nach verschiedenen Richtungen und besuchte Colombo, Candy und den berühmten Tempel Dagoha. Ende Oktober betrat sie in Madras das Festland von Indien, verweilte längere Zeit in Kalkutta, fuhr den Ganges hinauf bis Benares, sah die Ruinen von Sarnath, und durchstreifte dann Cawnpore, Delhi, Indore und Bombay. Auch die berühmten Felsen-Tempel von Adjunta und Ellora, sowie die Inseln Elephanta und Salsette wurden von ihr in näheren Augenschein genommen. Sie erhielt Zutritt in die Häuser vieler vornehmer Indier und bekümmerte sich überall um Sitten, Gebräuche und Eigentümlichkeiten. Auf Tiger-Jagden war sie ebensowohl anwesend wie bei der Verbrennung einer indischen Witwe. Sogar mit den Verhältnissen der englischen Missionäre hat sie sich ziemlich genau eingehend beschäftigt.

Ende April 1848 finden wir Ida Pfeiffer wieder auf der See, den Wanderstab nach Persien hintragend. Von Buschir wollte sie nach Schiras, Ispahan und Teheran; sie wurde aber durch Unruhen im Innern des Landes von diesem Projekte abgebracht und wandte sich nun nach Mesopotamien. Durch den Meerbusen Schat-el-Arab begab sie sich nach Bassora und später nach Bagdad. Nach einem Ausfluge in die Ruinen von Ktesiphon und Babylon reiste sie mit einer Karavane durch die Wüste nach Mosul und den benachbarten Ruinen von Ninive, sodann nach Urumia und Tebris. Dieser Zug durch Mesopotamien und Persien zählt zu den kühnsten und bedeutendsten Unternehmungen der muthigen Frau. Es gehörte ein hoher Grad von Unerschrockenheit und Physischer Kraft dazu, die vielen Beschwerden, bei Tag die brennende Sonnenhitze, bei Nacht Unbequemlichkeiten jeder Art, elende Nahrung, ein unreines Lager, beständige Furcht vor räuberischen Anfällen zu ertragen und dabei nicht zu Grunde zu gehen. Als sie sich in Tebris dem englischen Konsul vorstellte, wollte derselbe gar nicht glauben, daß einer Frau eine solche Fahrt habe gelingen können.

In Tebris wurde sie bei dem Vicekönig Vali-Ahd eingeführt und erhielt die Erlaubniß, dessen Harem zu besuchen. Am 11. August 1848 reiste sie wieder weiter durch Georgien, Armenien, Mingrelien, über Eriwan, Tiflis und Kutais nach Redutkale. Sie berührte Anapa, Kertsch und Sewastopol, landete in Odessa und gelangte von da über Konstantinopel, Griechenland, die Ionischen Inseln und Trieft nach Wien, wo sie am 4. November 1848, gerade nach Einnahme der

Stadt durch die Armee des Fürsten Windischgrätz, eintraf. In der von Partheikämpfen durchwühlten Heimath sollte sie also auch keine Ruhe finden.

Indessen verbreitete sich der Ruf Ida Pfeiffer's nach dieser Reise um die Welt immer mehr, denn eine Frau, die, sich nur auf die eigene Kraft stützend, 2800 englische Meilen zu Land und 35.000 Seemeilen zu Schiffe zurücklegt, kann wohl als eine außerordentliche Erscheinung betrachtet werden. Das dritte Werk der Reisenden, welches unter dem Titel: „Eine Frauenfahrt um die Welt" (3 Bände. Wien. 1850) erschien, hatte guten Erfolg; es wurde zweimal in's Englische und später auch in's Französische übersetzt.

Eine Zeit lang machte sich nun bei Ida Pfeiffer der Gedanke geltend, sich zur Ruhe zu begeben und einen Abschluß der Reise-Erfahrungen eintreten zu lassen. Aber nicht lange hielt die resignirte Stimmung an. Als sie ihre Sammlungen verkauft, ihre Tagebücher geordnet und veröffentlicht hatte, und dabei nicht den geringsten Abbruch ihrer Kräfte fühlte, begann in ihr allmählich der Plan einer zweiten Reise um die Welt zu dämmern. Ihre geringen Reisemittel wurden dießmal von der Oesterreichischen Regierung mit einem Beitrag von 1500 Gulden vermehrt, und am 18. März 1851 verließ sie Wien, um sich vorerst, da sie noch kein bestimmtes Ziel vor Augen hatte, nach London zu begeben und dort die Gelegenheit an sich herankommen zu lassen. Selbst als sie London Ende Mai verlassen und am 11. August in der Kapstadt angelangt war, stand ihr Entschluß noch nicht fest. Lange schwankte sie zwischen Inner-Afrika und Australien, bis sie endlich nach Singapore segelte und daselbst sich zur Bereisung der Sunda-Inseln entschloß. Sie landete vorerst auf der Westküste von Borneo in Sarawak und fand bei dem Engländer Sir James Brooke, der hier ein unabhängiges Fürstenthum gegründet hat, gute Aufnahme und kräftigen Schutz. Bei einem Ausflug unter die wilden, unabhängigen Dayaks wurde sie von den Kopfjägern nicht nur verschont, sondern sogar gut aufgenommen. Sie erreichte Sintang und setzte dann ihre Reise westlich nach Pontianak und den Diamanten-Minen von Landak fort. Ueberall fand sie bei den holländischen Offizieren und Beamten die bereitwilligste Unterstützung, ohne welche es ihr nicht möglich gewesen wäre, ihre Reisen im Indischen Archipel so weit auszudehnen. Sie wollte von Pontianak mitten durch das von den Europäern noch nicht betretene Innere der Insel nach Benjermassing an der Südküste, fand aber keinen Führer oder Begleiter für diese gefährliche Tour. Sie richtete daher ihre Blicke nach Java und landete Ende Mai 1832 in Batavia. Auch hier wurde ihr überall zuvorkommende Hilfe und Unterstützung bei den Holländern und in Folge dessen auch bei den einheimischen Fürsten. Sie hat dies später mit großem Dank wiederholt öffentlich ausgesprochen.

Am 8. Juli 1852 begann sie ihre Fahrt nach Sumatra, welche sie selbst als die interessanteste aller ihrer Reisen erklärt. Von Padang begab sie sich nämlich mitten unter die Battas, die Menschenfresser sind und noch nie einen Europäer unter sich geduldet haben. Trotzdem, daß die Wilden ihrem Weiterkommen Widerstand entgegensetzten, drang sie doch durch Urwald und eine Bevölkerung von Kannibalen fast bis zum See Eier-Taw vor. Hier wurde sie aber mit vorgehaltenen Speeren zum Rückweg gezwungen, nachdem man ihr schon einige Mal in Aussicht gestellt hatte, daß man sie tödten und verzehren werde. Am 7. Oktober traf sie wieder in Padang ein. Auf Sumatra wurde sie zwei Mal von dem dort einheimischen bösartigen Wechselfieber befallen.

Nach der Insel Java zurückkehrend, unternahm sie Ausflüge nach den Fürstenthümern Djokdjokarta und Surakarta, nach dem Tempel Boro Budoo und nach Surabaja. Hierauf segelte sie nach verschiedenen der kleineren Sunda-Inseln und den Molukken (Banda, Amboina, Saparua, Ceram, Ternate), hielt sich einige Zeit bei den wilden Alforen auf und schloß ihre Sunda-Fahrten auf Celebes.

Von da durchschnitt sie den Großen Ozean (10.150 Seemeilen), um Kalifornien zu besuchen. Zwei Monate lang sah sie nichts als Himmel und Wasser. Am 27. September 1853 betrat sie in San Francisco das Land, besuchte die Goldwäschereien am Sacramento und am Juba-Flusse, und schlief in den Wigwams der Rothhäute am Rogue River.

Mit dem Schluß des Jahres 1853 segelte Ida Pfeiffer nach Panama und von da weiter nach der Peruanischen Küste. Von Callao begab sie sich nach Lima, um von dort die Cordilleren zu übersteigen, Loretto am Amazonen-Strome und weiterhin die Ostküste Südamerikas zu gewinnen. Die gerade in Peru ausgebrochene Revolution machte aber das Land unsicher und nöthigte die Reisende an einem anderen Uebergangspunkte der Cordilleren ihr Glück zu versuchen. Sie ging nach Eguador zurück und trat im März 1854 von Guayaquil ihre mühevolle Wanderschaft über das Gebirge an. Ganz in der Nähe des Chimborasso überschritt sie die Cordilleren, gelangte auf die Hochebene von Ambato und Tacunga und erlebte hier das seltene Natur-Ereigniß eines Ausbruches des Vulkans Cotopaxi — ein Schauspiel, um das sie später Alexander von Humboldt beneidete. Als sie am 4. April in Quito eintraf, fand sie leider nicht die gehoffte Unterstützung, d. h. mehrere sichere Leute zur Erreichung und Beschiffung des Amazonen-Stroms. Sie gab daher ihren ursprünglichen Plan wieder auf und mußte die beschwerliche Tour über die Cordilleren zurück machen. In der Nähe von Guayaquil stand sie zweimal Todesgefahr aus, zuerst durch einen Sturz vom Maulthier, und dann durch einen Fall in den von Kaimans stark bevölkerten Fluß Guaya. Ihre Begleiter wollten sie zu Grund gehen lassen, denn sie reichten ihr nicht im geringsten hilfreiche Hand. Mit tiefem Widerwillen kehrte sie dem spanischen Südamerika den Rücken, begab sich zur See nach Panama und überschritt Ende Mai den Isthmus.

Von Aspinwall segelte sie nach New-Orleans und blieb hier bis zum 30. Juni, dann fuhr sie den Mississippi hinauf bis Napoleon und in dem Arkansas bis nach Fort Smith. Ihren den

Cherokee-Indianern zugedachten Besuch mußte sie aufgeben, da sie neuerdings einen hartnäckigen Anfall des Sumatra-Fiebers erlebte. Wieder in den Mississippi zurückkehrend, erreichte sie am 14. Juli St. Louis und besuchte in der Nähe von Libanon den dort angesiedelten badischen Demokraten Hecker. Dann ging sie gegen Norden nach St. Paul und den St. Anthony-Fällen, wandte sich hierauf nach Chicago und gelangte in die großen Seen und zu den Niagara-Fällen. Nach einem Ausfluge nach Canada blieb sie noch einige Zeit in New-York, Boston u.s.w., ging dann zu Schiff und betrat am 21. November 1854 nach einer zehntägigen Fahrt in Liverpool europäischen Boden.

Dieser großen Weltreise hängte sie ein kleines Supplement an, indem sie ihrem Sohn, welcher sich in San Miguel auf den Azoren aufhielt, einen Besuch abstattete und erst im Mai 1855 über Lissabon, Southampton und London nach Wien zurückkehrte.

Die von Ida Pfeiffer gesammelten Naturalien und ethnographischen Gegenstände gelangten zum größten Theil in das britische Museum und in die kaiserlichen Kabinete in Wien. Großes Interesse nahmen Alexander von Humboldt und Karl Ritter in Berlin an den Bestrebungen Ida Pfeiffer's, und Humboldt namentlich ertheilte ihr die freundlichsten Lobsprüche für ihre wackere Gesinnung und ihren Eifer. Auf den Antrag der beiden Gelehrten ernannte die Berliner Geographische Gesellschaft Ida Pfeiffer zum Ehren-Mitgliede, und der König von Preußen verlieh ihr die goldene Medaille für Wissenschaft und Kunst. In Wien ist man mit der Anerkennung gegen die Landsmännin viel karger gewesen, wahrscheinlich weil schon nach alter Regel der Prophet im Vaterlande nichts gilt.

Die Tagebücher der Reisenden über diese Reise erschienen in Wien unter dem Titel: „Meine zweite Weltreise", 4 Bände. 1856.

Nach jeder ihrer früheren Reisen hatte Ida Pfeiffer eine Zeit lang den Gedanken, auszuruhen und nun der Erinnerung zu leben. Nach ihrer zweiten Reise um die Welt, die so über alle Erwartung befriedigend für sie ausfiel, kamen aber gar keine Ruhegedanken mehr zum Vorschein. Während sie sich noch mit der Ordnung ihrer mitgebrachten Naturalien und der Herausgabe ihrer Tagebücher beschäftigte, faßte sie schon den Plan, Madagaskar zu durchforschen, und ließ sich selbst durch das Zureden Alexander von Humboldts's, der ihr mehrere andere Reise-Projekte vorschlug, nicht von dem einmal in's Auge gefaßten Ziele abbringen.

Das fernere Schicksal Ida Pfeiffers werden die folgenden Tagebücher ihrer Reise nach Madagaskar und schließlich die Mittheilungen ihres Sohnes, des Herrn Oskar Pfeiffer, über ihr Leiden und Ende ausführlicher erzählen. Doch bevor der letzte Akt eines so mühevollen und erfahrungsreichen Lebens beginnt, mag eine kurze Charakteristik der Weltreisenden hier ihren Platz finden.

Ida Pfeiffer machte durchaus nicht den Eindruck einer ungewöhnlichen Frau, einer „Emanzipirten" oder gar eines Mannweibes. Im Gegentheil, sie war in Gedanken und Worten so einfach, bescheiden und schlicht, daß der, welcher sie nicht näher kannte, nicht ohne Mühe Spuren dessen, was sie gelernt und erfahren hatte, zu entdecken vermochte. In ihrem ganzen Wesen lag eine Ruhe und Nüchternheit, die vorzugsweise an eine praktische Hausfrau ohne alle schwärmerische Hintergedanken erinnerten. Viele Leute waren deshalb mit ihrem Urtheil über Ida Pfeiffer rasch fertig und geneigt, die Reiselust derselben ausschließlich auf Rechnung einer ungewöhnlich entwickelten Neugierde zu schreiben. Dieser Anschauung stand freilich eine Thatsache schnurstracks entgegen, die in Ida Pfeiffer's Wesen sehr eindringlich zu Tage trat, nämlich die vollständige Abwesenheit jeder Neugierde. So unruhig ihr ganzes Leben gewesen war, so gemessen und gelassen war ihre persönliche Erscheinung. Von einer Sucht, sich vorzudrängen oder um ferner liegende Dinge zu kümmern, vermochte auch der schärfste Beobachter nichts zu entdecken. Ernst, sehr reservirt und wortkarg, bot sie dem ihr Unbekannten oder fern Stehenden sehr wenig liebenswürdige Seiten.

Wer indeß dazu gelangte, sie näher kennen zu lernen, der fand wohl die einzelnen Elemente zusammen, welche hinter einem unscheinbaren Aeußeren eine außerordentliche Frau bargen. Willensstärke, Zähigkeit des Charakters, die sich bis zum Eigensinn steigerte, waren bald aus gewissen Aeußerungen zu entdecken. Zählt man hiezu einen für eine Frau seltenen persönlichen Muth, Gleichgiltigkeit gegen körperlichen Schmerz und gegen die Bequemlichkeiten des Lebens und den nie rastenden Drang, dem menschlichen Forschen und Wissen nützlich zu sein, so wird man gestehen müssen, daß das Eigenschaften sind, mit welchen man in der Welt etwas ausrichtet. Doch was den Werth dieser Eigenschaften noch erhöhte, war Ida Pfeiffer's Wahrheitsliebe und strenger Sinn für Recht und Ehrenhaftigkeit. So wie sie nie etwas erzählte, was nicht thatsächlich vollkommen der Wahrheit gemäß war, so hat sie nie etwas versprochen, was sie nicht hielt. Sie hatte Charakter — wie man im gewöhnlichen Leben zu sagen pflegt.

Daß ihre Mittheilungen durch ihre anerkannte Wahrheitsliebe einen erhöhten Werth erhalten, liegt auf der Hand, und da sie weder für konfessionelle noch für andere Vorurtheile zugänglich war, so basirt ihr Urtheil immer auf gesundem Boden. Hätte sie in ihrer Jugend mehr sich mit Natur-Wissenschaften beschäftigt und in dieser Richtung positive Kenntnisse besessen, so wären ihre Reisen allerdings noch von weit größerem Nutzen gewesen; aber im Anfang unseres Jahrhundertes waren die Männer, die sich außer ihrem Fach mit Naturwissenschaften beschäftigten, Seltenheiten, geschweige denn die Frauen. Ida Pfeiffer fühlte wohl diese Lücke und dachte in vorgerückteren Jahren mehrmals daran, sie auszufüllen; sie hatte jedoch dazu weder die Zeit noch die Geduld.

Ihrem Streben deshalb alles Verdienst für die Wissenschaft abzusprechen, wäre ein Unrecht, dessen sich die kompetentesten Männer durchaus nicht schuldig gemacht haben. Sie drang in manche Gegenden, welche nie der Fuß eines Europäers betreten hatte, und gerade daß sie Frau war, schützte sie in ihren gefährlichsten Unternehmungen. Man ließ sie ruhig weiter ziehen, wo man einen Mann gewiß nicht geduldet hätte. Ihre Mittheilungen haben daher häufig das Verdienst des tatsächlich Neuen in der Länder- und Völkerkunde, oder den Nutzen, daß sie irrige oder übertriebene Meinungen auf das richtige Maß zurückführten. Ferner kamen der Wissenschaft die reichen Sammlungen, die sie nach Europa brachte, zu gut. Allerdings wußte sie oft nicht die Größe des Werthes dessen, was sie sammelte, zu bestimmen, aber sie hat darum doch vieles Wichtige mitgebracht, und die Entomologie sowie die Conchyliologie verdanken ihr verschiedene neue Arten.

Betrachtet man die Resultate ihrer Unternehmungen mit Bezug auf Ida Pfeiffer's Verhältnisse und Mittel, so hat sie in der That Staunenswerthes geleistet. Ueber 150,000 Meilen legte sie zur See, gegen 20,000 englische Meilen zu Lande zurück und die pecuniären Mittel hierzu erwarb sie sich allein durch weise Sparsamkeit und durch die Energie, mit der sie unverrückt ihr Ziel vor Augen behielt. War ihre Reise-Lust schon bedeutend, so muß man doch ihr Reise-Talent noch höher stellen. Ohne ihrer Würde etwas zu vergeben oder aufdringlich zu sein, wußte sie die Teilnahme der Menschen in allen Welttheilen klug zu benutzen. Zuletzt war sie gewöhnt daran, daß man ihre Plane mit allem möglichen unterstützte, und wenn sie auch stets ihren Dank dafür aussprach, so nahm sie doch die guten Dienste ihr fremder Menschen als etwas, das sich gleichsam von selbst versteht, an. Sie kämpfte sogar immer einen kleinen Unmuth hinab, sobald sie fand, daß man nicht Interesse für sie und für ihre Bestrebungen zeigte. Ueberhaupt war sie in späteren Jahren sich ihres Werthes wohl bewußt und zeigte dies namentlich da, wo man ihr mit Protektions-Miene und Herablassung entgegenkam. Leute von höherem Stande konnten nicht vorsichtig und rücksichtsvoll genug mit ihr umgehen, während sie sich in Gesellschaft schlichter Menschen gewiß nie eine Härte oder Rücksichtslosigkeit zu Schulden kommen ließ. Sie haßte jedes großthuerische Wesen und prahlerische Auftreten, und wo ihr ein solches entgegentrat, da zeigte sie sich ebenso eigensinnig als schroff. Antipathie und Sympathie kamen bei ihr rasch zum Vorschein, und es war nicht leicht, sie von einer einmal erfaßten Meinung abzubringen. Selbst wenn sie nachzugeben schien, fand es sich meistens, daß sie auf einem größeren oder kleineren Umwege auf ihre ursprüngliche Anschauung zurückkam.

Vor jedem Wissen hatte sie Achtung, besonders aber vor denjenigen Leuten, die Kenntnisse in den Natur-Wissenschaften besaßen. Eine wahrhaft schwärmerische Verehrung hegte sie für Alexander von Humboldt, dessen Namen sie nie nannte, ohne dieser Verehrung Ausdruck zu geben. Es hat ihr in ihrem späteren Leben vielleicht nichts so viel Freude gemacht, als daß Humboldt ihre Bestrebungen lobte und anspornte.

Ida Pfeiffer war von kleiner, hagerer, etwas gebeugter Gestalt. Ihre Bewegungen waren gemessen, nur in ihrem Gang zeigte sie sich ungewöhnlich behende für ihre Jahre. Wenn sie von einer Reise zurückkam, mahnte ihre Hautfarbe stark an die Macht der Tropen-Sonne. Sonst ließ nichts in ihren Zügen so viele außerordentliche Erlebnisse ahnen — man konnte nicht leicht in ein ruhigeres Antlitz blicken. Wenn sie sich aber in ein lebhafteres Gespräch verwickelte und über Dinge sprach, die ihr Interesse ganz in Anspruch nahmen, dann belebte sich ihr Gesichts-Ausdruck und wurde in hohem Grade einnehmend.

Das für die Frauen so wichtige Kapitel der Toilette war bei Ida Pfeiffer auf das bescheidenste Maß zurückgeführt. Nie sah man sie Schmuck oder Geschmeide tragen und nicht Eine der freundlichen Leserinnen gegenwärtiger Zeilen dürfte in der äußeren Umhüllung ihrer Schönheit noch mehr Einfachheit und Gleichgiltigkeit gegen die Forderungen der Mode an den Tag legen, als es die „Weltreisende" that.

Schlicht, gesinnungstüchtig, eifrig im Wollen und Handeln, welterfahren wie wenige ihres Geschlechtes, zählte Ida Pfeiffer zu jenen Charakteren, welche den Mangel an blendenden äußeren Gaben durch die Bedeutung, Energie und merkwürdige Zusammensetzung ihres inneren Wesens reichlich aufwiegen.